财政部规划教材
全国财政职业教育教学指导委员会推荐教材
全国财经类高职新专标系列教材

大学生就业创业指导教程

赵剑辉　主编
刘　巍　王文娟　副主编

中国财经出版传媒集团
经济科学出版社
Economic Science Press

图书在版编目（CIP）数据

大学生就业创业指导教程/赵剑辉主编 . -- 北京：
经济科学出版社，2022.1
财政部规划教材　全国财政职业教育教学指导委员会
推荐教材　全国财经类高职新专标系列教材
ISBN 978 - 7 - 5218 - 2731 - 6

Ⅰ.①大…　Ⅱ.①赵…　Ⅲ.①大学生 - 职业选择 - 高
等职业教育 - 教材　Ⅳ.①G647.38

中国版本图书馆 CIP 数据核字（2021）第 149145 号

责任编辑：李　雪　高　波
责任校对：杨　海
责任印制：王世伟

大学生就业创业指导教程

赵剑辉　主编

刘　巍　王文娟　副主编

经济科学出版社出版、发行　新华书店经销
社址：北京市海淀区阜成路甲 28 号　邮编：100142
总编部电话：010 - 88191217　发行部电话：010 - 88191522
网址：www. esp. com. cn
电子邮箱：esp@ esp. com. cn
天猫网店：经济科学出版社旗舰店
网址：http: //jjkxcbs. tmall. com
北京季蜂印刷有限公司印装
787 × 1092　16 开　20.75 印张　421000 字
2022 年 1 月第 1 版　2022 年 1 月第 1 次印刷
ISBN 978 - 7 - 5218 - 2731 - 6　定价：58.00 元
（图书出现印装问题，本社负责调换。电话：010 - 88191510）
（版权所有　侵权必究　打击盗版　举报热线：010 - 88191661
QQ：2242791300　营销中心电话：010 - 88191537
电子邮箱：dbts@ esp. com. cn）

高职院校大学生创新创业
教育系列丛书序

随着新一轮科技革命引发的数字经济变革，高校作为知识创新的策源地和创新型人才培养的主战场，要顺应数字经济时代潮流，打造"双创"教育升级版，以创新驱动经济发展新引擎、以创业共振经济增长新活力、以创造实现技能强国新动能，让"创新创业创造"在全社会蔚然成风。诚然，高等教育要通过新一轮创新创业教育改革培养扩张积累人力资本，激发当代青年主动对接科技革命、产业变革和创新型国家建设的责任担当。

近年来，随着全国高校创新创业教育改革深入推进，双创教育在高等教育系统中正在成为一个新的竞争性领域，构建双创教育生态系统成为高校双创教育变革的重要方向。我国的创新创业教育教材也已经走过了前期融合发展阶段，伴随着双创教育升级，时代呼唤新的创新创业教育教材。长春金融高等专科学校作为国家级深化创新创业教育改革示范高校，持续探索打造"专创、产教"双融合的创新创业教育生态体系，构建"产业、专业、创业"集成融合系统，促进教育链和专业链同产业链、创新链有机衔接。为推动弥合数字鸿沟，主动应对数字经济下的双创教育机遇与挑战，学校组织多年从事创新创业教育实践的骨干教师，立足新专业标准，邀请不同行业中创新创业教育领域专家形成全新团队，希望能够携手经济科学出版社及所有编委会成员，共同打造出适用于新经济业态下的高职院校大学生创新创业教育系列丛书。

丛书秉承"创新、创业、创造"的新理念，根植于中国时代特色，立足高职院校双创教育实践探索，分为《大学生就业与创业指导教程》《大学生创新创业基础教程》《大学生创新创业实务教程》三部。丛书编写满足注重双创前沿动态、凸显双创实践阐述、强化典型案例引导、完善系统配套资源四大特色。一是丛书着力于反映和体现国内外创新创业教育理论研究、实践发展的最新成果，突出理论阐释和指导，播撒创新、创业、创造的种子；二是凸显实践比例，促进赛创结合，充分发挥企业家和创业者发现潮流、捕捉商机、创新创业的独到作用，开发实训项目，以学习者成果导向进行反馈评价，激发学生内在的积极性、主动性和创造性；三是注重课程思政建设，强化典型案例、本土化案例的开发和同步引导，增加学生学习趣味性和丛书的适用性，引导学生在创新创业中增长智慧才干；四是丛书结合学校省级精品在线开放课程资源，配套相应的在线视频、习题集和大量案例，通过多样化的学习场景和混合式学习方式，系统性地提高创新创业能力。

丛书有幸列入财政部"十四五"规划教材、全国财政职业教育教学指导委员会推荐教材、全国财经类高职新专标系列教材，丛书编写团队由全国职业生涯规划师、国家级创业指导师、全国双创领域资深专家、数字经济领域创业实践者以及学校骨干教师组成，丛书定位力求做到"精编、精品"，尽力做到兼具高品位的学术读物与创业实践指导，兼具前沿理论阐述与本土化案例引导，在写作的风格上，力求让学生易于理解、掌握和实践。丛书既可以作为高职院校创新创业教育系列教材用书，也可以作为创业者实践指导手册。

丛书的出版离不开编委会成员的集体智慧贡献，在此一并表示诚挚的感谢！尽管我们对教材的编写怀抱敬畏之心，坚持一丝不苟的专业态度，但编写因多方面因素仍有诸多不足，敬请学界同仁和读者不吝斧正。

编委会

2021 年 12 月

前 言
CONTENTS

　　大学教育对于大学生的成长成才极为关键，近年来，"大学生就业难"问题备受政府与社会各界关注。如何指导大学生有针对性地进行职业生涯规划，如何通过全面系统地训练来提升大学生的素质和职业技能，成为高校必须正视和解决的当务之急。《大学生就业创业指导教程》一书正是在这样的背景下精心编撰而成的。

　　本书是依据教育部《大学生职业发展与就业指导课程教学要求》的有关要求编写，以培养学生自我成长、职业认知和就业创业能力为宗旨，以高职院校就业创业指导的工作过程为载体，遵循大学生就业创业指导的工作流程。全书分为大学生职业生涯规划、大学生就业指导与大学生创业指导三个篇章，涵盖了适应大学生活，职业生涯规划，职业生涯探索，职业素养训练，求职准备，笔试与面试，劳动合同与社会保险及创业入门等相关方面。

　　本书的编写团队成员具有全球职业规划师国际培训师认证、GCDF全球职业规划师认证、国际创业教练高级认证、高校创业指导师认证、BCC全球生涯教练认证、青少年生涯导师认证、国家心理咨询师认证，高校生涯团体辅导认证，高校职业生涯规划师认证、国际职业发展指导师认证。同时，他们中还有一些人是课程一线教师，其扎实的理论功底和丰富的实践经验保证了本书的专业性和实用性。

　　在编撰过程中，编者参阅了大量的相关图书，借鉴了近年来在大学生职业生涯规划和就业指导方面的最新成果。并在宏观布局、中观架构、微观表达上进行了探索。全书涉及面广，普适性强、专业度高，既便于教学，也便于自学。

赵剑辉

2021 年 12 月

目 录
CONTENTS

生 涯 篇

生涯篇

认识职业生涯规划

【课程目标】

1. 帮助大学生尽快适应大学生活，明确上大学的目的，知晓职业生涯规划对大学生涯的意义

2. 重新树立学习目标，调整学习方法；有效管理时间、适当安排各项活动；为度过充实而有意义的大学生活打下基础

【案例导入】

哈佛大学在1979年对应届毕业生做了三组调查报告。调查中，他们询问应届毕业生中有几人有明确的人生目标，结果只有3%的人有清晰的人生目标，并且记录在了日记本上。他们把这些人列为第一组；另外有13%的人在头脑里有人生目标但没有记录在纸上，他们把这些人列为第二组；其余84%的人都对人生目标没有看法，他们的想法是完成毕业典礼后先去度假放松一下，这些人被列为第三组。10年后，哈佛大学又对当初的毕业生进行了一次全面调查，结果发现第二组的人，即那些有人生目标但没有写在纸上的毕业生，他们的平均年收入是那些没有人生目标的毕业生（84%）的2倍。而第一组的人，即那些3%的把明确人生目标记录在日记本上的人，他们的年收入几乎是第二组和第三组人的收入相加后的10倍。

由此可见，自己现在的想法，可能直接影响到自己3年后，甚至10年后的生活。

第一节 职业生涯规划的概念

人的职业生涯是人生的主旋律，在人的生涯中占据关键的位置。每个人的职业历程各不相同，有的人从事这种职业，有的人从事那种职业；有的人

一生变换多种职业，有的人终身位于一个岗位上；有的人不断追求事业成功，有的人穷困潦倒、无所作为。职业生涯成功与否由很多因素决定，从自身情况到环境特点，都可能影响一个人的职业生涯。职业生涯规划就是要为职业生涯设定目标，并找出达成目标所需采取的步骤。社会角色赋予人的社会权利和义务，反映了每个人在社会中的地位和在人际关系中的位置，代表了每个人的身份。每个人在不同时间、不同环境、不同场合处于不同的社会角色，享有不同的社会权利，履行不同的社会义务，遵循不同的社会规范。大学生的主要任务是学习，其主要角色就是学生，他们熟悉"学生"这一角色，但对社会职业人员的角色要求却相对陌生。这就要求学生运用自己掌握的知识和能力，通过向外界提供自己的劳动，为社会服务，实现自己的人生价值。大学生职业生涯规划就是让大学生为自己设定职业生涯的目标，对大学生活做出合理规划，为毕业时的就业及以后的职业发展做好准备。

一、职业

职业是指从业人员为获取主要生活来源所从事的社会工作的类别，具有目的性、社会性、稳定性、规范性、群体性，是参与社会分工，利用专门的知识和技能，为社会创造物质财富和精神财富，获取合理报酬作为物质生活来源，并满足精神需求的工作。职业是人们在社会中所从事的作为谋生手段的工作；从社会角度看，职业是劳动者获得的社会角色，劳动者为社会承担一定的义务和责任，并获得相应的报酬；从国民经济活动所需要的人力资源角度来看，职业是指不同性质、不同内容、不同形式、不同操作方式的专门劳动岗位。

职业是行业与职能的交集点，即：职业 = 行业 × 职能。职业是职场上的专门行业，是对劳动的分类。在汉语中，"职业"作为术语，有时指工作（集合名词），其概念与时代、社会经济水平有关。在一定时期包含社会地位的成分，如仆人、佣人、长工，在经济落后时代代表地位和社会阶层。

二、生涯

在日常生活中，我们常听到"生涯"一词，如"艺术生涯""戎马生涯""学术生涯"等。中国古诗词中也有"生涯"这个词，如南宋诗人陆游在《秋思》中写道："身似庞翁不出家，一窗自了谈生涯。"在辞海里有三种含义：①一生的极限。如沈炯的《独酌谣》："生涯本漫漫，神理暂超超"。②生活。如刘长卿的《过湖南羊处士别业》："杜门成白首，湖上寄生涯"。③生计。如马致远的《汉宫秋》楔子："番家无产业，弓矢是生涯。"

因为时代不同、视角相异等因素，国外学者对生涯的定义也有所不同。生涯的英文是"career"，从字源上看，来自罗马字"via carraria"及拉丁字"arrus"，二者的意义均指古代的战车。在希腊，"career"这个字有疯狂竞赛的精神，最早常被用作动词，如驾驭赛马（to career a horse）。目前，大多数西方学者所接受的生涯的定义是舒伯（Super，1976）的论点，即生涯是生活里各种事态的演进方向和历程。它统合了人一生中的各种职业和生活角色，由此表现出个人独特的自我发展形态。生涯也是人生从青年期到退休后的有酬或无酬的所有职位。除了职业之外，还包括任何与工作有关的角色，如学生、退休者，甚至包含家庭和公民的角色。

三、职业生涯

职业生涯这个概念的含义曾随着时间的推移发生过很多变化。在 20 世纪 70 年代，职业生涯专指个人生活中和工作相关的各个方面。随后，又有很多新的意义被纳入"职业生涯"的概念中，其中，甚至包含了生活中关于个人、集体及经济生活的方方面面。从经济的观点来看，职业生涯就是个人在人生中所经历的一系列职位和角色，它们和个人的职业发展过程相联系，是个人接受培训教育及职业发展所形成的结果。它是一个人一生中所有与职业相联系的行为与活动，以及相关的态度、价值观、愿望等的连续性经历的过程。也就是说，不论职位高低、不论成功与否，每个工作着的人都有自己的职业生涯。我们可以从时限、内涵、发展 3 个维度进一步理解职业生涯。

四、职业生涯规划

职业生涯规划，指在知己知彼的基础上确定人的职业生涯发展方向、目标和路径，并采取有效行动去达成目标的过程。知己，指的是对自身条件的充分认识和全面了解，包括认识自己的能力、兴趣、个性和价值观，以及由此发展出的职业自我概念；知彼，是指对准备从事的职业及其行业需求趋势、相关组织等信息的有效掌握，包括社会环境、经济环境、组织环境、人力资源需求和晋升发展机会等。在了解自我的基础上，确定适合自己的职业方向和目标，并制定相应的计划，可以有效避免就业的盲目性，降低就业挫折的可能性。

五、职业素质

职业素质是劳动者对社会职业了解与适应能力的一种综合体现，其主要表现在职业兴趣、职业能力、职业个性及职业情况等方面。影响和制约职业素质的因素很多，主要包括：受教育程度、实践经验、社会环境、工作经历，以及自身的一些基本情况（如身体状况等）。劳动者的职业素质具有5个方面的特性，即专业性、内在性、稳定性、发展性和整体性。专业性是指劳动者一般都具有一定的专门的业务能力。内在性是指一个人对所从事的职业要求和专业知识的内化，它一经形成就以潜能的形式存在，在职业活动中展现出来。稳定性是指职业素质一经形成，便会在劳动者的个性品质中稳定地表现出来。发展性是指随着社会发展和科技进步，劳动者必须从时代发展的需要出发，不断地提高和完善自身的职业素质。整体性是指劳动者的知识、能力和其他个性品质在职业活动中的综合表现。

第二节　职业生涯规划的主要理论

一、特质因素论

在生涯发展理论中，最古老的理论取向被赋予各种名称，而最常用的名称是特质因素理论。这一体系假定个体的能力兴趣与各种职业机会可以一一匹配，匹配一旦完成，个体的职业选择问题也就迎刃而解。一些有影响力的特质因素理论家，如帕森斯（Parsons，1909）、赫尔（Hull，1928）和基特森（Kitson，1925），他们思考了职业心理学的问题。数年后，在特质因素理论中又发展出几种具体取向。职业测评运动正是发源于特质因素理论。兴趣问卷（如斯特朗职业兴趣量表、库特职业兴趣调查表）、能力测验（如能力区分测验吉晋氏能力调查表）也都基于特质因素思想。尽管如今很少有从事职业咨询的人是纯粹的特质因素理论的信徒，但是特质因素理论已被吸纳到许多其他生涯咨询取向。生涯的现代特质因素取向经常被称为个人环境理论。工作调适理论（Dawis & Lofquist，1984）和霍兰德的生涯人格类型理论（Holland，1985）就是个人环境理论的两个较好的范例。

二、霍兰德的类型论

霍兰德（John L. Holland），是美国霍普金斯大学心理学教授。霍兰德在实务经验的观察与研究下，在 1973 年提出了六边形的理论（Hexagonal model）。霍兰德将美国社会中的职业归纳成六大类型，相应的也有 6 种不同类型的人，会去从事和自己的类型相同的职业。

（一）主要假设

1. 在美国的文化及社会环境中，大多数人的职业可以归纳为 6 种类型：实际型、研究型、艺术型、社会型、企业型和传统型。

2. 人都在追求某类工作环境，这类环境能施展个人的技术与能力，能展示个人的态度与价值，能胜任问题的解决和角色的扮演。

3. 人的行为由人格与环境的交互作用所决定。

这六大类型的第一个字母按照一个固定的顺序排成一个六角形，即六角形模型（RIASEC），我们可以借此了解霍兰德的理论假设、分类系统以及霍兰德代码的运作。6 个类型之间的相对位置，也表现出类型与类型之间心理相似的程度。

（二）理论应用

霍兰德认为，根据六个类型的特性，每个人可以求出以 3 个类型为主的类型代码，环境亦然。也就是说，环境是人的组合，环境因人的群聚而形成其特性。因此，人的霍兰德代码可以从质化与量化的方法中测得，环境也有霍兰德代码。霍兰德理论在生涯辅导上最大的功能在于，协助当事人整合个人特质与职业信息。根据测评工具得到的结果，当事人很快就可以查到相对应的教育或职业信息。

在被生涯困扰的问题中，我们常见到的是个人与职业之间适配的问题，这也是生涯发展领域最古老的话题。个人与职业之间适配的状况，经常出现在两者兴趣、能力或个性不合，工作压力或工作适应等问题上。而霍兰德以一套科学的检验标准（一致性、分化性、适配性与认同性）来诊断人境适配的各种现象，其中，"适配性"是最关键的。职业不仅是一个人安身之处，也是一个人立命之所。这种呼唤蕴含着个人意义、隶属、责任与生命的使命。从存在的观点看，职业映照出人类的实存经验，凸显了潜伏于存在核心的生命目的。适配问题的发生，往往在立命的层次最为严重。安身容易，立命最难。人境适配理念的基本假定，建立在人的内在本质（inner nature）必须在生涯领域中充分地扩展；也就是一个人能够在适当的生涯舞台上，充分地展现自我，不仅能安身，更能立命。然而，在生涯的个案中，却有许许多多的人可以安其身，却不能立其命。我们如何能够用适配性的工具，揭开当事人存在的焦虑？首先，我们必须了解生涯现象底层的两种生命情态。其次，借助霍兰德的理论，让当事人有所觉察，从而产生实质改变。

三、职业发展理论

舒伯的生涯发展理论，汲取了四大学术领域当中有关生涯发展的精义，建构了一套完整的生涯发展理论，让生涯发展的概念取代了职业辅导的模式，开启了一个崭新的局面。舒伯的生涯发展理论将生涯的过程视为从出生到死亡的过程，包括以下5个方面：

（一）成长期（0~14岁）

在这一阶段，个体自我概念发展日趋成熟。成长初期，个体对职业的好奇占主导地位，个人愿望和空想起支配作用；后期对社会现实产生注意和兴趣，并逐步有意识地培养职业能力。

（二）探索期（15~24岁）

个体主要从学校学习、休闲活动以及实践工作中进行自我考察、角色定位并进行职业探索，自我概念与职业概念形成，完成择业及初步就业。

（三）建立期（25~44岁）

个体就职以后发现真正适合自己的领域，并努力使其成为自己的永久职业。这一阶段初期被有些人视为对于从事职业的"试验"，从中确定前一阶段的职业选择与决定是否正确。若认为决定正确，就会努力经营，继续在该领域发展；若感觉不合适，就选择其他适合的职业。此后，逐渐在某种职业岗位上稳定下来。

（四）维持期（45~65 岁）

在这一阶段时间内，个体已不再考虑变换工作，朝向既定目标前行，力求保有已取得的成就和社会地位，探索适当的发展路径，维持家庭和工作两者之间的和谐关系，为退休做准备。极少数人会冒险探索新领域，寻求新的发展。

（五）衰退期（65 岁以上）

这一阶段是个人精力、体力逐步衰退的时期，也是人们逐步退出职业劳动领域的生涯下降时期，即退离工作岗位，接受角色转变。

大学生的生涯发展阶段属于探索期，这个阶段主要的生涯发展任务是从多种实践机会中探索自我，逐渐确定职业偏好，并在所选定的领域中开始起步。原有的、已经适应了的惯用模式会逐渐"衰退"，继而对新阶段的任务又开始新一轮的循环，如此周而复始。从这一角度来讲，职业生涯阶段的划分应该没有明显的年龄界限。

四、建构主义理论

生涯建构系统的理论依据来自个人建构理论（personal construct theory）。个人建构理论是由乔治·凯利（Gorge Kelly）于 1955 年发展出来的人格理论。凯利认为，"每一个人自己就是科学家"的主要核心概念就是"建构"。建构是人用来解释世界的方式，每个人都以独特的方式来观察自己及所处的世界，在观察中得出预期。凯利认为，人的所有行为都受他所预期事件的方式的引导，人的行为就是建立在人预期上的一种连续不断的实验；生活上不断发生的事件时时在考验着这种预期。就这种模式观之，人的行为即是科学家的行为。人就是借着这个鹰架式或方格式的系统，建造出自己的世界观；人凭借这个可以观、可以修、可以改的系统，缔造自己的王国。一个科学家在其假设的理论世界中，不断地搜集数据验证模式、修改参数；正如同一个人在他所预期发生的事件中不断修改建构、重新建构。当事件准确发生时，预期得到证实，建构就得到巩固；若未得到证实，建构就会发生对应的改变。建构系统不断修正、再建构的历程，即为经验（朱智贤，1989）。

五、认知信息加工理论

（一）认知信息加工理论简述

在20世纪80年代初期，美国佛罗里达州立大学的研究团队企图建立一个应用于生涯辅导的认知信息加工模式。他们认为，认知科学或认知心理学的研究主题，可提供若干生涯选择与生涯发展新的思考领域。生涯发展与辅导的历程，即学习信息加工能力的历程。一个人如果能够"认知"到生涯选择的内涵，就能够增进其生涯选择的能力。透过这种学习使人产生改变，自我认知与职业知识愈见复杂与清晰，统领这些知识层面的认知历程也愈见精细。进一步来说，生涯咨询与辅导的最终目标不在于帮助一个人解决一个生涯的困扰或难题，也不在于帮助一个人在某个时间只做一个选择，而在于帮助一个人发展自己解决生涯问题的能力。

20世纪90年代初期，彼得森、桑普森和里尔顿（1991）提出从信息加工取向看待生涯问题解决的认知信息加工理论。该理论的主旨是，个人如果能够掌握对职业生涯的"认知"和选择的内涵，就能够增进其生涯选择的能力。此处的"认知"是指，人们获得、储存、提取与应用信息的加工方式和思维方式。换句话说，生涯决策的过程，就是通过学习信息加工和思考信息加工过程的能力，解决生涯问题的训练。所以，生涯问题解决和决策制定的过程比得到结果更重要。

（二）认知信息加工的结构与历程

认知信息加工的历程，包括知识的获得、储存、提取与应用，包括了几个阶段，不同的阶段与记忆的结构有关。信息的传递并非不可逆，意指有时后面阶段的信息会影响前面阶段信息的处理。

从认知信息加工的流程我们了解到，生涯问题的解决也是依赖于类似的认知信息运作。如果要提升个体的生涯问题解决能力，可以从加强信息加工的能力着手。彼得森等学者将这些能力按照生涯辅导的特性，组合成一个"信息加工层面的金字塔"，主要有3个层面：最基础的部分是知识的层面，中间是做决定层面，最上层是执行处理层面。

知识层面包括两大部分：职业知识与自我知识。"职业知识区"储存了与工作世界有关的信息；"自我知识区"储存了有关个人经验、个人兴趣能力、价值与需求等特质的信息。这些信息以图式的形式储存在长期记忆区中。当需要进行生涯决定时，便从长期记忆中提取。"信息加工层面的金字塔"的中间层是决定层面，类似于计算机的程序软件，用来处理储存在记忆区中的数据。"信息加工层面的金字塔"的最上层是执行历程，相当于计算机中的工作控制功能，操纵计算机按指令的顺序执行程序文件。在人类的大脑中，执行历程专有类似的功能，主宰着对认知策略的选择与排序，称为"后设认知"。信息加工模式强调生涯辅导是一种学习的历程。透过辅导所形成的个人成长，其本质是一种知识的增长。

（三）认知信息加工理论的应用

1. 知识领域与职业决策困难的应对

知识领域包括自我知识和职业知识，是进行信息加工，或者说是生涯问题解决和决策制定的基础。增进自我知识和职业知识的获取，有益于降低对因"缺乏自我信息"和"缺乏职业信息"而导致决策困难的可能性。

认知信息加工理论强调，自我知识的 3 个核心要素是工作价值观、兴趣和技能。一个人对自我核心特质的认识越充分，越有利于迅速排除那些不重要、不擅长和不喜欢的职业选项，从而缩小个人寻找职业信息的范围，节省时间和精力。

认知信息加工理论中的职业知识是外部世界可提供选项的代称，包含对学习、职业和休闲活动的综合性探索。由于外部世界的信息量过于庞大、零散和复杂，难免会加重人们信息加工的负担。所以，认知信息加工理论强调使用框架或结构来看待外部世界，即依据相应标准对外部世界信息进行组织和分类，从而简化了了解的过程。我们用一个例子加以说明：

一个大学生面临的生涯决策问题是职业选择，需要收集职业信息。首先，学生可以通过国家统计局公布的中国国民经济行业分类目录，对行业大类进行初步的了解，从中选择一个与自身特质最贴近的行业开始探索。其次，可以利用财富中国 500 强企业排行榜，检索选中行业所包含的领军企业，从中挑选出 3～5 家有兴趣的企业，通过这些企业公布的职位描述信息，增加对该职位的了解。

上述事例凸显了了解工作世界的重要性。通过对大量信息的系统加工，减轻了认知载荷，有助于提高人们在探索外部世界时的耐性和掌控感，从而提高成功应对因"缺乏职业信息"而导致决策困难的可能性。当然，组织外部世界信息的框架结构有很多种，探索外部世界的方法也不局限于单一使用框架结构。

无论是增进自我知识，还是增进职业知识，都需谨慎考察和对待信息的来源。建议侧重使用官方公布的（特别是避免网络碎片化信息）有标准化格式的信息，通过不同渠道进行多方面了解，相互佐证，最好通过实践收集一手信息等。通过讨论和使用有效的信息来源，改变职业决策困难问卷（CDDQ）中指出的因"缺少获取信息的方式"而带来的决策困难。

2. 决策技能领域与职业决策困难的应对

CDDQ 的模型指出，"缺乏职业决策过程信息"和得到了"不一致的信息"，也会导致决策困难。认知信息加工（CIP）金字塔中的决策技能领域正是在于帮助人们"了解我如何进行决策"，并将决策制定过程分为"沟通—分析—综合—评估—执行"5 个阶段，即 CASVE 循环。

（1）沟通。沟通意味着意识到"问题"的存在，即现实与理想存在差距，进而发展出"我要做出一个选择"的需要。比如，大学生或研究生填报专业志愿，以及在几个工作机会中选择一个。通常，这种意识或需要是由内部和外部的刺激所引发。内部的刺激包括个人体验到的情绪，比如迷茫、焦虑、紧张和厌烦等；也指身体反应，比如食欲不振、头痛或者昏昏欲睡等。外部刺激包括截止时间的提醒，如毕业时间临近；周围人的提醒或催促，如父母师友会询问你的毕业去向和工作打算；社会比较，如某位大三学生无意间看到学长的应聘简历，望着满满一页的实习实践经历和所获的奖项清单，突然意识到自己与学长的差距，自身准备与职位要求的差距，从而踏上了职业探索之旅；以及社会压力，比如大众传媒对当下大学生就业压力的报道等。对于大多数大学生而言，很有可能先接收到了外部刺激，进而引发了心理或身体的不舒适感。

沟通阶段好比开启生涯问题解决和决策制定的一扇大门。决策者或许还没有进入沟通阶段，处于决策前阶段。按照加蒂的观点，这类决策者的主要问题是"缺乏决策动机"。通过一定的外部或内部唤醒他们生涯规划意识或做出决定的需要是有意义的，可以避免将来迫于时间的压力而仓促决定，导致不满意的结果。

如何意识到"我要做一个选择"呢？可以从两个方面进行自我剖析：

一是时间问题。这个问题困扰自己多久了？最晚到什么时候必须做出选择？如果一个人维持痛苦的现状不足够持久和强大，就不会真正产生寻求改变的迫切需要；如果没有必须做出决定的时间底线，就会无限期拖延，陷入反复的纠结之中。很多低年级大学生因为不知道未来的发展方向陷入迷惑之中，但是因为距离毕业尚有一段时间，职业探索就成了一件重要但不紧迫的事，缺乏必要的行动。有的大学生在求职过程中迟迟不敢做决定，担心如果与某家单位签约，会错过后面更好的工作机会；同时，又害怕空等一场，放弃了到手的机会，从而陷入左右为难的焦虑之中。没有时间底线只能是被动等待，而非主动决策。二是决策权。当需要"做决定"时，要认清个人的自主权有多大？面临的问题是决策问题还是适应问题？比如，大学二年级时发现，所学专业与个人志趣不吻合，是转专业，还是在本专业毕业后再做打算呢？这时首先需要认清的是，个人条件是否符合学校转专业的要求，重要他人是否支持自己的决定，即转专业是否客观可行？如果不符合学校要求，或父母坚决反对你又无力反驳时，这就不再是一个决策问题，而是适应问题了。

（2）分析。分析阶段的主旨是找到产生现实与理想差距的关键原因，充分"了解我自己和我的选择"，可以细化为5个具体方面：

一是增进对自我知识与职业知识的了解。比如，"我需要了解自己或外部环境（学习、职业或休闲）的哪些方面？""我需要通过哪些有效的渠道增进对自身和环境的了解？""我的重要他人如何看待我的选择，我又如何看待重要他人的看法？""目前，我对自己和外部环境的了解程度如何？""我还可以做些什么，可以进一步增进对自身和环境的了解。"

二是链接自我知识与职业知识。探索那些可供选择的范围和方向，为决策目标的产生奠定基础，可以使用由美国大学测验公司开发的工作世界地图进行尝试，该地图将职业根据霍兰德的职业兴趣六边形模型进行了组织，方便人们根据个人的职业兴趣类型代码进行职业信息收集。

三是关注个人的终极目标。深入反思"无论做何选择，最终想要得到的是什么"，这将是产生选项和确认选项的根基。此时，个人的价值观会发挥重要的作用，因为价值观是衡量选项"好坏"的原则和标准。你可以从具体的选项中抽身出来，站在更远的时间点上反观今日的选择，做到跨越选项看到内心的真实需求。

四是回顾以往是如何进行重要决策的。总结个人的决策风格和策略，梳理出成功决策的经验，看一看这些成功的经验是否可以应用到现在的决策环境中。

五是了解个人的思维方式是如何影响选择的。

上述5个步骤几乎包括了对信息加工金字塔每个领域的深入挖掘，对各个领域相互关联的考量，也包括了对过去经验的回顾，以及对未来的展望。

所以，分析阶段是一个学习、反省和发展关于自己和职业选择更为复杂的认识再现过程。

（3）综合。综合阶段的目的是"扩展和缩小我的解决方案清单"，从而消除问题或差距。这个环节，有两个核心任务，一是看看是否可以增加新的选项，比如，基于终极目标，还有哪些解决问题的可能性？二是看看是否可以去除干扰项，如哪些选项目前不重要，可以暂时舍弃？一般而言，心理学家建议将选项控制在 3～5 个之间，因为人脑记忆和处理这一数量的选项是最有效的。总之，无论是增加新的可能性还是排除干扰项，都是基于在分析阶段中对终极目标的澄清。

（4）评估。评估的任务是将综合阶段得到的解决方案排出优先次序，可以通过"价值—挑战—策略—情感承诺"四个步骤对解决方案进行逐一评估，最终，得到付诸实践的首选和备选方案。

一是价值。每个选项之所以成为选项，都是因为有好处和有收益。可以从物质与精神、对自己与对他人、眼前和长远等不同的维度来评估选项的价值。比如，"假如选择了方案 A，接下来我将得到什么？"

二是挑战。有价值，就一定有挑战、有风险、有代价，否则就会踌躇不前。因而可以继续思考，比如，"假如选择了方案 A，接下来我将面对的挑战是什么？"

三是策略。有挑战，就必然要有去预防或抵御的应对策略。谈策略，要逐条对应在思考"挑战"时所罗列的困难、风险和代价。这里的策略大致可分为两个方面：①应对挑战的现实行动；②在此过程中调整心态，做好无法达到预期时可以坦然接纳的准备。比如，假如选择了方案 A，将不得不面对挑战 a，我打算怎么应对？出现了挑战 b，我将怎么办？

四是情感承诺。根据前面搜集和记录的信息，放眼未来，分别体验每种选择将带来的生命状态，感受一下个人是否愿意承担因选择而带来的生活方式，做出情感承诺可以用下面的语言进行自我体验，"假如我选择了方案 A，在接下来的 5 年内，我将获得……当然，我面临的困难和挑战有……对于这些困难，我能够采取的应对策略是……假如未来 5 年都是这样的生活状态，我发自内心想拥有这样生活方式的决心有多大？"

根据个人的承担意愿对综合阶段产生的选项进行排序，将最有可能消除现实与理想差距大的选项，并且将个人可承受范围内的选项排在最前面，其他选项排序以此类推。

（5）执行。执行阶段的核心是制定计划，采取行动，使在评估阶段产生的首选方案成为现实，从而缩小现实与理想的差距。所以，这也是一个建立目标与手段对应关系的阶段。那么，应当如何制定行动计划呢？第一，要将首选方案分解成若干个可以操作的小步骤，比如，是采取增加知识，提高技能，改变观念，管理情绪，争取资源，还是提交简历，申请实习等方式；第二，确认最有可能开始的第一步是什么；第三，预计实现总体目标需要多长时间，每一个小步骤需要在多长时间内完成，并留出因意外事件干扰而耽搁的时间；第四，采用一定的手段确保每一个步骤的落实，比如，适度的奖励与惩罚；第五，如果过程中计划受阻，知道如何及时制定行动计划，计划前，应当对个人以往执行计划的情况进行评估，最大限度保证行动计划是可控且可行的。形成新的改变需要时间，如果计划过于严苛，因采取新行动带来的痛苦和压力超出了不采取行动时的痛苦和压力，人们就会退缩，最终放弃。决策的制定是一个循环的过程，只有在采取行动去执行选择之后，才会通过切身的体会去检验是否"自己做了一个恰当的选择"，当初引发问题的内部和外部刺激是否得到缓解，理想与现实的差距是否得以弥补。如若问题没有得到解决，则会继续进入 CASVE 循环。CASVE 循环中，任何一个阶段经历到的困难都会使人循环到前一个阶段去纠正问题。

六、生涯适应力

职业心理学家马克·萨维克斯在 2005 年提出成功适应一生转换所需要的四个方面的心理素质，包括个人对自己生涯发展的关注力、好奇心、控制力和自信心。这个观点得到世界各国职业心理学的实证研究支持，是一个比较优秀的思考框架。

良好的适应力需要以基本的生涯规划能力为基础（如生涯探索和决策等），因此在陈述基本概念的同时，大家不妨用自己的方式对职业规划能力进行一次整合。

生涯适应的关注力是指一个人是否关心自己未来的职业发展和成就，关注力的第一个重要方面是前瞻性。前瞻性需要了解不同生活阶段可能遇到的挑战，并且同时对意料之外的变化保持弹性。具有较好的职业关注力的人，会意识到自己在未来可能面对的生涯转折点，包括入行、进修、成为资深从业者，以及在建立家庭的同时平衡与职业的关系等。具有这种前瞻性的人，往往会对未来的职业和生活有一个比较清晰的预见和心理准备，并且对此保持一个积极的态度。

不同的人对自己的生活有不同的构想。有的人希望把自己大部分的时间投资在职业上，以获得值得骄傲的成就；有的人则希望在胜任工作的同时，尽量多花时间和家人相处或者发展业余爱好。职业和生活的路径总是交织在一起，因此，特别需要明智的规划。而在平衡家庭和事业的角色上，女性似乎有更多的难题需要处理。

一个考虑充分而且富有弹性的计划不仅需要时间收集数据，也需要当事人具有成熟的内心，才能在关键的时候做出正确的决定。有的同学认为，大学期间开始考虑何时拥有自己的家庭，是否要小孩，如何照顾自己的家人等问题，有些为时过早。其实思考这些问题本身就是一个自我成长的过程，而且临时考虑这个问题，不仅很难做出成熟全面的规划，而且当事人和身边的人也会感受到很大的压力。

除了前瞻性，生涯适应的关注力也强调在计划中保持职业经验的内在连贯性。我们对自己过去经验的看法会影响到我们现在的生活状态，以及对未来的预期。拥有内在连贯性的人，会坦诚地面对已经走过的路，珍惜自己曾经付出的努力，并且可以将过去的经验成功地运用到当下的生活和未来。例如，有的人在高中和大学时代很会交朋友，乐于和自己圈子里的人互通有无。如果这个人认识到自己在社交方面的能力，在以后的工作中就可以有效地通过自己的人脉解决各种问题。再例如，有的人知道自己比较安静，在朋友中也不是最受欢迎的，但他可以很坦然地接受自己安静的性情，在工作的团队中为自己赋予"追随者"的角色，协助团队完成任务。这两种人都很好地实现了经验的内在连贯。

相反的，没有内在连贯性的人可能并不了解自己，也没有好好思考和接纳自己过去的经验，或者可能忽略了已经拥有的资源，这样一来，对未来的计划可能并不一定符合自己的实际情况，又或者不同阶段的努力和付出过于分散，很难整合到一起。例如，认识到选了不适合的专业，而且十分固执地认为本专业的学习经历对未来一点用处也没有，不仅会因为无法接纳现状而时常心情低落，也可能会错失了选修双学位，加入社团或广泛社交等宝贵的成长资源和机会。

生涯控制主要是通过"生涯决策"和"未来负责"来实现的，这两种方式能够提升个体的自我调控能力，回答的问题是"谁拥有我的未来?"具有较高生涯控制能力的个体更容易生成"自主决定型"的生涯决定状态，这在一定程度上有效地激发了大学生群体投入生涯行为的动机，维护了个体的心理健康。当遇到挫折时，他们仍然会保持成就动机。生涯好奇主要表示个体对于生涯的好奇态度，能够有效促进个体进行积极的生涯探索，这种探索包括青少年在实际生活中对教育和职业的选择，从而对未来目标的实现产生积极影响。它在生涯建构中的作用，与生涯发展理论中的自我探索、职业探索是一致的。生涯自信指的是个体对自己解决生涯问题能力的自信，这与生涯发展理论中的生涯自我效能比较类似。研究表明，生涯自我效能感高的人，有更多选择，他们能更轻松地转换工作，也会得到更多新工作的机会；在失业后，生涯自我效能感高的个体也能更加积极的参与再就业。

对自己的现状有一个全面的认识有助于确定未来的发展方向，以及将积极的经验整合到未来的职业发展中。而进行自我训练可以帮助大家从自己的经验里寻找方向，当我们把过去、现在和未来的自己联系在一起时，哪怕是最平凡的生活细节，也会让自己心中多一份踏实感，知道自己该何去何从。

七、生涯决定理论

（一）理论来源

美国心理学家阿尔伯特·班杜拉以经典行为主义、强化理论和认知信息加工理论为基础，通过一系列的实验，研究了儿童社会学习问题，提出了观察学习、交互决定论、自我调节、自我效能等观点，于 1971 年出版了《社会学习理论》（*Social Learning Theory*），并由此形成了社会学习理论。20 世纪六七十年代，美国心理学家约翰·克朗伯兹（John I. Krumboltz）和同事们一起对高中学生进行了一系列的研究，将班杜拉的观点引用到生涯辅导上，于 1979 年出版《社会学习理论和生涯决定》（*Social Learning and Career Decision Making*）一书，综合了心理与社会两方面对个人职业生涯规划的影响，探讨职业生涯决策中，社会、遗传与个人因素对职业决策的影响作用。

（二）理论主体

1. 影响生涯决定的因素

克朗伯兹清晰、明确地提出影响职业决策的四种因素：

（1）遗传素质和特殊能力。约翰·克朗伯兹认为，个人得自于遗传的一些特质，在某些程度内限制了个人对职业或学校教育选择的自由。这些因素包括：种族、性别、外在的仪表和特征等。某些个人的特殊能力也会影响其在环境中的学习经验，伴随这些学习经验而带来的兴趣、技能与个人未来的职业选择具有相当密切的关系。个人的特殊能力包括：音乐能力、美术能力、动作协调能力等。

（2）环境条件与特殊事件。克朗伯兹认为，影响教育和职业生涯规划的因素中，有许多来自外部环境，并非个人所能控制的。这些环境状况和事件来源于人类活动（如社会、文化、政治或经济的活动），也可能由自然力量引起（如自然资源的分布或天然灾害）。

（3）学习经验。克朗伯兹认为，每个人都有独特的学习经验，这在决定其职业生涯的路径时扮演着重要的角色，成功的生涯规划、生涯发展职业或教育的表现所需的技能，均能够通过学习经验获得。

（4）工作取向的技能。前面提到的各种因素，如遗传因素、特殊能力、社会上各种影响因素，以及不同的学习经验等，会以一种交互影响的方式使个人形成特有的职业取向技能，这些职业取向的技能包括解决问题的能力、工作习惯、规划技巧、工作的标准与价值、情绪反应、知觉和认知的历程等。

2. 各种影响因素之间交互作用的结果

个人在影响生涯决定的 4 种因素及其交互作用的影响下，通过经验的累积与提炼，产生如下结果：自我认识的形成、世界观的形成、工作定向技能、行动。一般所谓的个人兴趣、价值观等实际上都是学习的结果。个人学习经验的不足或不当，可能会导致形成错误的推论、单一的比较标准、夸大式的灾难情绪等问题，从而有碍于生涯的正常发展。因此，克朗伯兹特别强调丰富而适当的学习经验的重要性。

（三）社会学习取向的生涯决定理论

社会学习取向的生涯决定理论强调，生涯辅导不仅仅是将个人特质与工作相匹配，其重点在于个人应通过参与各种不同性质的活动，获得多种多样的学习经验，这些学到的技能都有可能在未来的工作中派上用场，并能拓展个人的兴趣、培养个人适当的自我信念和世界观。个体如何规划一个生涯方向，是由一组复杂的因素交织互动而决定的。这些因素包括个人的遗传素质、环境中的各种事物与状况，以及各种学习经验。生涯的选择是一种相互的历程。这种选择不仅反映出个人自主的选择结果，也反映出社会提供的就业机会与要求。总之，人选择职业，职业也选择人。生涯的选择，是终生的历程，它不只是发生在一生中的某一时刻，而是从出生到退休连续不断的各种事件与抉择所决定的。

八、社会学习理论

（一）社会学习理论基本概念

克朗伯兹的生涯决定社会学习论显然参考了阿尔伯特·班杜拉的社会学习理论的部分内容。社会学习理论根植于强化理论和古典行为主义。个人的人格与行为特性受其独特的学习经验影响。这些经验包括对环境中积极或消极的强化事件的行为接触与认知分析。社会学习理论的这一论点并不是说人类是环境中受制约的、被动的有机体。相反，人类在从经验到环境的制约及强化特性后，能主动依据自己的行为目标及需要作适当的控制。20 世纪 60 年代及 70 年代初期，克朗伯兹和同事对高中学生做了一系列的研究，观察不同的强化作用对职业选择行为的影响。1979 年出版的《社会学习理论与生涯决定》一书，将这一学派的主要论点悉数囊括。此后，克朗伯兹针对环境的不断变迁，又提出了一些新的看法。

（二）影响生涯决定的因素

克朗伯兹举出影响到每一个人的生涯决定的四类因素：

1. 遗传因素和特殊的能力

个人得自于遗传的一些特质，在某些程度上限制了个人对职业或学校教育选择的自由。

2. 环境的情况和事件

社会学习论认为，影响教育和职业的选择因素中，有许多发生于外在环境，非个人所能控制。这些环境的情况和事件，有的源于人类活动（社会、文化、政治或经济的活动），有的源于自然力量（自然资源的分布或天然灾害）。

3. 学习经验

每个人独特的学习经验，在其决定生涯方向时扮演着重要的角色。我们日常生活中，刺激与增强的类型、性质以及两者配合出现的时机都非常复杂，因而没有一个理论能够很恰当地说明，究竟这些不定的变异现象如何影响个人生涯偏好和生涯技能的发展，又如何影响生涯的选择。

4. 工作取向的技能

前面提到的各种因素，如遗传因素、特殊能力、社会上的各种影响变量，以及不同的学习经验等，会以一种交互影响的方式锻炼出个人特质的工作取向技能。这些工作取向的技能包括解决问题的能力、工作习性、工作的标准与价值、情绪反应、知觉和认知的历程（如选择、注意、保留、符号演练等心理动作能力）等。

九、后现代主义理论心理学

（一）故事叙说取向的生涯咨询

以社会建构主义为范式的生涯咨询，所采取的咨询方法称为故事叙说。生涯咨询成了一个故事叙说与故事重写的过程，视生涯为主观经验，视当事人为文本。心理测验的重要性被个人传记所取代，咨询目标在于生涯故事的再造、生涯意义的赋予。

总体叙事是一种对社会现象的整体描述。20 世纪的"总体叙事"，说明了工作角色与现实社会紧密的关系，工作角色也提供了人们对社会的认同。然而，在多元文化并存的社会，"总体叙事"并不存在于每一个社会成员的心中。咨询师愈来愈清楚，人类发展的理论只能解释发生这个理论的实存背景和文化。不同的文化提供了不同的个体发展路径。

（二）生涯信念与咨询

信念影响着一个人的行为，行为的结果会产生不同的情绪；而有些时候行为增强了某些信念，这些信念在其他的场合带出不同的情绪。因而信念与行为、情绪的关系十分密切。生涯咨询是个复杂的咨询过程，主要原因在于生涯抉择是个复杂的过程。如果当事人受困于一项特殊的想法，即便是与实际无关，也会使他像个作茧自缚的人，在生涯抉择的过程中动弹不得。例如：一个人认为，找到一个完全适合于我的工作，就像找一个梦中情人，是可遇而不可求的事。当这个想法在找工作之前出现，那么他所采取的行动是静候机会到来，而不是主动出击。他相信再多的努力都是徒劳无功，因此许多的机会就会和他擦身而过，他会因此而更消沉，更相信自己的想法是对的。这是一种自我应验的预言，结果造成自我的挫败感，让自己坠入愁云惨雾之中。这一类的信念，在认知治疗的相关理论里是许多治疗学家相当有兴趣的主题。认知重建论称之为"自我内言"，创建理情行为治疗法的艾利斯称之为"非理性的信念"，创建认知治疗法的贝克称之为"不良适应信念"，提出生涯决定的社会学习理论的克朗伯兹称之为"生涯干扰信念"。这些信念并不等于错误的信念，它无所谓好或坏、对或错，只是有时候令人产生不愉快的情绪，阻碍正常的或有效的行为，造成自己的麻烦。上述不同的学派对信念的看法略有不同，因而衍生出不同的咨询方法，也各有千秋。

所谓生涯信念，是一组对自己，以及对自己在工作世界未来发展的综合性假设。这些假设会影响个体的生涯选择行为。生涯信念无所谓好坏，也无所谓正确或不正确，在生涯咨询的个案中常常见到的是"生涯干扰信念"。这种信念因为产生了令人不快的"麻烦"，会影响一个人的生涯行动或方向，在生涯咨询中必须予以处理。

第三节　职业生涯规划的意义

职业生涯规划的目的绝不仅仅是帮助个人按照自己的资历条件找到一份合适的工作，更重要的是设计出几种以工作为主轴的生活方式。通过帮助个人真正了解自己，根据主客观条件拟定合理且可行的职业生涯发展方向，并促使个体积极展开探索行动，从而得到事业的顺利发展，获取最大程度的事业成功。简言之，职业生涯规划就是在"衡外情，度己力"的前提下对自己的职业发展做出合理、可行的规划，为个人的职业成功提供最有效率的路径。目标定位是职业生涯规划的第一步，只有确立了明确的目标和发展方向，才能实事求是朝着目标努力。而大学生因为长期处于校园中，不能真实体验到职业环境，可能会使目标的设立偏于理想化。因此，要特别提醒大学生，目标设定要恰到好处，保证目标明确、具体，不能因为追求"宏大"而不切实际。同时，职业目标与环境联系紧密，可因为各种因素而引发变化。因此，在整个职业生涯规划的过程中还需要时刻关注内外环境的变化，调整步伐，不断地修正目标，使自己立于不败之地。

有效的职业生涯规划不是简单制定一个宏大目标就可以了，而是要制定一个切实可行的目标，并且可以根据环境、个人情况变化适时地调整修正。大学生制订职业生涯规划，可以减少自己在人生道路、前途选择上的徘徊、犹豫。

一、突破障碍、自我实现

一个人最大的幸福，是能以自己选择的方式生活。择其所爱，爱其所择的结果，会使一个人以己为荣，并呈现出丰足喜悦、智慧和充满创造力的气质。

在生涯发展过程中，很多学生对追求理想的工作或人生目标充满疑虑；还有的学生甚至不敢去想象或者设立理想目标，因为觉得那是不可实现的。阻碍学生插上理想翅膀、迈出勇敢脚步的原因，通常来自于两种原因：内在障碍和外在障碍。

内在障碍通常是由一个人对自己的不了解、低评价、不自信或者无安全感造成的。例如，有的学生很难看到自己的长处，总用自己的短处和别人的优势相比，内心从未觉得自己有可用或特别之处。

外在障碍则来自一个人所处的环境，通常与就业政策不足、市场的难以预测、经济衰退和社会环境混乱等相关。一个没有生涯目标的人，很容易受外界因素的影响。生涯规划可以帮助人们设立目标、带来希望，从内在带来动力，有勇气去面对困难，敢于冒险，突破发展中的内外障碍，最终实现幸福人生。

二、满足需求、快乐工作

职业生涯规划能够帮助大学生明确大学阶段个人发展的主要方向，树立积极向上的乐观态度，找准职业目标定位。马斯洛需求层次理论认为需求分为五种，分别为：生理的需求、安全的需求、社交的需求、尊重的需求、自我实现的需求。

马斯洛理论的这种需求像阶梯一样从低到高，按层次逐级递升，但次序不是完全固定的，可以变化，也有种种例外情况。一般来说，某层次的需求相对满足了，就会向高一层次发展，追求更高一层次的需求就成为驱使行为的动力。相应地，获得基本满足的需求就不再是一种激励力量。

人们在一生当中各种需求的满足与其职业生涯是息息相关的。据统计，人们给予职业生涯对"生活来源"需求满足的平均期望值为99%，对"归属和爱"的需求满足的平均期望值为55%，对"来自他人的尊重"需求满足的平均期望值为86%，对"自我实现"需求满足的平均期望值为95%。可见，成功的职业生涯可以满足人生的大部分需求，使人获得成功感和幸福感。

三、提升能力、应对竞争

职业生涯规划能够使大学生充分认识自我，积极发挥自身优势，找到职业成功的有效途径，把"我想做的"和"我能做的"创造性地结合起来，发掘自我潜能，增强个人实力，提高核心竞争力。从人力资源的角度出发，用人单位非常看重新进员工的职业生涯规划是否透明，是否与公司的发展一致。只有少数求职者会写出自己的未来发展规划。这些规划，让人觉得求职者的求职意向是经过深思熟虑的。即使其生涯规划只有5年甚至更短的时间用于为本企业工作，用人单位也乐意聘请这种目标明确、规划清晰的人作为员工。职业生涯规划，能帮助大学生为成为"社会人"做准备，提升就业竞争力。

四、确定职业生涯的成功标准——职业锚

（一）认识职业锚

美国著名的心理学家埃德加·施恩提出的职业锚理论显示，职业规划是一个持续不断的探索过程。在这一过程中，每个人都在根据自己的天资、能力、动机、需要、态度和价值观等因素，慢慢形成较为明晰的与职业有关的自我概念。美国《生活周刊》文章指出，职业锚作为一个人的自省的才干、动机与价值观的模式，在个人的工作生命周期中，或在组织的事业发展过程中，都发挥着重要的作用。何谓职业锚呢？简单地说，职业锚是个人经过搜索确定的长期职业定位。它的特点是：通过个人的职业经验逐步稳定内化下来；当个人面临多种职业选择时，职业锚是其最不能放弃的自我职业意向。

（二）职业锚的分类

1. 技术或功能型职业锚

属于这一类型的人在进行职业选择时，主要注意力是工作的实际技术或职能内容。他们总是围绕着技术能力或业务能力的特定领域安排自己的职业，根据能最大限度地在特定领域保持挑战机会的标准进行工作流动。这些特定领域包括工程技术、财务分析、营销策划和系统分析等。虽然在其技术能力领域也会接受管理职责，但他们对管理职业并不感兴趣。例如，具有技术或功能型职业锚属性的财务分析员，希望在发挥自己财务会计专长的领域中谋求发展，其最高目标是公司的财务副总裁，而不会在任何其他职能领域中涉足。在许多工作岗位上都会有倾向技术或功能型职位的人，如咨询公司的项目经理、工厂的技术副厂长、企业中的研究开发人员、统计人员和会计人员等。

2. 管理型职业锚

具有管理型职业锚属性的人把管理本身作为职业目标，而具体的技术工作或职能工作仅仅被看作是通向更高的管理层道路上的必经阶段。他们认识到，在一个或多个职能领域展现能力的必要性，但却没有一个职能领域能让他们久留。职业经验告诉他们应具有胜任组织高层领导所需的知识和技能，并能够把以下3种最基本的能力加以科学组合，即分析能力、人际沟通能力和情感能力。管理型职业锚的主要职业领域是政府机构、企事业组织的主要负责人，如市长、局长、校长、厂长和总经理等。

3. 创造型职业锚

具有创造型职业锚属性的人时时追求建立或创造完全属于自己的成就。他们要求拥有自主权、管理能力和施展自己才华的特殊能力，创造是他们自我发展的核心。他们敢于冒险，个人的强烈需要是能够感受到所发生的一切都是与自己的创造成果联系在一起的。比如，成功的企业家在创建新公司时，表现出非凡的创造性才干，而一旦建成，他们就会厌倦或不适应正规的工作而退出领导层，自愿或不自愿地让位于总经理，创造型职业锚的主要职业领域是发明家、冒险性投资者、产品开发人员和企业家等。

4. 自主与独立型职业锚

具有自主与独立型职业锚属性的人追求一种能最大限度地摆脱组织约束，施展自己职业能力的工作情景。他们认为，组织生活是受限制的、非理性的、侵犯个人自由的。这种类型的人很少体验到错过提升机会的冲突，很少会感到失败或缺少更大抱负的愧疚，仿佛摆脱组织控制是最大的快乐。他们主要的需求是随心所欲地制订自己的步调、时间表、生活方式和工作习惯。自主与独立型职业锚的主要职业范畴是学者、科研人员、职业作家、个体咨询人员、手工业者和个体工商户等。

5. 安全型职业锚

具有安全型职业锚属性的人倾向于根据组织对他们提出的要求行事，力图寻求一种稳定的职业、稳定可观的收入和稳定的事业前途。不论他们个人有什么样的理想和抱负，当个人目标和组织目标发生矛盾时，他们都会选择服从组织目标。要求高度的感情安全，同时也限制了他们沿着等级制度向更高层次的晋升。现实中存在两种类型的安全取向：一种人的安全源来自组织中稳定的成员资格，如在政府部门或大公司工作的人；另一种人的安全源是以地区为基础，注重家庭稳定和自己融入社团的感情，如有的人尽管流动了几次，最后还是选择在自己的家乡就业。

6. 服务型职业锚

具有服务型职业锚属性的人是指那些一直追求他们认可的核心价值，例如：帮助他人，改善人们的安全，通过新的产品消除疾病。他们一直追寻这种机会，不会接受不允许他们实现这种价值的工作变换或工作提升。

7. 挑战型职业锚

具有挑战型职业锚属性的人喜欢解决看上去无法解决的问题，战胜强硬的对手，克服无法克服的困难和障碍等。对他们而言，参加工作或职业的原因是工作允许他们去战胜各种不可能、新奇、变化和困难，这是他们的终极目标。如果事情非常容易，他们会马上变得非常厌烦。

8. 生活型职业锚

具有生活型职业锚属性的人喜欢允许他们平衡并结合个人的需要、家庭的需要和职业的需要的工作环境。他们希望将生活的各个主要方面整合为一个整体。正因为如此，他们需要一个能够提供足够的弹性让他们实现这一目标的职业环境。甚至可以牺牲他们职业的一些方面，例如：提升带来的职业转换。他们将成功定义得比职业成功更广泛，他们认为自己如何去生活，在哪里居住，如何处理家庭事业的关系，以及在组织中的发展道路是与众不同的。

（三）职业锚的作用

当一个人确定了自己的职业锚之后，他的职业生涯将转变为事业生涯，这就是职业锚的作用。找到职业锚是一个人从事的是职业还是事业的分水岭，是职业生涯转换为事业生涯的里程碑。当一个人确定了自己的职业目标后，就不在乎自己的职务目标了，因为这时候他最关心的是自己的职业；当一个人确定了自己的事业目标后，就不在乎自己的职业目标了，因为不管从事什么职业，都是为那个事业服务。

人一生努力地在职业生涯中千辛万苦地奋斗，为的是什么？开始的时候，是为自己、为家人、为朋友。随着他不断探求自己的职业锚，一个人关于职业生涯的思想觉悟有可能会提高，使自己努力奋斗的事情不仅仅是为自己、为家人，还要为朋友、为同事、为企业，进而为民族、为国家、为社会。

第四节　职业生涯规划的方法

根据职业生涯规划的内涵，可将系统的职业生涯规划方法分为 6 个步骤，包括觉知与承诺、自我探索、探索工作世界、决策、求职行动、再评估/成长。

一、觉知与承诺

职业生涯规划的第一步，是跳开职业生涯和大学学涯，回归到生涯发展的大背景下，考虑一生要实现怎样的目标和意义，继而再来安排职业生涯和学涯。

我们决定做或者不做一件事，几乎都是从觉知与承诺开始的，只是很多事情未关乎前途命运，所以很多人都没有意识到而已。显然，这里的觉知并不仅是知道是什么这么简单，而是从知道进而醒悟，即清楚职业生涯规划是什么，并搞清职业生涯规划对自己的重要性，理解其重要意义。在此基础上，对自己做出一个承诺，对自己的人生负责，并乐于付出行动谋划自己的未来。

二、自我探索

自我探索是对自己进行全面、深入的分析和探索，要"左看右看上看下看"，看清自己的兴趣、能力、性格、价值观等。简而言之，自我探索就是解决"我是谁"的问题。或许很多大学生认为这个问题似乎很荒诞，难道自己连"我是谁"都不知道吗？其实从哲学上来讲，我是谁？我从哪里来？我要到哪里去？这3个问题一直是最难回答的。

三、探索职业世界

探索职业世界的主要任务就是了解工作世界的宏观发展趋势，了解具体职业对工作人员的要求、条件和待遇等，分析自己的专业与目标职业的关系，以及为了实现对目标职业的期待，我们需要在继续教育和技能提高方面做出选择。

四、决策

决策是综合整理和评估信息的部分，在决策时有可能因信息不全而重新回到前面两个步骤，具体内容包括：综合与评估信息，目标设立与计划，处理决策过程中的各种问题，生涯信念、障碍等。在系统的职业规划中，我们主要是通过一些科学的决策模型来实现对目标职业的选择，以最大限度地避免有限理性给我们带来的决策犹豫和困惑。同时，职业决策不是简单的一个决定，而是在决定的基础上，谋划和实施、实现职业目标的具体时间和步骤，也就是说职业决策＝决定＋对策。

五、求职行动

当我们做出职业决策之后，要实现职业目标，下一步必然是要行动起来，行动是将全部的探索和思考落实的阶段。学生要通过行动来实现自己设立的工作目标。通常包括：具体的求职过程，即制作简历、面试。也有可能在与现实的接触过程中，你对自己有新的发现，由此对生涯发展有新的思考。所以，虽然我们为了方便学习，将生涯规划人为地割裂成不同的步骤，但无论在哪个步骤，自我与外部信息的探索都不会停止，不要忽略这些部分带来的新启示。

六、再评估/成长

当学生在实践中迈出生涯的重要一步进入工作世界时，随着外部环境的变化，他们或许会继续沿着过去的规划前进，也有可能发现过去规划已不适合自己，或者发现过去的规划并不尽如人意。正如生涯发展模型所展示给大家的一样，同学们只要把握其核心理念：探索自我、了解环境、理性决策、积极行动、妥善管理、再次评估、不断修正生涯规划，就会渐入佳境。所以说，生涯规划是一个循环的过程，需要一生来探索。

【作业与反馈】

个人生涯档案

姓名：＿＿＿＿＿＿＿＿＿＿

血型：＿＿＿＿＿＿＿＿＿＿

生日：＿＿＿＿＿＿＿＿＿＿

性别：＿＿＿＿＿＿＿＿＿＿

星座：＿＿＿＿＿＿＿＿＿＿

兴趣：_____

开始与高中截然不同的大学生活，我心中有一些想法，我希望在大学期间：

1. _____

2. _____

3. _____

我常常希望自己可以做的事情是：

1. _____

2. _____

3. _____

自我探索

【课程目标】

1. 探索自己的性格、兴趣、能力、价值观
2. 了解意向职业的技能要求

【案例导入】

我们在大学中应该学什么?除了学习知识外,最关键、最基本的是能力的学习。大学生在校期间应该培养各种能力,如人际交往能力、创新思维能力、掌握信息能力、学习能力和自立能力等。这些能力你具备了吗?

假设在求职面试的过程中,你面对的是位人力资源部门主管。你急切地希望获得这个用人单位的某个职位,而这位人力资源主管就是你的考官。现在需要使他/她信服你是他/她能够雇用的最好的求职者。此时这位人力资源主管问了两个问题:公司为什么要雇用你?你能为公司做什么?

这个时候你一定很慌乱吧?应该怎么回答这位人力资源主管的问题才能使自己脱颖而出呢?你是否已经准备好了呢?你的回答应该充分体现你的综合素质和职业技能。因为这些可以准确地表达你拥有的知识、才干及已经取得的成就等。翻开简历看看吧,是否已经不自觉地使用了这些词语呢?

通过本章的相关活动来了解自己的个人技能,在这些活动中你能够从自己以往的经验中总结出自己擅长的技能,发现自己欠缺的技能,或许还能够发现一些曾被忽略的技能。要学会以己之长补己之短,利用自己的优势或通过发展其他能力来弥补自身的不足。了解自己的能力才能对自己更有信心,使自我效能感得到提高。

你是否曾经为理想不能实现而悔恨,为自己能力不足而懊恼呢?那么,从现在开始改变现状;从现在就开始有意识、有目的地培养自己想获得的或欠缺的技能,才有机会成功!同学们,请抓紧时间行动起来吧!

第一节 兴 趣 探 索

研究表明，兴趣可以激发潜能，如果一个人对某项工作感兴趣，往往能发挥其全部工作才能的80%～90%，且能够长时间保持高效率而不感到疲劳；而对工作没兴趣的人，只能发挥其全部才能的20%～30%，并且容易感到精疲力竭。

孔子曰："知之者不如好之者，好之者不如乐之者。"兴趣是职业成功的起点，一个人找到自己最感兴趣的工作，就等于踏上了通向成功的道路；兴趣会让人们充满激情。

一、兴趣的概念

兴趣是使个体积极探索某种事物的认识倾向，它更强调个体的喜爱和偏好程度。由于强烈的兴趣和爱好，人们从事自己感兴趣的工作，将成为事业成功的强大动力。兴趣是个体力求认识某事物或者从事某种活动的心理倾向，呈现为认识事物或者从事活动的积极、热情的态度。我们通常将兴趣理解为：人们为了乐趣或者享受而坚持做的那些事情，是人们动力和快乐的最终来源。

兴趣分为职业兴趣和非职业兴趣。职业兴趣是一个人对工作的态度、对工作的适应能力，表现为有从事相关工作的愿望和兴趣，拥有职业兴趣将增加个人的工作满意度、职业稳定性和职业成就感。在不同职业领域工作的人，有着不同的兴趣模式和特征。

二、兴趣的意义

兴趣是最好的老师，也是职业选择的原动力。兴趣对个体的实践活动具有重要的意义，个体在从事感兴趣的活动时，注意力会更集中、思维会更活跃、意志会更坚定、行动会更积极、情绪会更愉快。

（一）兴趣引导职业选择的方向

职业兴趣就是一个人对某种专业或职业活动的喜爱程度，职业兴趣在职业活动中发挥着重要作用。对于职业活动，往往从有趣开始，逐渐产生工作乐趣，进而与奋斗目标和工作志向相结合，发展成志趣，表现出方向性和意志性的特点，使人坚定地追求某种职业，并为之尽心尽力，甚至奉献终身。所以，在进行职业生涯规划时，兴趣同样会产生强大的推动作用。

（二）兴趣有利于增强大学生的职业生涯适应性

兴趣能够促进个体能力更好地发挥，并最终大幅提升工作效率。许多关于事业成功的研究都表明，单独考虑专业能力因素，并不能解释和预测个体职业生涯的成败，需要、兴趣、动机、价值观等情感倾向因素对个体的职业生涯适应性也有重要影响，其中，又以兴趣所起的作用为最大。

（三）兴趣有利于激发个体的工作动机

华人诺贝尔奖获得者丁肇中曾说过："兴趣比天才重要。"爱迪生、古道尔、爱因斯坦和诺贝尔等众多著名科学家在事业上的成功，都对兴趣在职业生涯中的重要作用提供了很好的佐证。

（四）兴趣有利于提高职业满意度

根据霍兰德的理论，个体的职业兴趣可以影响职业满意程度。调查也表明，个人对职业的满意程度主要取决于个人兴趣和职业环境的匹配程度。

三、兴趣类型探索

霍兰德于1959年提出了具有广泛社会影响的职业兴趣理论。他认为人的人格类型兴趣与职业密切相关：某类型的职业通常会吸引具有相同人格特质的人，而具有相同人格特质的人对许多生活事件的反应模式也是相似的。他们创造了具有某一特色的生活环境，也包括工作环境。在这种思想的基础上霍兰德归纳了人的六种人格类型。由于这种分类是职业上的反映，因此也可以理解为职业兴趣类型。另外，霍兰德还对职业环境类型按与人格类型相同的模式进行研究和分析，对职业环境类型采用了与人格类型相同的名称。

霍兰德生涯理论认为，大多数人的人格特质可以归纳为六种类型，即现实型、研究型、艺术型、社会型、企业型和常规型。工作环境也有六种类型，其名称和性质与人格类型的分类一致。

经过广泛细致的调查研究，霍兰德给出了每种兴趣类型的特点。

（一）现实型

又称实践型（R型）。具有此类倾向的个体往往身体技能及机械协调能力较强，常常沉浸于工具与技术的世界。他们稳健、务实，喜欢从事规则明确的活动及技术性工作，热衷于亲自动手操作，具有比较强的实践性。他们往往不善言谈，对人际交往及人员管理、监督等活动不感兴趣。

典型职业：喜欢使用工具机器，需要基本操作技能的工作。对要求具备机械方面才能和体力或从事与物件、机器、工具、运动器材、植物、动物相关的职业有兴趣，并具备相应能力。如技术性职业（计算机硬件人员、摄影师、制图员、机械装配工），技能性职业（木匠、厨师、技工、修理工、农民、一般劳动）。

（二）研究型

又称调研型（I型）。具有此类倾向的个体喜欢理论思维或偏爱数理统计工作，能对解决抽象问题投入极大的热情。他们通常倾向于通过思考、分析解决问题，而不一定落实到具体操作；他们往往是好奇的、聪明的、内省的、具有批判性的，喜欢具有创造性、挑战性的工作，不喜欢固定程式的任务，独立倾向明显。他们对于人员管理及人际交往也不太感兴趣。

典型职业：喜欢智力的、抽象的、分析的、独立的定向任务，要求具备智力或分析才能，并将其用于观察、估测、衡量，形成理论最终解决问题的工作，并具备相应的能力。如科学研究人员、教师、工程师、电脑编程人员、医生、系统分析员。

（三）艺术型

又称创意型（A型）。具有此类倾向的个体对具有创造、想象及自我表现空间的工作表现出明显偏好。他们有一定的创造力，特立独行，乐群性低，对结构化程度较高的任务及环境都不太喜欢，对机械性及程式化的工作毫无兴趣。艺术倾向明显的个体好自我表现，具有丰富的想象力，直觉力较好，敏感而开放。

典型职业：喜欢的工作要求具备艺术修养、创造力、表达能力和直觉，并将其用于语言、行为声音、颜色和形式的审美、思索和感受，具备相应的能力。不善于事务性工作。如艺术方面（演员、导演、艺术设计师、雕刻家、建筑师、摄影家、广告制作人）、音乐方面（歌唱家、作曲家、乐队指挥）、文学方面（小说家、诗人、剧作家）。

（四）社会型

又称社交型（S型）。具有此类倾向的个体喜欢以人为对象的工作，通常语言能力优于数理能力，善于表达、随和、乐于与人相处，愿意帮助他人，具有人道主义倾向，责任心较强。他们习惯于与人商讨或调整人际关系来解决面临的问题，不太喜欢以机械和物品为对象的工作。

典型职业：喜欢与人打交道的工作，能够不断结交新的朋友，从事与提供信息、启迪、帮助、培训、开发或治疗等相关的事务，并具备相应能力。如教育工作者（教师、教育行政人员），社会工作者（咨询人员、公关人员）。社会福利事业、医疗与保健方面、商品营销方面和各种直接为人服务的职业。

（五）经营型

又称企业型（E型）。具有此类倾向的个体喜欢制定新的工作计划、事业规划，以及设立新的组织，并为有效发挥组织作用而积极地开展活动。他们喜欢影响、管理、领导他人；自信、精力充沛，支配欲和冒险性强，具有较高的成就需求；不喜欢具体、精细或需要长时间集中心智的工作。

典型职业：喜欢具备经营、管理、劝服、监督和领导才能，以实现机构、政治、社会及经济目标的工作，并具备相应的能力。如项目经理、销售人员、营销管理人员、政府官员、企业领导、法官律师、工商与行政管理人员等。

（六）事务型

又称传统型、常规型（C型）。具有此类倾向的个体喜欢高度有序、要求明晰的工作，对于规则模糊、自由度大的工作不太适应，不喜欢承担领导者的责任。习惯于服从，一般较为忠诚可靠，偏保守；在工作中与人交往会保持一定的距离，工作仔细、有毅力，做事有条理、责任心强；对社会地位、社会评价比较在意，通常愿意在大型机构做一般性工作。

典型职业：喜欢要求注意细节、精确度，有系统、有条理，具有记录、归档，从事具有特定要求或程序组织数据和文字信息的职业，并具备相应能力。如秘书、办公室人员、记事员、会计、行政助理、图书馆管理员、出纳员、打字员、投资分析员等。

四、兴趣测评

（一）正式评估

为了更加科学地探索职业兴趣，很多心理专家和职业指导专家编制了职业兴趣测验。霍兰德理论提出以后，在职业生涯辅导中被广泛使用的测评工具都以霍兰德的类型论为依据，经过测评，通常会得到一组由 3 个字母组成的霍兰德代码，以及与这一代码相匹配的一些职业。这些测评工具都可作为自我探索的有用工具。

在具体使用的时候，还需要注意这些测评工具的施测要求，看清指导语。通常要求由生涯辅导专业人员实施测评，并对测评结果进行专门的解释说明，帮助被测试的人正确理解测评的含义。

（二）非正式评估

职业兴趣的非正式评估方法比较多，如问答法，它通过谈话问答的方式对自己的职业兴趣进行澄清。如你最喜欢的事情是什么？做什么事情的时候你会忘记时间？将问题的答案写下来，看看这些回答之中有没有什么内在一致性，并对其进行分析，以此来帮助自己澄清职业兴趣。也可以通过对自己经历的盘点来认识兴趣，回顾自己成长经历中最有成就感的那些事件，找出最吸引自己的那些东西，而其中共性较多的，就是兴趣所在。

霍兰德
兴趣测评、代码
及对应职业

第二节　性格探索

一、性格的概念

世界上没有两片完全相同的叶子，人的性格也是如此。有的人细心却是个慢性子；有的人风风火火，想到什么就要马上完成；有的人热情爽朗；有的人谨慎多疑。

性格来自日语，是日译英语中 character 的译名，其希腊文原意为雕刻，后转译为印刻、标记、特性。广义的性格指人或事物互相区别的特性。性格是人对现实的稳定态度和习惯化行为方式的总和，表现为个体独特的心理特征。性格是在社会生活中逐渐形成的，同时也受个体的生物学因素影响，是一个人在生活中对人、对事、对自己、对外在环境所表现出来的一致性回应方式。性格不是天生的，更多的是受后天社会生活环境的影响；是个体在社会实践活动中，通过与自然环境、社会环境的交互作用而逐渐形成，并会经常习惯性地表现在个人的言行、表现、工作等方面。人的性格受意识、信仰、世界观的影响和制约，是个人素质中的核心和具有稳定性特点的内容，与行为密切相关。

二、性格与职业关系

1959 年，美国著名的就业指导专家霍兰德提出了以人格类型学说为基础的职业指导理论。1973 年，霍兰德提出，个体的人格特征和背景因素决定了他的职业选择方向。我们每个人都趋向于选择最能施展自己能力与技能、表现出自己态度与价值观的职业。理想的职业选择是使人格类型与职业类型相互匹配、相互协调，从而达到最佳的职业满意感、稳定性和职业成就。

性格的特征不同，其行为习惯的差异就决定了职业或岗位的选择。当不同的性格选择了与之匹配的职业或岗位时，能更好地发挥自己的独特性。比如，从事财会工作，最好具有的性格是独立、能够当机立断，具有怀疑精神并且聪慧富有才识，还需要具有敏感性和恒心；担任推销主管，最好是乐观外向，敢为精明，具有当机立断的魄力；担任业务经理，最好具有的性格是乐观外向，具有很强的探索精神，并且能够独当一面，敢作敢为；从事编辑工作，最好具有的性格是敏感，富于幻想，做事细致认真。只有自己的职业岗位选择与自己的性格符合，一个人的无限潜力才会源源不断地被挖掘。所以，了解自己的性格特点是进行职业生涯规划、正确选择未来职业的重要环节。

三、性格探索

（一）MBTI 性格理论

心理类型理论首次出现在 1913 年的慕尼黑国际精神分析大会上。荣格在会上提出个性的两种态度类型：内倾和外倾。1921 年，荣格又提出四样功能类型，即理性功能的相互对立的两种类型，即思维功能和情感功能；非理性功能的相互对立的两种类型，即感觉功能和直觉功能。

在此基础上，美国心理学家凯瑟琳·布里格斯（Katherine Cook Briggs）和她的女儿伊莎贝尔·迈尔斯（Isabel Briggs Myers）研究和发展了 MBTI 测评体系，共有四个维度，即：

1. 能量的投注方向：外倾（E）—内倾（I）（见表 2 - 1）

表 2 - 1　　　　　　　　　　　　性格类型的第一个维度

E 外向型的人	I 内向型的人
与他人在一起感到振奋	独自一人感到兴奋
希望能成为注意的焦点	避免成为注意的焦点
先行动，再思考	先思考，再行动
喜欢边想边说出声，易于被了解，愿与他人共享个人信息	注重隐私，只与少数人共享信息
说得比听得多	听的比说的多
热情地交流，精神抖擞	不把热情表现出来，显得矜持
反应迅速，喜欢快节奏	思考后再反应，喜欢慢节奏
较之精深更喜欢广博	较之广博更喜欢精深

2. 信息的接受方式：感觉（S）—直觉（N）（见表 2 - 2）

表 2 - 2　　　　　　　　　　　　性格类型的第二个维度

S 感觉型的人	N 直觉型的人
相信确定而有形的事物，相信看到的，听到的	相信灵感和推理，相信第六感直觉
喜欢具有实际意义的新主意	喜欢新主意和新概念，只出于自己的意愿
崇尚现实主义的常识	崇尚想象力和新事物
喜欢运用和琢磨已有的技能	喜欢学习新技能，但掌握后容易厌倦
留心特殊和具体的事物，关注细节	留心普遍和有象征的事物，习惯使用隐喻和类比
循序渐进地给出信息	跳跃式地以一种绕圈的方式给出信息
着眼于现在	着眼于将来
只相信可以测量，能够记录下来的	相信字面之外的信息

3. 作决策的方式：思维（T）—情感（F）（见表2-3）

表2-3　　　　　　　　　　　性格类型的第三个维度

T 思维型的人	F 情感性的人
后退一步客观分析问题	向前看，关心行动给他人带来的影响
崇尚逻辑、公正和公平，有统一标准	注重情感、和睦，看到规则的例外性
自然地发现缺点，有吹毛求疵的倾向	自然地想让别人快乐，易于理解别人
可能被视为无情、麻木、漠不关心	可能被视为过于感情化、无逻辑、脆弱
认为诚实比机敏更重要	认为诚实与机敏同样重要
认为合乎逻辑的感情才是真的	认为所有感情都是正确的，无论是否有意义
受获得成就欲望的驱使	受感情与被人理解的驱使
按逻辑做决定	按爱好和感受做决定

4. 喜好的生活方式：判断（J）—知觉（P）（见表2-4）

表2-4　　　　　　　　　　　性格类型的第四个维度

J 判断型的人	P 知觉型的人
做完决定后感到快乐	因保留选择的余地而快乐
具有"工作原则"，先工作再玩（有时间的话）	具有"玩的原则"，先玩再工作（有时间的话）
确立目标并按时完成任务	当有新的情况时，会改变目标
想知道自己的处境	喜欢适应新环境
注重过程	注重结果
通过完成任务获得满足	通过着手新事物而获得满足
把时间看成有限的资源，认真对待时间	把时间看成无限的资源，认为时间期限是灵活的
重条理性、计划性	重机动性，自由变通

（二）MBTI 性格类型分析

通过对照4个维度的描述，你或许已经能识别出自己在每个维度上的偏好，取每个维度上偏好类型的代表字母，这就构成了你的性格类型。如 ISFJ，即内倾感觉情感判断型；ENFP，即外倾直觉情感知觉型。4个维度、8个端点可组合成表2-5中的16种性格类型，你必然属于其中的1种。

表 2 - 5   性格类型表

内倾感觉思维判断 （ISTJ）	内倾感觉情感判断 （ISFJ）	内倾直觉情感判断 （INFJ）	内倾直觉思维判断 （INTJ）
内倾感觉思维知觉 （ISTP）	内倾感觉情感知觉 （ISFP）	内倾直觉情感知觉 （INFP）	内倾直觉思维知觉 （INTP）
外倾感觉思维判断 （ESTJ）	外倾感觉情感判断 （ESFJ）	外倾直觉情感判断 （ENFJ）	外倾直觉思维判断 （ENTJ）
外倾感觉思维知觉 （ESTP）	外倾感觉情感知觉 （ESFP）	外倾直觉情感知觉 （ENFP）	外倾直觉思维知觉 （ENTP）

性格类型讲解

第三节　能力探索

能力是一个人能否进入职业的先决条件，是能否胜任职业工作的主观条件。无论从事什么职业总要有一定的能力做保证。人要从事各种各样的社会活动和社会生产活动，必须具备多种能力与之相适应。我们这里所说的能力，是指劳动者从事社会生产活动的能力，即职业工作能力。

了解职业的技能要求具有重要的意义，因为技能是多种多样的，技能的发展和培养又需要相当的时间，而人的时间和精力是有限的，在大学生活中要将有限的时间花费在一些什么样的活动上，这在很大程度上取决于我们希望达到的职业生涯目标和它所要求的技能。只有当我们明确了目标职业需要些什么样的技能时，我们才能够提早准备，明确自己需要重点发展哪些技能，并通过校内外的各种课程和实践活动来培养这些技能，从而有计划、有针对性地过好大学生活，到求职应聘的时候才能够做到有信心、有实力。

对大学生来说，重要的是要能够从技能的角度去看待职业和自己，并且在简历和面试中反映出自己与工作相关的技能。可以说，大学时代的学习绝不能是局限于书本知识和应试的学习，而必须是培养和发展各方面技能的广义的"学习"。

一、能力的概念

能力，这个决定个体职业发展成就、影响职业成就感的重要职业元素，从心理上讲，是作为掌握和运用知识技能的条件并决定活动效率的个性心理特征。能力的评估可以帮助个体确定具备什么样的技能，以及擅长什么样的技能。能力测评既包括一般能力测评，如注意力、观察力、记忆力、思维能力和想象力等，也包括特殊能力测评，如运算能力、语言表达能力、运作协调能力、空间判断能力等。

在能力和知识的基础上，通过反复练习而形成的相对稳定的行动方式称为技能，不同的职业也会有不同的职业技能要求。职业能力是一个人有效地完成特定职业活动所必需的各种能力特征的总和，既包括人们获得教育、培训之前的能力倾向，也包括个人在社会生活中积累的职业经验和通过教育、培训获得的学历与技能等。

二、能力的分类

一般来讲，职业对任职者的能力要求主要是技能层面的。技能分为专业知识技能、自我管理技能和可迁移技能。

（一）专业知识技能

这是指那些需要通过学习才能获得的、特别的知识或能力，这些技能涉及我们学习的专业和课程。比如，是否掌握外语、电脑编程、历史等知识。专业知识技能需要经过一段时间有意识的、专门的学习才能掌握，而且不能迁移。也就是说，它们是一些特殊的语汇、程序和学科内容，必须经过有意识的、专门的培训才能掌握。它们常常与我们的专业学习或工作内容直接相关。正因为如此，许多大学生由于不喜欢自己的专业，在找工作时往往陷入两难的境地。一方面，他们认为找工作必须"专业对口"，但是又不喜欢自己的专业，不想将其作为从事一生的职业；另一方面，如果"专业不对口"，自己不是"科班出身"，则担心自己与专业出身的应聘者相比缺乏竞争力，甚至觉得很难跨越专业的鸿沟。在这种情况下，似乎唯一可行的方式就是通过考研来改换专业。

事实上，知识技能并非只有通过正式的专业教育才能获得。除了学校课程外，课外培训、专业会议、讲座、研讨会、自学、资格认证考试等方式都可以帮助个人获得知识技能。

（二）自我管理技能

自我管理技能经常被看作是个性品质，而不是技能，因为它常被用来描述或说明人所具有的某些特征。这类技能可以从非工作领域迁移到工作领域，有助于你推销自己，是职业成功所需要的品质。一个人是如何运用自己的专业知识、以什么样的态度从事工作的，这甚至比工作内容本身更为重要。正是这样一种品质和态度，将个人与许多其他具有相同知识技能的候选人区别开来。

自我管理技能无论是一个人先天具有的还是后天习得的，都需要练习。它们可以从非工作（生活）领域迁移转换到工作领域。也就是说，耐心、负责、热情、敏捷这些技能并不是通过专门的课程学习到的，而是在日常生活中随时随地培养的。

自我管理
技能词汇

（三）可迁移技能

可迁移技能也称通用技能，是职业生涯中除岗位的专业能力之外的基本能力，是适用于各种职业、能够适应岗位不断变换、伴随人终身的可持续发展的技能。

可迁移技能的特征可以从生活中的方方面面，特别是工作之外得到发展，并且可以应用于不同的工作。在职业规划中，可迁移技能是需要被最先和最详细叙述的，也是最能持续应用和最能依靠的技能，专业知识技能的应用都是基于可迁移技能。随着信息时代的到来，新技术日新月异的发展，知识的更新换代不断加快。这意味着个体需要不断学习新的知识技能才能跟上时代的发展。当今的时代越来越强调"终身学习"。因而"学习能力"（可迁移技能）已经比拿到某个专业的硕士学位（知识技能）更为重要。

与知识技能相比，可迁移技能无所谓更新换代，而且无论你的需求和工作环境有什么样的变化，它们都可以得到应用。随着我们工作经验和生活阅历的增加，可迁移技能还会得到不断的发展。

知名的心理学家赫伍德·斐格勒通过研究，确定了10种可以迁移的技能，认为这些技能在日常活动中就能够获得，并且可以通过实践进行改善。这些技能对于雇主来说，是非常有价值的，而且可以在许多不同种类的工作中得到提高。他还认为非常有必要去研究这10种可迁移能力是如何获得和发展起来的，弄清楚人们在课堂上、休闲活动中、集体活动或者志愿服务的活动中是如何发展和完善其中某些可迁移技能的。

这10种技能分别是：

（1）预算管理：表现为对现有资源的最佳运用。

（2）督导他人：表现为执行、实现能力。

（3）公共关系：表现为良好的营造氛围能力。

（4）应对最后期限的压力：表现出强烈的攻坚能力。

（5）磋商和仲裁：表现出合理适当的妥协共存能力。

（6）公共演讲：表现出公共引导和宣传方面的潜力。

（7）公共评论协作：是公共引导和宣传的表现。

（8）组织、管理、调整能力：是领导和资源协调能力的综合体现。

（9）与他人面谈的技巧和能力：个体交往潜力的集中表现区域。

（10）教学和教导能力：传授、宣传方面的潜质。

三、能力探索

撰写"自我成就"故事。请写出你在生活中有成就感的故事，然后分析其中使用了哪些技能。请写出明确的时间地点，你做了什么事情，取得了什么成就，遇到了什么困难，你是如何解决这个困难的，请尽可能写出细节。

列举的这些"成就故事"并非一定是工作上或学习上的，也可以是在家庭生活中所发生的可大可小的故事。只要符合以下两条标准，就可以被视为"成就"：喜欢做这件事时体验到的感受、完成后觉得非常有成就，很自豪。

·我的成就故事

_____

_____

_____

·我使用最多的技能是

_____

_____

_____

·我没有使用的技能是

_____

_____

_____

·我需要提升的技能是

_____

_____

_____

第四节 价值观探索

美国职业规划大师舒伯认为，职业价值观是个人追求的、与工作有关的目标，亦即个人的内在需求及在从事活动时所追求的工作特质或属性。它是人生价值观在职业问题上的反映。简言之就是一个人对于与工作有关的客观事物的意义、重要性的评价和看法。不同的个体对职业的需要和看法各不相同，因而产生了各自不同的职业价值观。美国施恩教授提出了职业锚的概念，也称职业系留点，实际就是人们选择和发展自己的职业时所围绕的中心，是指当一个人不得不做出选择的时候，他无论如何都不会放弃的职业中的那种至关重要的东西或价值观，是自我意向的一个习得部分。职业锚是个人同工作环境互动作用的产物，在实际工作中是不断调整的。职业锚以员工习得的工作经验为基础，产生于早期职业生涯。施恩最初提出的职业锚理论包括5种类型：自主型职业锚、创业型职业锚、管理能力型职业锚、技术职能型职业锚、安全型职业锚。在20世纪90年代，他又发现了3种类型的职业锚，即安全稳定型、生活型和服务型职业锚。

一、价值观的概念

我们为什么会认为有的事物有价值，而有的事物没有价值呢？价值涉及两个方面，一方面，是主体的需要；另一方面，是客体的某种结构、属性，二者缺一不可。客体及其属性是价值的载体，如果没有这种载体，也就失去了价值的源头。但是如果这种载体不和人发生功能联系，也只能是纯粹的自然之物，只能是事实，而不表现为价值。只有当主体以自身的需要为基础，对它们的意义进行鉴定时，才表现为价值。

价值观是人的信念系统，是支撑人类生活的精神支柱，是我们一生中最重要的东西，是个体背后的深层动机，反映着我们在生活中需要什么、追寻什么。价值观是一种内心尺度，带有判断的色彩，代表一个人对于什么是好、什么是对、什么会令人喜爱的想法。就是在人生选择的时候，做出某个选择的原因。决定着人类行为的取向，决定着人们用什么样的心态去开创自己新的生活。

价值观是指个人对客观事物（包括人、物、事）和对自身行为结果的意义、作用、效果和重要性的总体评价，是对什么是好的、什么是应该的总的看法，是推动并指引一个人做出决定、采取行动的原则与标准，是个性心理结构的核心因素之一。价值观就是我们在生活和工作中所看重的原则、标准或品质。它指向我们人生中最重要的东西，因此，它也是一套自我激励机制。

舒伯认为，职业价值观是个人追求的与工作有关的目标，亦即个人在从事满足自己内在需要的活动时所追求的工作特质或属性，它是人生价值观在职业问题上的反映。

二、价值观的特性

价值观是我们在生活和工作中所看重的原则、标准和品质，是我们在处理价值关系时所持的立场、观点和态度的总和，渗透到社会的政治、经济、道德和文化领域中，以及个人生活的方方面面。它有着下列特性：

（一）个体差异性

由于每个人的先天条件和后天环境不同，人生经历也不尽相同，每个人价值观的形成会受到不同的影响，因此，每个人都有自己的价值观和价值观体系。在同样的客观条件下，具有不同价值观和价值观体系的人，其动机模式不同，产生的行为也不同。

（二）表现稳定性

价值观是人们思想认识的深层基础，它形成了人们的世界观和人生观。它是随着人们认知能力的发展，在环境、教育的影响下，逐步培养而成的。人们的价值观一旦形成，便是相对稳定的，且具有持久性。

（三）文化差异性

人们总是生活在一定的社会历史条件下，一方面，存在于自己"镶嵌"其中的社会风貌中，价值观的形成自然受到社会环境的影响。另一方面，人是社会关系的总和，在人与人相处中，价值观也会受到他人的影响。

（四）可调整性

随着年龄的增长，个体的价值观逐渐成熟。童年时从父母、老师或朋友们那里接受了一套价值观；青少年时开始发展出某些自己的价值观；成年后将这些接受下来的价值观进行整理和筛选，确立个体的价值观。由于环境的改变、经验的积累、知识的增长，人们的价值观有可能发生变化，并且在当今多元社会中，多种价值观的冲击也会导致原有价值观体系的混乱乃至改变。

三、职业价值观

职业价值观即择业观，也叫工作价值观。舒伯认为，职业价值观是个人追求的、与工作有关的目标，亦即个人的内在需求及在进行报酬活动时所追求的工作特质或属性。它是人生价值观在职业问题上的反映。职业价值观简言之就是个体对于与工作有关的客观事物的意义、重要性的评价和看法。不同的个体对职业的需要看法各不相同，因而产生了各自不同的职业价值观。是个人对某项职业的价值判断和希望某项职业的态度倾向，它是个人对某项职业的希望、愿望和向往。

根据相关研究，大学生在求职之际，对以下职业价值较为看重：

（一）重视才能发挥

随着就业难度的增加，大学生对经济收入的预期也有所降低。一方面，反映了大学生择业心理日趋现实，而不是一味地追求物质利益；另一方面，也说明大学生更加注重工作给自己带来的成长，更愿意去那些能够展现自身能力的单位。

（二）强调工作地点

研究发现，大学生在择业地点的选择上，优先考虑沿海发达大城市，和小城市的安逸相比，大城市竞争虽然更加激烈，生活可能更加艰辛，但是大城市所提供的机会却是小城市所没有的，是"英雄的用武之地"，同时也能获得更高的薪水，可谓"一举两得"。所以大学生在择业取向上，倾向于选择那些更有利于自身发展的大城市。

（三）倾向自我决策

时代的发展使得大学生在择业时更多地依赖自己。从收集信息到参加招聘会，以及笔试面试，都是依靠自己，同时，听取父母、老师的意见，然后自己决断，而不是依赖他人帮助自己选择。

四、职业价值观的意义

职业能够给我们带来丰富的资源，工作过程也许会满足我们的创造、自由、审美等诸多愿望，工作结果会带来各种回报，如薪水、福利、进修机会等。然而，在审视具体工作时，我们经常会发现让自己感到遗憾的地方。比如，一份工作很难给自己提供希望得到的所有资源，也许我们会对某项工作带来的各种报酬感到满意，但对工作内容、工作活动本身不感兴趣；或者对内容有兴趣，但对工作结果不满意；抑或对工作所得的薪水满意，但对社会地位不满意等。解决这类冲突的过程，事实上就是价值澄清的过程，这有助于弄清我们为何对某一职业感兴趣，而不是其他职业。

志存高远，有崇高的追求就有巨大的精神动力。1911 年，沈阳东关小学一位老师问他的学生："你们读书的目的是什么？"有的说为当官发财，也有的说为光宗耀祖。而年仅 13 岁的周恩来掷地有声道："为中华之崛起而读书。"周总理的一生都是在践行这一价值观。

（一）职业价值观影响职业选择

每种职业都有各自的特性，不同的人对职业的意义有不同的认识，对职业好坏的认识有不同的评价和取向，这就是职业价值观。它决定了人们的职业期望，影响着人们对职业方向和职业目标的选择，决定着人们就业后的工作态度和劳动绩效水平，进而决定了人们的职业发展情况。

如果我们十分在意工作的稳定性，那么国企管理岗位、机关工作岗位可能是不错的选择。如果我们看重的是创造性，那么广告设计、策划管理等工作会有很大吸引力。

（二）职业价值观影响职业满意度

职业满意度是职业价值观的前提和要素。据调查，如果一个人选择了自己喜欢的工作则可以充分调动自己的潜能，获得职业发展的原动力。职业价值观则对职业兴趣的满足与发展有着一定的影响作用，不同的职业可以满足不同的价值需求。一份职业越能满足个人的价值需求，个人对职业的满意度就会越高，职业稳定性和职业幸福感也会越高。

一个清楚自己职业价值观的人，对工作的目标和意义是肯定的，能够弄清楚自己在工作中真正想要的是什么，能够将自己最强烈的需要与不同的工作性质联系在一起，面对许多职业决定，较易作出明智的选择，最终找到适合自己的职业。

五、职业价值观类型

事物的结构决定着事物的存在，探讨职业价值观的类型，可以帮助我们厘清、评估和培养职业价值观。国内外学者关于职业价值观分类有多种阐释，其中最有代表性的观点是美国心理学家洛特克（Milton Rokeach）在其《人类价值观的本质》（*The Nature of Human Values*）中提出的 13 类职业价值观：

（1）利他主义：总是为他人着想，把直接为大众的幸福和利益尽一份力作为自己的追求，别人也会因为你的行为而受惠颇多。

（2）审美主义：能不断地追求美的东西，得到美感的享受。

（3）智力刺激：不断进行智力开发、动脑思考、学习和探索新事物，解决新问题。

（4）成就动机：提升社会地位，得到社会认同；希望工作能受到他人的认可，对工作的完成和挑战成功感到满足。

（5）自主独立：在工作中有弹性，可以充分掌握自己的时间和行动，自由度高；能够充分发挥自己的独立性和主动性，按自己的方式、想法去做，不受他人干扰。

（6）社会地位：所从事的工作在人们的心目中有较高的社会地位，从而使自己得到他人的重视与尊敬。

（7）权力控制：获得对他人或某事的管理权，能指挥和调遣一定范围内的人或事物。

（8）经济报酬：获得优厚的报酬，使自己有足够的财力去获得自己想要的东西，使生活过得较为富足。

（9）社会交往：能和各种人交往，建立比较广泛的社会联系和关系，甚至能和知名人物结识。

（10）安全稳定：希望不管自己能力怎么样，在工作中要有一个安稳的环境，不会因为奖金、加资、调动工作或领导训斥等而经常提心吊胆、心烦意乱。

（11）轻松舒适：希望将工作作为一种消遣、休息或享受的形式，追求比较舒适、轻松、自由、优越的工作条件和环境。

（12）人际关系：关心他人，与别人分享，协助别人解决问题；希望一起工作的大多数同事和领导人品好，相处在一起感到愉快、自然。

（13）追求新意：希望工作内容经常变换，使工作和生活显得丰富多彩，不单调枯燥。

六、价值观探索

（一）正式评估

职业价值观的心理测评目前使用较多的是宁维卫 1999 年修订的舒伯编制的《职业价值量表》。现已在一定范围内使用，其修订的职业价值量表包含 60 个项目。

（二）非正式评估

通过班级活动，进行非正式评估。

1. 职业价值拍卖

（1）班级分组。大约 10 人一组。

（2）假定你拥有 1000 个生命单位（代表个人可自由投注于工作的所有时间、精力、财力的总和），你在考虑自我需要等多方面因素后，对所看重的职业价值分别投资一定的单位数量（不一定每一项目都要投资，但若决定投资某一个项目，则不得少于 50 个单位，总数不得超过 1000 个单位）。

（3）拍卖实施。正式开始拍卖前，你有 5 分钟的时间来思考想要购买的拍卖物顺序，以及愿意出的最高价格。按照一般的正式拍卖程序，进行标购活动。先由小组推举一名拍卖主持人（主持人也可参加标购），接着即依表上所列项目逐一进行拍卖，以出价最先最高者购得，将拍卖结果登记下来。

（4）组内讨论。在 15 个价值项目逐一拍卖完成后，各组成员可针对下述问题共同分享经验与感受：所购得的是否为原先预定的、自认为是重要的项目？若未能购得希望的项目，有何感想？你所看重的项目在什么样的职业里会充分体现？对本活动拍卖清单和组织过程的建议。

价值观市场

【作业与反馈】

一、我是什么性格？

请试着用三句话来描述你自己的特质，填写在下面。

1. 我是＿＿＿＿＿＿＿＿＿＿＿＿

2. 我是＿＿＿＿＿＿＿＿＿＿＿＿

3. 我是＿＿＿＿＿＿＿＿＿＿＿＿

找一位你的好朋友，请他列举出你的 3 个特质，并和他一起讨论你自己所写下的特质。看看你的好朋友对你的看法与你对自己的看法有些什么异同。

我的朋友认为我是＿＿＿＿＿＿＿＿＿＿＿＿

举例说明＿＿＿＿＿＿＿＿＿＿＿＿＿＿＿＿

我的发现是＿＿＿＿＿＿＿＿＿＿＿＿＿＿＿

二、理想我与真实我

也许你很高兴地发现你的朋友真是了解你，或者你很遗憾地发现你的朋友认识的你早已经是"过去式"了，甚至你真的希望能成为朋友眼中的你！"理想我"（你希望成为的样子）与"真实我"（你现在实际的样子）的差距，经常会困扰着许多年轻的朋友。如何缩短理想与现实的鸿沟，让两者更趋向一致，是值得你更深入思索的问题，也是生涯满意程度的一个重要指标（见表 2 - 6）。

表 2 - 6　　　　　　　　　　　理想我与真实我

人格特质描述	我过去的样子	我现在的样子	我希望的样子
乐观的			
爱整洁的			
小心谨慎的			
守信的			
脾气温和的			
彬彬有礼的			
诚实可靠的			
努力勤奋的			
有自信的			
受欢迎的			
独立自主的			
积极进取的			
有耐心的			
体贴的			
幽默的			
热心助人的			
遵守纪律的			
开朗的			
谦虚的			

职业世界探索

【课程目标】

1. 了解职业世界探索的内容
2. 树立职业世界探索的主动性、情境性、有序性的意识

【案例导入】

小许在高考前填报志愿时一直很犹豫，不知道该选哪一个专业，自己也没有特别喜欢的专业。最后，在家人的帮助下他选择了当时最热门的"计算机科学与技术"专业。小许在校 4 年埋头苦读，成绩也不错，大学毕业时，本以为学的是热门专业，找份好的工作不是什么问题。但等他拿到毕业证书，走进人才市场才知道，这早已经不是往日的热门了，许多名牌大学毕业生想要找到对口的工作都成问题，更何况自己只是一所普通学校的应届毕业生。更糟糕的是，由于选择的是热门，现在人才市场上几乎遍地都是同专业的竞争者，竞争力可想而知，这时的小许彻底傻眼了。

高考志愿专业选择是职业生涯的第一步。在选择专业时，切不可盲目追求热门。职场的需求冷热是一个动态的过程，没有永远的热门，也没有永远的冷门。如果只考虑当前的热门或冷门，不去充分分析未来行业的发展，以及岗位需求等综合因素的变化，盲目地追求所谓的热门，当热门变成冷门，求职就会遇到问题。

当前社会是一个经济多元化的社会，对于大学生来说，这样的社会环境，既是一个挑战，同时又充满了机遇。

在探索工作世界的过程中，学生常常会陷入两难的境地。比如，留在大城市找一份不稳定、目前也不很理想的工作，但是未来的学习、发展机会可能很多。回到家乡小城镇有个待遇不错的、稳定的工作，但是自己将来的发展前景非常有限，缺乏挑战性。世间的事没有完美的，外部条件总给我们设立这样或那样的限制，看上去似乎很难，也会有些沮丧。但是深入地思考，就会发现我们正是在这种两难的选择当中，越来越知道什么是对自己真正重要的，也越来越了解自己是谁，从而调整自己的行动，走出属于自己的生涯道路。

很多大学生寄希望于学校、职业辅导老师或其他专业的职业辅导工作人员能够告诉他们工作世界是什么样的，但结果常常令人失望。因为每个人（包括专业的职业辅导人士）由于个人知识、经验的局限性，不可能完全掌握所有工作世界的信息，所以工作世界的探索更多地需要大学生自己来完成。在这个探索的过程中，大学生可以培养和提升自己的很多能力，比如自我管理能力中的对自己负责，可迁移技能中的沟通、搜集、观察等能力。

鲁迅先生曾号召革命的文艺家要走出象牙之塔，到旋涡的中心里去。到漩涡的中心里去，这样才能创作出反映现实生活的好作品。大学作为人生重要的转折阶段，一端延续着单维的学生角色，一端承接着多维的社会角色，大学已然不是我们初想的象牙塔，走出舒适区去认识外界，是当代大学生的必经之路。

在我们成长的家庭里、学习的校园内，还有我们周围变换的环境中，存在着丰富的资源和大量可利用的机会。外界探索可以帮助我们认识自己本来拥有却时常视而不见的资源，如家庭所能提供的社会关系网、就业指导部门能提供的本专业毕业生历年的就业去向等；外界探索也能帮助我们厘清各种生涯机会，如准备深造的同学未来可能继续学习的方向。

在职业生涯规划中，自我探索是一项复杂、艰巨的任务，其结果对自我定位、初步确定发展方向都起着重要的作用。尽管我们通过自省测验等方法对自己的兴趣、能力、性格，以及价值观有了较清晰的了解，但如果缺少在实践中的直观感受和真实体验，其结果还可能出现偏差。而外界探索为我们提供了验证自我探索结果和调整自我定位的机会，从这个意义上来说，自我探索与外界探索不是彼此割裂的，在时间上也不分先后。

外界探索有助于我们再次审视自我探索的结果，对原先的目标方向进行调整和重新规划，形成新的自我定位，最终真正找到、找准适合自己的未来之路。在职业生涯规划中，"小数定律"也经常展现出强大的影响力。比如我们常常会听到职场人士对某种职业的看法，这些或褒或贬的看法令人印象深刻，很可能让我们对这种职业产生偏见。这种片面的看法，会不自觉地左右着我们对职业方向的选择。自我探索帮助我们知晓了"我是谁"，外界探索可以帮助我们明白"我在哪里，我将去向何方"。两者是选择职业方向、作出职业决策的基础信息，缺一不可。很多在校大学生进行职业生涯规划时，花了大量的时间与精力进行自我探索，同时也意识到了探索外部世界的重要性，但苦于不知晓外界探索的方向与方法，导致了职业生涯规划无法真正与现实挂钩的情况。因此，我们只有对外界进行充分的探索，掌握更加具体可靠的信息，职业生涯规划才会更加合乎现实、更加理性。

第一节　职业世界的分类

我们处在一个日新月异的时代，工作也在这样的时代中持续变化着。中国有句古话"三百六十行，行行出状元"，今天行业早已超出了"三百六十行"，随之衍生出成千上万种职业。这样的变化一方面，使我们看到了从事新奇职业的可能性；另一方面，使我们对工作世界的探索难上加难。但不可否认的是，了解工作世界要求我们既要了解宏观的工作世界概貌，也要了解有关工作的一些微观事实。

一、职业世界探索的概念

生涯决定的社会学习理论提出者约翰·克朗伯兹（John D. Rumbolt）探讨了影响职业生涯决定的各种因素，其中涉及的环境因素包括职场因素、教育因素、家庭因素、社会因素等。这为我们探索外界提供了思路。在职业生涯规划中，我们把对个体生涯规划产生影响的，除自我以外的因素视作外界探索的对象。一是职场。寻找一份适合自己的工作，选择一条适合自己的职业发展道路，是职业生涯规划的任务，要"知己知彼"，职场自然是需要重点了解的。二是校园。它是大学生步入职场前的"加油站"，拥有帮助我们增长知识、提升能力、完善素质的多样资源，需要我们去挖掘。三是家庭。我们已经知道了家庭因素在日常生活中对我们的影响，事实上在职业生涯规划中，家庭因素潜移默化的作用也是不可忽略的。此外，社会环境也会影响我们对职业的看法及职业的选择，比如社会的意识形态、社会文化风俗、社会舆论、政府政策和市场环境等。

二、职业世界探索的意义

用职业分类的方法帮助探索工作。如何在繁杂的工作世界中挑出相关、有用的信息，是一项艰巨的工作。学生即使形成了自己的职业库，但到底有哪些工作可能和职业库得出的职业特点相符合，这也是一个问题。如果能按照一定的规则将职业分类，学生就可以轻松地找到和这些特点相符的工作了。下面介绍一些比较经典的职业分类方法。

（一）霍兰德的职业环境分类

霍兰德的职业环境分类在"兴趣探索"一章有详细的描述，这里不再赘述。

（二）工作世界地图

普里蒂奇在霍兰德六边形模型的基础上作了一些调整，增加了人—事物、资料—概念两个维度。人—事物维度分别表示与人相关的工作，例如，为人们提供服务、帮助他人等；与具体物体相关的工作，例如，机械、生物、材料等。资料—概念维度分别表示与具体事实、数字计算等打交道的工作和使用理论、文字、音乐等新方式表达或运作的工作。

美国大学考试中心（ACT）将普里蒂奇的研究进行了进一步发展，他们在兴趣的基础上，将职业群体的具体位置标定在坐标图上，从而得到工作世界图。该图共分 12 个区域，共有 20 个职业群。学生可根据自己的兴趣类型在该图中的位置，通过与不同职业群的远近位置比较，进一步扩展与自己职业兴趣相关的工作搜寻范围。

金树人等学者对普里蒂奇（1976）的六种类型与人和事物、资料概念之间的关系进行了进一步研究，研究对象为中国台湾地区的高中生、大学生和成人，结果发现霍兰德的六角形模型与其潜在结构发生了一个新的对应关系。所以学生在使用时可借鉴金树人的研究结果。

三、职业世界探索的要求

如前所述，外界探索与自我探索同为决策规划的基础。自我探索关注的是内在的深度挖掘，而外界探索开启的是我们通向外部世界的大门，两者都需经历长期的过程。外部世界的多样与复杂，要求我们在进行外界探索时更加注重情境性、有序性和开放性。

（一）情境性

在外界探索中，如果过多使用"水中花、镜中月"式的"远观"，获得一些二、三手资料，那么对于外界的认知可能相对比较肤浅。对于企业管理、校园资源等较为内隐的信息难以体会。例如，从网络等途径获知某个企业管理很严格，或某所高校校园资源很丰富，但对你而言，这些只是一些比较抽象的评价。只有在相应的情境中体验过后，即到企业接受了管理，到学校使用了资源，才能对严格、丰富等评价有确切的感知，并体察到自己对这一切的情绪情感体验，如能不能忍受、是不是喜欢等，而这些体验对选择决策是非常重要的。所以，外界探索中，我们唯有将自己尽量置于实际情境中，在其中学习、体验、感悟，才能有最大限度的收获。

（二）有序性

外界探索内容庞杂、方法多样，为了使探索收效更高，我们宜根据自己的喜好、条件为外界探索建立次序、设置流程。就内容来讲，外界探索涉及职场、校园、家庭及社会。究竟从哪个领域开始，每个人都有各自的做法。有的同学与家庭的沟通特别透彻，喜欢从家庭探索开始，获得家长支持、建议后冲向陌生的职场，然后再看看校园有哪些可利用的资源；有的同学对职场充满好奇和期待，喜欢从职场开始探索；也有同学愿意从熟悉的校园开始等，不一而足。选定开始的领域后，其他领域的探索也并非一定要逐一进行，可以相互穿插，不断循环。就方法来讲，大部分同学会按照从近距离信息到远距离信息、从非互动媒体到互动媒体的探索顺序。如通过网络、书本收集信息，实施生涯人物访谈、参观实习等。有的同学与外界联系的机会比较多，做了基本信息收集后，就直接进入职场实习，实习过程中见机访谈等。可见，外界探索，无论是内容的安排还是方法的选择，可以因人而异，但是，都需要有序而为。

（三）开放性

外界探索的开放性，体现在3个方面。一是内容的"无穷无尽"。外界探索涉及的领域很宽，而每一个领域都有着由宏观到微观、由显性到内隐多个层次的内容。例如，对于教师职业，最初看到的是社会需求大、社会地位高、寒暑假休息、工作对象单纯、素养要求较高等；进一步可以看到的是工作过程，备课、上课、科研等；更深入一点，可以看到学校管理方式的弹性、学生尊重带来的满足感等。探索得越细，越接近真实和本质，而这种细微是没有穷尽的。二是方法的"无影无踪"，前面介绍了很多探索的方法，但是真正使用的时候不必刻板照搬，往往可以化有形于无形之中。勤工助学、暑期社会实践、火车上偶遇职场人士、餐桌上结识新朋友，都可以成为外界探索的绝好时机。三是过程的"无休无止"。职业生涯规划课程的学习时间是有限的，但是职业生涯规划作为一项人生的重大工程，其实施的时间是无限的，对于外界的探索也是无限的。我们可以不停地画上阶段性的休止符。例如，为了交学期的作业，需要对一学期的外界探索成果作出总结；为了在几个选项中拍板确定，需要在已有的探索基础上作出决策。但是，真正的外界探索，特别是对于社会和职场的探索，可能贯穿我们生涯的始终。外界探索的开放性要求我们要学会不断地统整信息，使得探索过程杂而不乱、活而有序。

第二节　职业世界的探索方法

职业信息探索的方法有很多，依据一定的规律可以提高效率，例如，从近至远的探索。所谓近和远，是指信息与探索者的距离。通常近的信息比较丰富，远的信息更为深入；近的信息较易获得，远的信息则需要更多地投入和与环境的互动才能了解。

一、职业世界的探索方法与途径

很多大学生不知道如何进行工作世界的探索，其中一个很重要的原因就是工作世界的信息浩如烟海，根本搞不清应该从哪儿入手，更谈不上如何进行了。

（一）搜寻工作信息的渠道与方法

如果有一个探索范围，则会容易很多，通过前面单元的自我探索，可以帮助个人初步形成一个探索的范围。自我探索中的兴趣、性格探索，每一部分最后都有相应适合的职业出现。此外，每个人还会有自己心目中理想的职业，可以通过头脑风暴的形式把它们列出来。这样就获得了一个职业清单，看看这些职业有什么共同点，就可能启发你想到更多值得探索的职业。结合你的能力和价值观，再次从职业清单中进行筛选，最终就得到你预期的职业库。简单举例来说，一位学生小 A 期待做商业方面的工作，但是因其对社会还不太了解，具体选择什么工作就难以决定。性格探索的结果是他适合做人力资源管理者、咨询顾问、教师等，兴趣探索的结果是他应该做社工、教师、培训人员等，能力探索的结果是他可以做教育、销售、客户服务等工作，价值观探索的结果是他期待做服务、自由职业、护理等工作。从小 A 职业探索得出的各种选择中，我们可以看到，教师职业、教育工作出现的频次最高；社工、客户服务、服务、护理等虽然名称不同，但都明显体现了帮助他人的特点。所以最适合小 A 的职业，首先，具有与人打交道、帮助他人的特点；其次，还有沟通性、商业性等特点。由此他可以列出或搜索一些符合这些特点的职业，比如对培训、咨询顾问、客户服务等职业进行详细调查。

研究表明，在作决策时，太多的信息容易让人迷失方向，反而拿不定主意；而过少的信息，又起不到让当事人了解客观事实的作用。所以，在形成预期职业库的时候，库的大小根据自己的情况要有适当的平衡，通常 5～10 个职业的调查是比较适中的。在信息探索过程中，抛开自己固有的想法，持开放的心态，就容易获得客观的信息。

（二）盘点工作世界的人脉资源

梅斯人力顾问公司的管理合伙人戴尔·琼斯（Dale Jones）说过："不要以为履历表才是求职的重点。事实上，真正的关键点是建立人际关系。"在你寻求理想工作的道路上，如果得到"贵人"的帮助，你将更快速地找到工作目标，得到工作机会。这里说的职场"贵人"，就是指能对你的职业生涯提供支持的社会系统。曾有人提出影响职业生涯发展的三大系统：个体系统、社交环境系统、社会环境系统。

正式评估是指各种正式的职业测评，如兴趣测评等。非正式评估是探索者有意无意得到的对某个信息的最初评估。通常学校就业指导中心会提供给学生免费的相关测评，社会上的职业测评机构也提供收费的服务，学生在选择测评时应注意该测评的信效度是否合格。印刷或视听媒体的范围比较广泛，报纸、杂志、电视、书籍都有可能提供职业信息，比如《中国教育报》《中国大学生就业》，电视栏目《非你莫属》《职来职往》等，以及一些传记文学等电脑资讯，如今已经成为越来越主要的获得大量信息的途径。与职业相关的网站很多，比如，中国劳动力市场网、前程无忧、智联招聘、搜狐招聘频道、新浪求职频道、中青在线人才频道，以及各高校职业指导网站等，也有一些网站专门提供某个专业的职业信息或留学信息等更有针对性的资讯。生涯影子指跟着某个特定的工作角色观察其工作内容，而建立合作经验、暑期打工和专业实习都是实践性很强的方式，获得的信息更为真实，但是所耗的时间、精力也比较多，机会也有限。

工作世界信息可以帮助学生预测未来可能发生的情况，以便预先作出准备，但也要知道预测的风险所在，并为此作好心理准备。

二、生涯人物访谈法

（一）概念

生涯人物访谈，是指为了获取职场信息，通过与一定数量的职场人士（通常是自己感兴趣的职业从业者，即生涯人物）会谈，了解相关职业、职位的实际工作情况。生涯人物访谈是一种获取职业信息的有效渠道，可以检验通过其他方式所获取的信息是否准确，并能帮助我们了解到一些通过大众传媒和出版物不易获得的信息，如潜在的入职标准、工作者的内心感受等。此外，我们还可以和生涯人物建立长期联系。生涯人物访谈处于近与远的中间，在效率和信息的真实性上有比较好的平衡，这种方式是指学生对自己感兴趣职位的从业者进行采访。接受访谈者应是我们称之为"生涯人物"的人，通常在这个职位上已经工作了3~5年甚至更长时间。为防止被访谈对象的主观印象影响，应至少访谈两人以上，如既与成绩卓然者谈，也与默默无闻者谈，则效果会更好。访谈时，学生应明确访谈的目的是收集供职业生涯决策的信息，而不是利用生涯人物来找工作，以免引起双方的尴尬。

（二）流程

开展一次有效的生涯人物访谈，我们一般可以按以下流程来操作：

1. 遴选偏好职业

通过非正式途径或借助一定的工具（如霍兰德自我探索量表、MBTI、职业价值观量表等）分析自己的兴趣、性格、能力和工作价值观，将分析结果与自己的教育背景、所获得的专业知识相结合，列出未来可能从事的3~5个职业，以便在这些职业领域内寻找在职人士进行生涯人物访谈。生涯人物可以是自己的亲人、老师和朋友，也可以是他们推荐的其他专业人士。

2. 寻找访谈对象

通过行业协会、校友会或某个具体组织的网页来寻找到的其他职场人士。为了防止访谈对象的主观偏见影响自己的生涯决策，选择的访谈人物应结构合理，既有初入职场的人士，也有工作一定年限的中高层人士。具体来说，访谈人员可以包括管理者、学者、人力资源专家、普通员工，还可以采访职业顾问。根据自己的时间和精力，适当选择 3～5 个生涯人物，在访谈前尽可能全面收集生涯人物的个人信息，如姓名、职务和联系方式等。预约方式有电话、QQ、电子邮件和普通信件等。

3. 约定访谈事宜

预约时首先介绍自己，然后说明找到他的途径，表明自己的采访目的、感兴趣的工作类型，以及进行访谈所需要的时间（通常 30 分钟左右），确认访谈的方式、时间和地点。可以采用网上对话、电话交流或是面谈的方式进行。

4. 准备访谈提纲

采访前为自己准备个"30 秒的广告"，因为在访谈过程中生涯人物可能会询问采访者的职业兴趣和求职意向。访谈提纲的确定，可以参考"行业探索的关键要素"和"职业探索的关键要素"列出清单。除此之外，你还可以选择下列部分问题进行访谈：您是如何找到这份工作的？主要职责是什么？对于这份工作最喜欢的是什么？最不喜欢的是什么？这种职业需要什么样的技能、能力和个人品质？目前这一行业同类岗位的薪酬水平如何？通过什么渠道提升自己？至今为止，参加过哪些培训和继续教育？对自己现在所在行业有些什么看法？在从事这一工作之前，在哪些单位做过哪些工作？我现在可以通过什么方式来提高技能和素质，以便今后能进入这一行业？我的专业可以进入哪些领域工作？什么样的初级工作最有益于学到尽可能多的知识？什么样的个人品质或能力对本工作的成功来讲是重要的？对于一个即将进入该工作领域的人，愿意提出特别建议吗？还有哪些方法能帮助我深入了解该工作领域？对于一名即将进入职场的新人，特别需要注意哪些职业操守？能为我介绍一个下次访谈的对象吗？

5. 操控访谈过程

访谈一定要守时、简洁，不浪费他人时间。访谈开始时，一般可以用事先了解到的生涯人物的信息轻松打开话题，之后按设计好的问题开始访谈。应征求生涯人物的意见，视情况对谈话进行录音或书面记录。尊重被访谈者，注意保护他们的信息安全和个人隐私。遇到生涯人物谈兴正浓时，要乐于倾听，给生涯人物留出提供其他信息的机会。访谈结束时，请生涯人物再给自己推荐其他相关的生涯人物，这样就能以滚雪球的方式拓展自己的职业认知领域。

6. 完善访后工作

对于不允许访谈现场记录的内容应迅速补记，回来后将采访的资料整理到"生涯人物访谈表"。采访结束后 1 天之内，通过手机短信或邮件等合适的方式向生涯人物表示感谢。在某个职业领域采访了多个生涯人物后，将收集到的信息进行分析整理，对照之前自己对该职业的认识，找出主观认识与现实的偏差，确定自己是否适合这一行业、职业。根据工作环境，对是否具备所需能力、知识与品质形成书面总结报告，进而详细制定大学期间的自我提升计划。如果访谈结果与自己之前的认识出现严重脱节，应分析原因所在，必要时可以对另一个职业领域开展新一轮生涯人物访谈。

第三节 大学生的职业选择

一、大学生学业规划现状

当大学生开始思考目标问题的时候，规划和行动也就变得水到渠成了。因为目标先于规划，规划先于行动。行动是检验目标和规划的重要标准，目标和规划是行动的指导思想，是指路灯。因此，大学生要有意识地培养自己的目标意识，在目标的基础上做好自己的学业规划。

学业规划的概念最早由国内学业规划与升学决策研究专家张恒亮先生首先提出。学业规划是指，为了提高求学者的人生职业发展效率，而对与之相关的学业所进行的筹划和安排。具体来讲，是指求学者通过对自身特点和未来的正确认识，确定其人生阶段性事业目标，进而确定学业路线，然后结合求学者的实际情况制定学业发展计划，以确保用最小的求学成本获得阶段性职业目标所必需的素质和能力的过程。

目前，国内有学者对于大学生学业规划的现状作过一些调查研究。国内学者何小红（2013）对重庆 3 所高校的学业规划情况的调研结果显示，拥有学业规划的同学在对自己学习成绩方面的满意度明显高于那些没有学业规划的同学。女生在学业规划方面比男生更占优势。而有过实习或兼职经历的学生在学业规划方面表现更为突出。职业目标的确定对大学生的学业规划有着直接的影响。在研究者的眼中，大学生的目标意识和规划意识尽管重要，但在同学中却并没有同等地引起重视。

何静（2013）通过对 1600 名大学生关于大学生学业规划及学业规划教育的调查，发现大学生在学业规划方面的问题主要有如下几点：①学业自我认知不清、自我定位不准。自我评估是学业规划过程中的一个起始环节，全面、客观地评估是进行科学的学业规划的前提，自我评估对环境分析、目标制定、生涯策略、学业评估等环节及其连续过程的进行具有非常重要的意义。多数同学不清楚自身兴趣、优势和劣势，对专业的认知有些了解，但不系统；还有半数以上的学生认为自己本科就读专业与兴趣不太一致。②缺乏规范的学业规划，奋斗目标不明确。尽管多数同学认为学业规划有必要，但是实际有想过做学业规划，或做过学业规划的只有少数。一些同学对生活没有长远的规划与安排，及时享乐，不懂得延迟满足，自然也就不会对学业规划引起重视。

学业规划是一个大工程，它是个人人生规划的一部分。我们将从自我认知、专业认知、学业目标制定这 3 个环节进入大学学业的自我规划历程。

（一）自我认知

前面章节介绍了职业价值观、职业能力、职业性格、职业兴趣等自我认知的内容。除了这些内容，大学生在进行自我认知时还需要考虑性别、年龄、身体状况、家庭状况、家庭背景等方面。男性和女性在生理上的差别，会在选择专业和适应职业上形成自然差别。有些职业要求视力、身高，有些职业多与物打交道，有些职业多与人打交道，这就需要结合自己的身体状况做综合考虑。

此外，大学生在进行自我认知时还需要评估自己的家庭环境、教育背景、社会环境。家庭的社会资本对于大学生的就业意向的影响，国内外都有所论述，中国社会调查所（SSIC）在对北京市、上海市等地的 2000 名公众的问卷调查中，53% 的学生和家长认为能力与关系相比，后者对就业的影响更重要；24% 的毕业生表示与自己喜爱的工作无缘，就是因为自己没有关系。

（二）专业认知

大学生的专业认知包括两部分内容：一是专业学习认知，指的是对所学专业的培养目标、知识体系、课程设置、学习方法的了解；二是专业发展认知，指的是对所学专业的职业发展方向和职业素质能力的系统而全面的认识。一些同学在学习过程中表现出厌学或畏难情绪，很多时候是因为对自己所学专业认识不清，空有原始朴素的认同和兴趣。

一般情况下，专业学习认知可以通过专业导论课和与专业相关的校园文化活动来实现。专业导论课是一门系统认识所学专业的基础课程，可以加深同学们对本专业的自豪感和认同感。与专业相关的校园文化活动包括课外科技竞赛、与专业相关的学习沙龙、学长经验交流会、学生专业论坛等多种活动形式，要鼓励学生积极参与，提高学习积极性和热情。专业发展认知可以通过职业规划与就业指导课和专业实习实践来实现。同学们需要通过职业规划与就业指导课学习来确认本专业的职业发展方向和职业素质能力。专业实习实践一般在大学的寒暑假进行，低年级同学可以通过参观企业、调查研究等社会实践的方式走进工作世界，而高年级同学可以直接在有意向的公司、企业参加实习，对专业领域有进一步的认识。在大学期间，不仅要学好专业，更要学好通识课程。因为通过通识课程的学习，才可以培养自己转换专业的能力和发展专业的能力，而这种能力，可以使得我们适应瞬息万变的社会。

当我们有了对自我的认知和专业的认知后，接下来就是根据未来目标而思考现在应该怎么做。在此之前，需要对自己进行一个宏观的自我定向，即自我确定今后的人生发展方向。比如你的大致范围是从政、从学、从商，还是从事社会服务，越具体的自我人生发展方向，越能够促使自己的学业目标规划具体；一个微观的自我定向，即确定大学4年后，自己应该做什么，提升学历、出国、就业、创业、当兵，还是参加志愿者服务等。

大学生的现实情况是，学业规划与人生规划总体水平不是很高，仅有一半左右的同学有学业规划和人生规划，虽然他们中有部分同学的学业规划与人生规划评估调整意识较强，但规划执行效果仍不令人满意。虽然大部分大学生具备人生规划的意识，但是整体并不理想，弱于学业规划。虽然大学生肯定了学业规划对将来就业的影响，意识到了学业规划的重要性，但是把学业规划与人生规划协调统筹考虑的人较少。绝大多数同学经常反思自己的优势与不足，这说明大学生对自我的了解程度较高，并且大学生主要通过自我感知及他人的反馈和评价来进行人生与学业规划。这说明大学生在思想上已经较为独立，既善于听取外界的声音，乐于自我反思和听取他人想法，又保持自身的独立性。另外，大学生的性别、家庭所在地、父母受教育程度、学生会干部和实习经历也会对他们的学业规划和人生规划产生不同程度的影响。在大学期间担任过学生会干部的大学生，在学业规划和人生规划方面，比未担任过学生会干部的大学生有更好的表现；而有实习或兼职经历的大学生在学业规划和人生规划方面也会有更好的表现。

大学生在做学业规划时，既要脚踏实地，又要着眼未来。人生的大目标可以划分为多个易于实现的阶段性目标，通过大学各个阶段的学习与努力实现。

二、大学生的学业观念与学习态度

近几年，有一种说法叫饭碗意识，是相对于"铁饭碗"的说法来的，指的是大学生对自己学业生涯的意义、目标的理解与定位。饭碗意识强的同学会把学业当成就业的工具，所以在学习的时候存在实用主义观念，忽视基础课程的学习、理论的学习，重视技术类、应用类课程的学习，如计算机专业的学生不重视数学、物理这些基础课程的学习，也不重视数据结构、程序设计等专业基础课程的学习，更愿意学习网页设计，图片编辑（PS）等应用性强的软件知识。当然后者也是需要的，但是轻视前者的学习，从长远的考虑看对大学生的发展是不利的。饭碗意识强的同学认为，进入大学就是为了找工作、不好找工作的专业就不是好专业、对找工作越有用的知识越愿意学，比如不愿意学职业规划课中自我探索的内容，但是很愿意学习面试技巧和简历撰写等实用性强的内容。有研究数据显示，饭碗意识与学业动机、学业情绪有一定的相关性。饭碗意识越强烈的同学，越容易形成"学习情绪衰竭"，学业倦怠、学习动力越不足。王水珍（2004）在对大学生饭碗意识的调研中发现，饭碗意识越强的学生学习态度越消极，在课程上与老师进行讨论时敷衍应付，在课程学习过程中表现得无精打采，学业情绪更多是痛苦、麻木，学业观念相对悲观。这些学生也很重视就业，相比较学习过程，更看重结果，当结果不尽如人意时，又容易引起焦虑、绝望，从而引发各种各样的困扰。同时，饭碗意识越强的同学，学习兴趣越少。而饭碗意识较弱的大学生旷课次数相对较少，纪律观念优于那些饭碗意识更强的同学。基于这样的现象，饭碗意识被定位于错误的学业观念。正确的学业观应该定位于知识获得和自我实现两个层面。而饭碗意识以明确的就业为导向，而不是以知识获得为目标。同时，这种工具导向的理念对于学习者来说只能激发外部动机，外部动机过强就减弱了个体对学习的内在兴趣，那么个体很难做到在学习中投入，在困难中坚持。而个体的学习内在动机与学业自我效能感存在显著正相关。可以想见，饭碗意识高的同学自我效能感低，缺乏学业成就感。在"铁饭碗"时代一去不复返的今天，大学生就业压力大，对就业过分关注和重视而引发的饭碗意识也需要引起大学生的重视，从长远的发展来看，要培养自己合理正确的学业观念，在严峻的就业大潮中才能立于不败之地。

三、大学生择业观的作用

随着大学生的专业学习和社会实践过程，其世界观、人生观、价值观的逐步确立和深入，择业观也日渐稳定、丰满。此时，他们不单纯希望从事某一职业，更重要的在于明确选择了某一职业的价值和社会意义，形成了自己特有的择业动机，并从这种动机出发选择职业。同时，在自我与职业目标之间架起了桥梁，找到了职业选择的基本途径，这标志着大学生择业观的全面性与深刻性。择业观的日渐成熟，对大学生的择业活动起着重要的指导作用。

（一）指导作用

大学生的择业行为总要指向一定的职业目标。考察大学生的择业过程可以看到，不同的大学生个体，其职业选择目标是不相同的。择业目标的确定，受制于众多的主客观原因，而择业观的指导作用占有重要地位。从其功能看，它除了具有唤起行为，以及维持这种行为达到目标的作用外，还有引导主体向着某一方向行动的作用。择业观中的择业动机和职业定向直接影响着大学生职业目标选择。只有在正确的择业观指导下，大学生才能根据社会发展对人才的需要及自身的理想、特长确立既有利于社会，又有利于个人的择业目标。

（二）导向作用

现代社会对大学生知识结构和综合素质能力提出了更新更高的要求。面临时代的严峻挑战和压力，大学生建立合理知识结构、提高综合素质，不论是对求职择业，还是对在校学习乃至将来的成才、发展等都是至关重要的。只有知识结构、能力结构合理，才能更好地发挥个人的作用。因此，大学生应该在入学时就逐步确定今后的择业和就业方向，自觉地把大学学习同今后的择业、就业紧密联系起来，建立合理的知识结构，培养和提高创业与实践能力，以适应将来所从事职业岗位的需要。

（三）过滤作用

择业观使大学生个体的择业行为带有一定的选择性和指向性，这种选择性和指向性体现在人们对不同职业的认知与对不同职业种类的筛选活动中。

它既是判断职业的性质、确定个人在职业活动中的责任、态度及行为方向的"定向器"，又是选择职业行为方式并进行制动的"调节器"，当人们知觉到某一职业信息的发生，然后才能在有关职业信息的基础上进行判断和选择，而这个注意和知觉的过程，无论如何也摆脱不了择业观的影响。根据现代认知心理学的研究，知觉有赖于两种不同形式的信息来源：来自环境的信息和来自知觉者自身的信息，即为了确定某一刺激所包含的意义，人们需要把环境和已有的知识经验结合起来。而择业观是大学生知识经验中的重要组成部分，正是择业观的存在，使大学生只选择那些看起来对自己有价值的职业信息。

（四）动力作用

择业并不是悠然自得的休闲活动，要达到理想的选择目标，需要付出艰苦的劳动，甚至要经历种种曲折。在当前自主择业、双向选择的情况下，大学生要以自己的努力大胆地去"推销自己"，即制作求职信，到处发函联系，参加人才招聘会，向招聘人员推销自己，恳求用人单位能够录用自己，进入众多的企事业单位的人事管理部门联系工作。这其中的艰辛是自不待言的，他们之所以能够克服各种难以想象的困难，为谋得一份自己舒心的工作而努力奔走，就在于他们有明确的择业观，是择业观提供给他们源源不断的行为动力。心理学认为，动机就是推动人去从事某种活动的力量，是个体行为的直接原因和内部刺激，它能唤起、激励、维持和推动个体活动达到特定的目的。择业观中的择业动机越强，就越能使择业者以饱满的热情去追求理想的职业目标。相反，择业观中的择业动机微弱，它对择业行为产生的内驱力的能量相对较小，并且一遇到障碍后，动机强度会降低，若行为连续受挫，就可能取消特定的择业行为尝试。

（五）规范作用

大学生谁都希望找到一个理想的职业和工作单位，面对转瞬即逝的求职机遇、纷至沓来的竞争对手、复杂多变的市场经济环境，大学生正确的择业观将对其择业行为、求职道德起着规范和约束作用。当代大学生在择业过程中遇到的道德规范问题，一是来自大学生自身，二是来自用人单位的虚假信息和误导。大学生择业观对择业道德的规范作用主要表现在两个方面：一是约束着大学生的择业行为，保障择业工作的有序进行；二是调节择业活动中的各种社会关系，维护社会的稳定。择业观在潜移默化中规范着择业道德。

（六）促进作用

对于每个大学生而言，职业一经选定，就等于向社会迈进了关键性的第一步，而作为一个刚刚跨出校门的大学毕业生，往往很难一下子适应社会，还有一个对环境、工作性质从不适应到基本适应的渐进过程，择业观会直接影响到将来职业适应、职业成就，以及职业的稳定和变迁。工作单位的现实和大学生思想有差距，只要择业观正确，大学生就可以调整不适应的心态。正确的择业观能促使大学生在复杂多变的社会环境中尽快转换角色，并激励他们在任何职业领域爱岗敬业、勤奋刻苦、踏实工作，具有强烈的事业心和责任感，是大学生正确择业观在实际工作中直接的反映，这是对当代大学生的基本素质要求，即它要求大学毕业生上岗后，与单位同甘共苦、荣辱与共。

四、如何树立正确的择业观

人生面临许多重要选择，择业便是其中之一。职业生涯在人的生命周期中所占的时间最长，职业对人的意义重大。职业与事业紧密相连，职业是生存的保证，而事业则意味着生存的意义。离开职业谈事业，只能是想入非非。人的价值是靠劳动体现的，因而工作与职业便是个人实现自我价值的基本途径。

职业期望伴随着人生的职业生涯，不同的人会有不同的选择。职业理想人人都有，期望高低因人而异。理想与现实之间总有距离，及时调整自己的职业期望是明智之举，最好不要去做让现实适应自己的徒劳之事。选择职业不是一厢情愿的事情，制约它的因素很多。你想去的地方不一定要你，要你的地方你又不一定愿意去。"双向选择"像一把双刃剑，在给你自由选择的同时，也把这个权利赋予了对方。

了解形势、了解政策、了解用人单位、了解自己，这是每一个毕业生在选择职业时都应做的准备。任何职业都有利有弊，"热门职业"不见得适合你，盲从和趋众除了增加竞争的激烈程度外，还有可能使你忽略了自己的能力、特长和兴趣，丧失其他好机会。而自主择业并不意味着自由择业，就业政策等将会对你的择业行为进行必要的限制和规范。乐观者常认为别人的"葡萄"没有自己的甜，这种心态在择业时会使你认定自己选择的职业是最好的。相反，"这山望着那山高"的择业者却始终怀有一种无法摆脱的遗憾和痛苦。初次就业不等于"终身厮守"，职业生涯充满着变化，今后变换工作的机会还很多。

同时，社会需要是每个人择业时首先务必要考虑的大前提，有需要才会有发展。国家和社会的需要为你今后施展才华提供了广阔的空间。人是要有点精神的，青春年少、血气方刚、指点江山、何计小我，切不可有在安乐窝里混吃混喝的懒惰想法。

世上本来有许多路，走的人少了，路也就荒芜了。你们的父辈年轻时曾有过很多豪迈的选择——"到祖国最需要的地方去"。不论何时，这种选择都值得称赞和提倡，这种精神将感动和激励越来越多的有志之士。马克思说，如果我们选择了最能为人类工作的职业，那么，重担就不能把我们压倒，因为这是为大家做出的牺牲，那时我们所享受的就不是可怜的、有限的、自私的乐趣，我们的幸福将属于千百万人，我们的事业将悄然无声地存在下去，但它会永远发挥作用，而面对我们的骨灰，高尚的人们将洒下热泪。

大学毕业生是人力资源中最宝贵、最优质的部分，理应合理配置。政府、社会、学校都在努力做好这方面的工作。

幸运之神总是偏爱有准备者。职业生涯之路很漫长，要靠自己一步一步地去走，别人无法替代。但在你迷路了或者是处在十字路口的时候，不妨多问问别人。学校、老师和你的亲朋好友都会给你提供相应的帮助，并会为你祝福。

五、提升职业能力

大学生在形成自己正确的学业观念的过程中，在操作层面，很重要的一项内容是提升自己学习的意义。与高中生不同的是，大学校园为大学生提升学习意义提供了时间和资源。大学生刚进入大学阶段，面对未来方向的不确定、自主学习的不自信，会被不停地抛到寻找学习意义的高空。弗兰克在《追寻生命的意义》中说，每个人都是独一无二的，当一个人意识到自己无可替代，就会萌发出对自己的存在的责任感，并持续充分地表现出这种责任。大学生也要认识到自己是学习的主人，学习是为自己而为，而自己又是独一无二的，自己的学习也是独一无二的，如何学、为何学，都由自己来回答。弗兰克还说，生命的意义因人而异、因时而异，不能笼统地谈，就像你问一个象棋大师，哪步棋是世界上最妙的棋，如果抛开时间和空间及当下的状态，是无所谓最妙的一步棋的。学习也是这样，大学生去谈学习的意义，也要基于自己所在的时代大环境去思考，大环境发生了变化，自己的思想发生了变化，学习的意义也会发生变化。弗兰克对于如何发现生命的真正意义有独到的见解，他认为要到现实世界中去，而不是到人的内心世界去寻找，先有自我超越，再有自我实现。大学生同样要在发现学习的意义时用行动落实，全力以赴地投入一件事情，完成一项任务可以帮助自己去发现学习的意义，通过参加社会实践同样可以找到学习的意义。

现实情况是，近四成的大学生处于饭碗意识状态，无法体验到生活的乐趣，自然会产生学习、生活无意义感。学习意义感的背后是一种敬业精神的流失。敬业精神强调的是一种态度，如在大学里，对待老师交代的工作尽心尽责是一种敬业精神；在团队合作中表现出的责任感也是一种敬业精神；不论回报的奉献也是一种敬业精神；对待所学专业的上进心也是一种敬业态度。敬业精神是企业考量个人品质的重点。大学生虽然目前不在企业的岗位上，但培养自己的敬业精神是成功走向职场的必备品质，在这个过程中，学习意义感和使命感也会更加深厚。这就需要大学生不管做任何事情，都要求自己勤奋好学、尽忠职守、吃苦耐劳。学校里有一些学生事务管理的学生组织，比如学生事务大厅、勤工俭学岗位、学生热线服务等，大家可以通过参与其中来培养自己对同学、对学校的责任意识；学校里有志愿者协会，大家可以通过志愿服务来承担对社会的责任；而每一年的暑期社会实践都让很多同学得到成长，同学可以去最艰苦的地方体验生活、帮助需要帮助的人们，也可以体验花最少的钱学会生存；同样的，通过在每一次的竞赛和校园活动中积极地参与、组织、实践，也可以体验到责任，加深对其意义的理解。

教育部75所直属高校陆续发布了高校毕业生就业质量年度报告。《中国青年报》刊发了一篇新闻报道，剖析了就业质量报告中的一些统计结果。统计发现了一些有趣的结论：学校所在地成为大学生就业首选城市；国有企业仍占主流，但民营企业已发展起来；学生干部和专业成绩好都可能成为获得高薪的要素。杭州市某高校的就业质量报告中，毕业生认为在求职的准备过程中，最重要的4项是提高语言表达能力、深入多方了解招聘计划、培养面试技巧、提早确定就业期望。他们在就业时关注最多的是收入水平符合个人期望、工作地域符合个人要求、工作能实现个人价值、工作是个人的兴趣爱好。其中，近一半的同学表达了自己对提高语言表达能力的强烈需求。可见在求职过程中，像语言表达能力这些不会在第一课堂专门开设课程培养的能力却成为大学生越来越关注又比较欠缺的就业技能。这也是大学生职业素养很重要的组成部分。

（一）养成良好的职业习惯

对于刚刚毕业的大学生，是否能够培养出良好的职业习惯，以及较高的职业素养，是其能否在职场生存发展的根本。

1. 职业资源管理——保证长远发展

（1）职业资源管理及其重要性。职业资源管理是指对工作中积累的重要资源进行管理，主要是指信息资源和人脉资源。这些资源将会对日常工作产生巨大的支持作用，资源是否充分将影响着未来职业生涯发展能否顺畅。信息资源是指在工作中收集的有关信息、积累的经验、学习到的知识等；人脉资源简单说就是职场生涯的人际关系网络，包括业务关系、工作关系、朋友关系等。职业资源管理就是对这些资源本身，以及与其相关的资源如设备、设施、技术、资金、信息、人员等进行管理和储备的过程。

对职业资源进行管理是极为重要的。它可以帮助整合能够利用的所有财力、物力、人力等，并且在整合的过程中得到新的利好信息，再服务于工作。在这个信息发达的时代，拥有无限发达的信息，就拥有无限发展的可能性，事业发展的平台就越广阔。着手对职业资源进行管理就是职业生涯初期的储备工作，对于职场新人来说，无论选择怎样的职业发展方向，职业资源支撑都是以后职业发展的丰厚财富。在工作中熟悉工作流程、学习核心业务、熟悉行业特点、获得行业信息，与领导、客户、同事，甚至是对手建立良好的人际关系都是资源管理的过程。

（2）如何获取职业资源。想要获得更多的职业资源，就必须扩大自己的工作与生活接触面。这就需要在工作中作出成绩，获得更多的机会和认可，这样也就有机会获得更多的资源，反过来，资源逐步丰富也可以促进未来工作的开展。职场新人在工作初期一般是在模仿中成长的，其大部分工作都是模仿重复，强调工作效率，而不是创新。因此，应该抓住身边的几个重要人物，从他们身上开发资源的渠道。要抓住工作中的"师傅"或直接上级，他能教给新员工实际的技能和工作经验与事半功倍的技巧。同时，直接上级与员工既是上下级关系，也是服务关系。从某种意义上说直接上级是在为员工服务，他有责任帮助员工获得最多的、最直接的资源。因此，应该懂得沟通，懂得向上级获得资源帮助。除此之外，同事也是工作中的有效资源，新员工在获得同事帮助的同时，也进行了感情的沟通。客户是最容易忽视的资源渠道，有了客户的帮助不仅可以使工作更具有针对性，也可以更多地掌握市场动向。

（3）进行有效的职业资源管理。进行有效的资源管理必须采用积极主动的态度。沟通是认识和利用职业资源的过程，只有有效地沟通才能获得与资源更直接、更深入的联系。在工作过程中，勤于思考不但可以有效规划和利用已有资源，还能够因此发现新的资源。多建立自己的职业资源库，分析信息资源、整理人脉资源、把人按行业分类等。"好记性不如烂笔头"，获得资源后如果不能及时记录并且分析整理，必将造成资源的丢失。

2. 学习积累——保持职业青春

如果说时间管理可以帮助职场新人高效地开展工作，资源管理可以使其不断地蓄积实力，那么学习积累就是保持职业青春的唯一法宝。

无论学习多刻苦、知识多么渊博，在工作中总会遇到这样或那样的新情况、新矛盾、新问题，如果长期不进行总结、不积累知识，很难驾驭新矛盾、应对新变化。这就需要职场新人在工作中努力增加自己的知识积累，养成良好的积累和总结、反思习惯，在总结中反思，在反思中积累，刚刚步入工作岗位的新员工更应如此。懂得了学习积累的重要性，更要懂得科学、有效的学习积累方法，这对于快速提高个人能力和素质非常重要。

3. 换位思考——保证职业清醒

现实中大部分工作是在与别人合作的情况下完成的，在工作的传递过程中，应该注意对上下环节负责，多站在共同合作的同事的立场进行思考。例如，要考虑什么样的工作成果传递到他的手中对他来说是最有用的、最容易连续工作的。这种传递工作的方式不但帮助了别人，也会使自己获得相应的反馈。

有些工作的下一环节就是客户，如销售工作。这时就需要站在客户的角度想问题，既要全面，又要具体。客户不但是提供报酬和机遇的上帝，更是市场需要的直接反馈者，只有满足客户需求、市场需求，才更有利于公司事业的顺利进行。

（二）把握细节、寻求发展

1. 精益求精、追求卓越——工作态度上的细节

工作态度是对工作所持有的评价与行为倾向，包括工作的认真度、责任度、努力程度等。正确的工作态度应该是永不满足现状的进取精神和一丝不苟、扎扎实实的工作作风。高标准、高质量、高效率地完成各项任务，不断取得优异的成绩，作出杰出的贡献。在工作中要有产品意识、服务意识，要有对产品受众负责的意识。在这种意识的推动下，无论做什么工作都要追求

完美、精益求精，要让自己的工作结果都是精品，最大限度地体现自己的价值。工作认真除了不敷衍了事、不马虎大意外，还要关注每个细节，从小事入手，把每项工作的每个环节都做精、做细、做到位，工作成果自然显而易见。

首先，要有岗位荣誉感，任何岗位的设置都有它的理由，在单位中，无论从事的是什么工作，都有其价值，应该认识到自己的岗位是不可取代的。其次，要热爱自己的岗位，要把工作当做自己的第二信仰。因为工作是人生的一大主题，自身价值的实现体现在工作上取得的成绩，因此，职场新人有充分的理由热爱自己的岗位和职业。

2. 做好每一个环节——工作流程上的细节

做好每个环节是基于工作流程而言的。工作流程是指一项任务完成的工作步骤或行动的顺序。

每一项工作都不是一蹴而就的，都需要通过一个完整的过程来实现。在工作中，很多新人因为不懂得分解工作，不懂得把自己的工作按照流程逐步完成，因而感到工作毫无头绪、工作压力巨大。不过，即便懂得制作工作流程，但是若没有做到把每一个工作环节的成果都踏踏实实地落到实处，也等于白费工夫。做好每个环节不但是对自己的工作负责，也是对整个工作，以及参与到这个工作中的上下环节负责。能否做好自己这一环节的工作将关系到全局的、整体的、团队的工作质量。要做到工作到位，首先，要认识到位。要在自己的意识中给自己带上一道"紧箍儿"，保持一种永不满足、永不泄气的劲头。其次，只要接受了工作，就要无条件地执行工作标准，这也是一个职业人的基本素质，任何借口的拖延都是懈怠的表现，因此在工作中应该注意保持自己的执行力和诚信度。最后，要做到工作到位，还要给工作树立明确的标杆，也就是明确的工作标准。工作标准的制定大多数时候是由单位根据以往经验及行业标准早已制定好的，但也可以根据具体情况与领导进行沟通，在必要处进行修改。而且这个标准制定好，就必须按照工作标准的要求不打折扣、保质保量地完成工作。

（三）及时充电、完善自我

1. 调适心理，适应新的学习方式

作为人生的第一个职业阶段，底子薄、经验不足是职场新人的最大弱点，必须逐渐熟悉组织文化、了解组织管理、提升自身能力、积累知识与经验，才能扩展自我发展的空间。现代社会是一个生理寿命延长、知识寿命缩短的社会。大学时期学习到的专业知识约在5年内也会失去价值。而随着人类知识更新的速度加快，知识的衰退期也会大大缩短，因此必须不断地学习。

（1）自主学习。要建立自主学习的意愿、态度，从心理上接受必须终身学习的现实。大学毕业后，很多人会认为学习阶段到此画上句点，殊不知此时才刚刚开始。从时间上看，人的一生中在学校度过的时间只占20%，而从事工作的时间、退休之后的晚年约占70%。这个生命时间分布的简单数字说明了在工作、生活中学习的重要性。从内容上讲，学校教育传授的知识主要是基础性的，而且是非常有限的。无论从广度还是深度上，都不可能涵盖和满足现代科学技术的发展及现代社会中人们所应有的知识需求。在大学中学习的内容专业性强，而且对知识应用的训练比较少。社会实践则不同，是在社会中学习、提升专业知识的一方面，更多的是学习工作能力及与自己职业方向或兴趣有关的其他知识，可以说学习的层面更广了。在大学时期，学习主要是靠导师的引导和自律，具有一定的被动性。而在社会中，学习不再有人引导或约束，完全要靠自己的主动性。因此，大学生在步入社会的初期，必须建立起终身学习的心态。

（2）适应新的学习方式。职场新人要熟悉新的学习方式，获取多元的学习渠道，抓住一切机会学习。

在实践中学习一般会经历这样几个阶段，每个阶段都需要掌握不同的学习方法。第一阶段，浅薄期。刚刚工作时知识浅薄，不但会因此感到工作很累，也经常会感到没有时间学，更会因为自己的浅薄而失落。这一阶段的学习需要延续学生时代的学习习惯，抓住每一个学习机会，并把学到的知识用于实践，在工作中获取学习带来的成果，以鼓励自己继续学习。第二阶段，模仿期。这一阶段不但要懂得理论，更要懂得原理和应用于实践的意义。学习在此时仍然是艰苦的，因为积累还不够丰厚，虽然处于向周围同事学习的模仿期，但这一时期自信心大大增强，达到了学习主动性比较强的时期，应利用这一阶段的学习特点，多向同事、领导、客户请教。第三阶段，适应期。经过长期的自我学习约束，慢慢养成了在工作中学习的职业习惯，学习和工作都不再是一种负累。此时应该拓展自己的知识信息来源，进行多渠道学习。第四阶段，发展期。此时，专业技能更加全面、熟练，工作经验更加丰富，呈稳定发展的态势。可以在工作中一边学习一边思考，并尝试探索与创新。在以上的4个阶段中，应该让学习的动机和学习的成果循环作用，不断激励自己学习。同时，学习的媒介应该是多元化的，运用包括书本、网

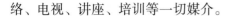

络、电视、讲座、培训等一切媒介。

2．自我学习的途径

（1）依靠书本。步入职场初期，延续学生时代的学习方法，从书本中学习，依然是相当重要的。书中往往汇集了成功人士已经总结好的经验教训，且知识范围很广。可根据职业需要选择具有针对性的读物，本着缺什么、补什么的原则，在最短的时间内接收大量的有效知识，快速消化吸收，完成职场初期的知识储备。

（2）参加职业培训。参加公司组织的培训活动可以帮助职场新人直接了解公司业务和管理，针对工作内容进行知识补充，这种学习方式具有针对性强的特点。公司组织入职培训的主要目的是帮助职场新人快速进入状态，熟悉公司业务，了解企业管理和企业文化，掌握一定的工作技巧。这种培训可以帮助职场新人在工作初期少犯错误、节约时间，能够对工作快速上手；同时公司也会通过培训向员工说明职位特点，以及公司的要求和期望。员工还可以在培训中与同事建立友好互助的关系，尽快适应自己的角色。有些公司在入职培训后还会组织业务培训，其目的是针对岗位工作展开更深入、更专业的操作性学习。它是入职培训的拓展和延伸，涉及更多行业信息和专业技巧，需要潜心学习和掌握。

（3）向身边的每一个人学习。身边的每一个人都是自己的老师，他们具有示范作用，是职场新人最直接的学习对象。从他们身上，不但可以学习相关的工作知识和经验，还应该学习他们的职业态度、人际交往方法、处世哲学等。

（4）关注市场动态。从业人员与学生的最大差别，就是步入职场后必须时刻关注所在行业的市场动态，并且要善于观察、分析和归纳，从中得出可以指导工作发展和提升工作质量的信息，也就是说要用实践来指导工作。

3．向市场学习，要分析市场动态

仅有学习案例是不够的，还要时刻关注最新的市场变化信息。首先，要分析行业动态。整个行业目前的发展状况、未来走势预测等，都需要通过市场调查进行详细分析。其次，要具体到项目。重点调查最近1年、1个月甚至1周的项目波动状态，并对其进行预测以达到把握市场的目的。最后，要关注从业人员。该行业或项目的从业人员能力和素质的普遍性变化将影响整个行业的发展趋势。闲暇时候看电视、报纸、杂志，或者上网浏览的时候，要主动搜索行业相关知识及信息，利用这些具有时效性的媒体第一时间了解最新行情。有时有用的信息总是在不经意间错过，因此，一定要培养自己的行业敏锐度，如同服装设计师总是会不由自主的随时随地观察人们的衣着一样，要将收集行业知识和信息变成一种顺理成章的生活习惯。

知识以信息的形式进入到头脑中，如果没有得到很好的消化吸收，很快就会遗忘或者变得模糊，一切学习的努力就变成了白费工夫。因此，要及时进行自我总结，提炼要点和重点，将新知识与过往经验糅合到一起，不断修正和融合，直到融会贯通，变成自身的财富。

（四）职业危机处理

1. 职业危机易感人群

经过调查显示，两类人较容易出现职业危机：一类是初入职场的新人；另一类则是处在事业上升期的人。初入职场的新人（30岁以下）由于需要适应工作，在这个过程中通常会产生"我能不能胜任这份工作，能否把这个职位守住"的疑问和危机感；而事业发展到了一定阶段时（30岁以上），能否在职位和薪水上得到飞跃，以及是否会被后辈赶超则成为很多人不得不面对的状况。

2. 引发职业危机的原因

（1）竞争压力大。无论是职场新人，还是处于事业上升期的老员工，其产生职业危机的最大原因都是因为竞争压力太大。前者往往工作业绩不高，担心自己能力不足而无法胜任工作，不能在人才辈出的"菜鸟群"里脱颖而出；后者担心"菜鸟群"里的人才太多了，稍不留神就有被取代的危险。

（2）发展空间小。一部分人工作一段时间后，会感到工作上已经不能得到进一步的发展，死守下去必然会陷入困境，于是甩手跳槽。到了新公司，一切又要重头做起，优厚的工资和待遇都将消失，即使去了新公司，也不能确定是否就真的适合自己发展，而自己作为一名老员工，又要和职场"菜鸟"们一起竞争……这种心理让他们担心得不偿失。决定不了何去何从，从而陷入苦苦的思索。

（3）超负荷工作。现在的白领，在工作和生活的压力下，很多人都在将自己"超额"使用。"过劳死""工作倦怠"已经给白领们亮起红色警报。这种情况要学会给自己减压，当自己同事业一起高速运行时，一定要注意别耗损过大。

（4）工作效率低。有些员工什么错误都没有犯，只是工作效率较低。工作效率低就会拖整个团队甚至公司的后腿，如果遇到裁员，会是第一个被裁掉的对象。要懂得合理安排工作，运用正确的工作方法提高工作效率，这样才能得到公司的认可，稳定发展自己的事业。

（5）工作失误。有一些人犯了错，脸面薄，面对领导的责罚，即使不是自己的错也疏于解释，结果被打入"冷宫"，再不换个地方也许就再无出头之日了。

（6）与公司文化不兼容。工作不比自己在家那般逍遥，很多事情更不能随自己喜好而定，而是要遵守公司的相关制度。企业就像人一样，每一个都有自己的个性，这是企业文化所决定的。如有的单位注重人情味，有的单位却更习惯于用业绩来说话；有的单位迟到了无所谓，有的单位却把考勤当成头等大事。只有完全适应了本单位的文化，更好地跟单位兼容，才会如鱼得水、规避危机，获得更好的发展。

（7）人际危机。有些人陷入职业危机的理由很简单，就是因为人际关系处理不当，导致工作没人愿意配合，自然效率低下、业绩不高。如果在公司总是一脸严肃或者苦大仇深的样子，说明自己已经陷入人际危机了。人际危机会大大影响工作，有时不只是同事不愿配合，还会涉及与客户合作等大事。

3. 如何处理职业危机

遇到职业危机，更多的人第一反应都是"跳槽"。可是跳槽并不能从根本上解决问题，反而可能会引发更大的危机。因此，面对危机要从容，找出问题的根本原因，并切实加以解决才是度过危机的终极解决之道。

（1）培养危机意识。平时就要培养自己的危机意识，明白居安思危的道理，未雨绸缪，将危机挡在门外。现实中的许多从业人员都是在适应了新的工作岗位后便产生了不思求变和进取的惰性，没有形成"生于忧患，死于安乐"的危机意识，对外界的竞争敏感度降低，结果遭到被淘汰的厄运。

（2）遇到危机不恐慌。一旦遭遇了危机，不要懊恼或恐慌。要知道绝大多数人都有同等的压力。这种时候不要先忙着轻易否定自己，而是应该秉持积极的态度寻找解决的方法，从心理上先树立起强大的堡垒。

（3）补齐能力。如果因为担心自己能力不足而紧张，那么就需罗列出胜任工作需要的所有能力，假如该岗位要求具备 10 种能力，而自己已经具备了 8 种，此时，只要通过学习的途径把另外两种能力补齐就好了。有时工作进展缓慢和学习遇到障碍都只是一时的问题，只要坚持下去，全力以赴，就会渡过难关。需要注意的是，就算安然度过了眼前的危机，也不能就此松懈，要继续努力完善自己，抓准方向充实自己，才能避免让下一个危机再来打扰。

【作业与反馈】

生涯人物访谈表

访谈目的			

被访者基本情况

姓名	性别	毕业时间	毕业院校
联系方式	所学专业	现工作单位	现工作任务

访谈内容

访谈总结

访谈人：	专业：	班级：	学号：

访谈时间：

注意：生涯人物访谈作为一种探索职场的途径，其主要目的并不是去找工作，而是了解和证实某个行业或职业的信息，发展一些可能在未来求职中有用的人脉关系。所以，在访谈前应阅读某个具体工作的详细信息。与这些专业人士接触时，不要表现出是为了获得一份工作，而应该从研究探讨的角度和他交谈。

职业生涯的目标与决策

【课程目标】

1. 了解设立生涯目标的方法，确定大体的发展方向
2. 掌握决策的基本方法

【案例导入】

案例1

有时候我特别讨厌自己，无论做什么选择都会犹豫不决，哪怕是芝麻绿豆大点的事也会掂量来掂量去、患得患失，总担心如果选择了这个放弃了那个，特别怕自己会后悔，往往是在最后一秒随便抓一个答案，结果常常是更后悔。一些小事我都拿不定主意，何况是关乎未来的事呢。上大学读金融就是父母给选定的志愿，我不知道自己到底喜欢什么。现在已经大三了，有时候同学一起聊天，到底是升学还是找工作，找什么样的工作，去外地还是回家，我是一点头绪也没有。唉，郁闷，迷茫……

案例2

新学期伊始，启轩就走进了咨询室。高大帅气的男孩，此刻却似乎没什么神采。他说："唉，我觉得我快没救了，帮帮我吧，昨晚难过得失眠了……"

原来，启轩上个学期的期末考试又挂了一门。

"每个学期开始，我都想，这个学期一定要好好学习。写决心书、定计划表，可总坚持不了几天。老师说我脑子还算聪明，就是没有执行力。就拿期末考试复习来说吧，我心里也明白个轻重缓急，可是一在书桌前坐下来，想起校内网上的狗狗还没喂呢，先打开电脑上个网吧；上了网就看个新闻吧，顺便再和哥们聊上几句吧……书没翻几页，一天就这么过去了。晚上躺下来就想明天真的要好好复习……长此以往，周而复始。这不，又挂科了……其实挂科我也不难过，补考就是了。对自己生气的是，怎么老重复同一个低级

错误呢？怎么老是在一个地方摔倒呢？真怕自己将来有一天，少壮不努力，老大徒伤悲……"

第一节　职业生涯目标

一、职业生涯目标的概念和分类

（一）职业生涯目标的概念

生涯目标是指整个人生的发展目标，更多地体现在价值观的层面上。比如，自己要成为什么样的人？该如何度过一生？怎样才能使人生过得有意义、有价值？怎样才能取得成功？怎样才能拥有幸福的生活？生涯目标就是指引人成长和发展的导航标。

职业生涯目标是指个人在选定的职业领域内，未来将要达到的具体目标，因而促使个人去规划自己的学习和实践，为实现职业生涯目标进行积极准备并付诸实际行动。首先，职业目标不应在他人的评价和社会的需求中迷失。个人的兴趣、价值观等个体特质不同，所处环境不同，职业生涯目标也会千差万别，带有明显的个性色彩。其次，职业生涯目标要在选定的职业领域内，比如人力资源领域，方向、领域确定在先，目标设计在后。最后，是指向未来的职业生涯目标，如 5 年或 10 年之后所期望达到的成果。中国台湾生涯大师朱湘吉在整合个人职业目标和生涯目标时创制的生涯花朵，能够很好地帮助我们进行思路的整理和人生的整合。为了更好地梳理思路，大家可以通过填写自己的生涯花朵来了解和明确自己的需求。

（二）职业生涯目标的分类

职业生涯目标可以从不同角度进行分类，以便于我们做出进一步的分析。按性质来分，可分为外职业生涯目标与内职业生涯目标。外职业生涯目标包括：职务目标、工作内容目标、经济目标、工作地点目标和工作环境目标等。内职业生涯目标包括：工作能力目标、工作成果目标、心理素质目标、观念目标等。

个人职业生涯目标，按时间可以分为短期目标、中期目标、长期目标和人生目标。一般说来，短期目标服从于中期目标，中期目标服从于长期目标，长期目标又服从于人生目标。而具体实施目标通常是从具体的、短期的目标开始的。当然，在制订人生目标和长期目标时，要多考虑一些自身因素和社会因素，而制订中期目标和短期目标时，则要更多地考虑工作环境因素。通过制订个人的长期目标、中期目标和短期目标，就形成了完整的个人目标体系的制订。

1. 短期目标

短期目标通常是指每日、每周、每月、每季、每年的目标，是中期目标和长期目标的具体化、现实化和可操作化，是最清楚的目标。其主要特征有：

（1）目标具备可操作性；

（2）明确规定具体的完成时间；

（3）对现实目标有把握；

（4）服从于中期目标；

（5）目标可能是自己选择的，也可能是公司或上级安排的、被动接受的；

（6）目标需要适应环境；

（7）目标要切合实际。

例如，大学生短期目标的分类对大学生来说是十分重要的，短期目标设定是否合理，决定着中期目标和长期目标是否可以实现。相对而言，短期目标的分类也更为复杂一些，分类的标准不一样，分类规则不尽相同。如按照年级来分，可为一年级目标、二年级目标、三年级目标；按照学期来分，可分为上学期目标、下学期目标；按照假期来分，可分为暑假目标、寒假目标；按照内容来分，可分为学习目标、生活目标、社团实践目标、兼职目标、实习目标等；按照毕业后的去向来分，可分为就业目标、升学目标、留学目标、创业目标、培训目标。

2. 中期目标

中期目标一般为3～5年，在整个目标体系中起着承上启下的作用，也是职业生涯能否有效实施和实现的重点。对大学生来说，也就是在大学学习期间应该达到什么目标。中期目标在长期目标的基础上确立，如毕业时找到一份满意的工作；或者考上理想的学校和专业的研究生；或者到自己梦想的国家去留学；或者先择业再创业，实现当老板的理想等。中期目标相对长期目标要具体一些，其特征主要有：

（1）通常与长期目标保持一致；

（2）是结合自己的志愿和企业的环境及要求来制订的目标；

（3）用明确的语言来定量说明；

（4）对目标实现的可能性做出评估；

（5）有比较明确的时间，且可做适当的调整；

（6）基本符合自己的价值观，充满信心，愿意公之于众。

3. 长期目标

时间为 5 年以上的目标，它通常比较粗略、不具体，会随着自身情况和外部形势的变化而变化，在设计时以画轮廓为主。长期目标主要受人生目标的影响，常言道："人无远虑，必有近忧"。尽管如此，在生活中，人们最容易忽视的就是长期目标。设定长期目标需要考虑以下六个方面：

（1）目标有可能实现，具有挑战性；

（2）对现实充满渴望；

（3）非常符合自己的价值观，为自己的选择感到自豪；

（4）目标是认真选择的，要和社会发展需求相结合；

（5）没有明确规定实现时间，在一定范围内实现即可；

（6）立志改造环境。

4. 人生目标

人生目标是指整个人生的发展目标。一般说来，短期目标服从于中期目标，中期目标服从于长期目标，长期目标又服从于人生目标。实施目标，通常是从具体的、短期的目标开始的。

二、职业生涯行动方案的实施及反馈

一位年轻人跑去问智者："智慧从哪里来？"智者说："正确的判断。"年轻人又问："正确的判断从哪里来？"智者说："经验。"年轻人进一步追问："经验从哪里来？"智者说："错误的经验。"可见，不断的经历、反思、调整，是我们前行和成长的动力。同样的，规划不仅仅是行动层面的事情，也需要和我们的监控系统时时发生联系。

一个好的行动方案应该有实施的监督反馈机制，能根据环境和实施的结果及时强化、修正，监督及反馈的具体内容如下：

1. 保证至少每 3 个月检查一次自己的工作进度

过程监督十分重要，可以发现自己的目标难度是否合理，动机水平是否足够，是否背离原定的职业生涯目标，是否脱离职业规划的轨道；可以考察计划的落实情况，有针对性地提出解决方案。

2. 在设定行动方案的同时设置奖惩方法，且严格执行

若想激励行动方案的完成，不妨借鉴心理学中的行为主义方法，用计划完成后的奖励措施来强化自己的行为。因此，可以在设置行动方案的同时写下自己喜欢的食物及活动等，在每个行动步骤完成后及时跟进这些美妙的"诱因"，以使下一阶段的行动更有"诱惑力"。

3. 如果目标发生变化，行动方案也要作出相应的调整

监督反馈的一大重要功能是监控实施规划时的目标及其他各部分是否发生了变化。如果有变化，要及时调整方案，目标是整个行动方案的灵魂及中心思想。

4. 时刻提醒自己执行行动方案

将行动方案存入电脑、记入笔记本或放在床头等经常可看见的地方，时刻提醒自己，跟制定目标一样，可以在显著的地方以图表等形象的方式提醒自己计划的完成情况。

5. 和好朋友讨论你的行动方案，并请他们监督你的方案完成情况

和别人讨论的好处有两点：一是可以获得信息及吸纳别人的意见，以弥补行动方案的不足；二是告诉别人意味着一种"承诺"，他们会不自觉地起到监督你的作用。

第二节　职业生涯管理

一、职业生涯管理的概念

职业生涯管理是个人与组织环境的融合与提升，是现代企业人力资源管理的重要内容之一，是组织帮助员工制订职业生涯规划和帮助其职业生涯发展的一系列活动。职业生涯管理应看做是竭力满足管理者、个人、组织三者需要的一个动态过程，在现代组织中，个人最终要对自己的职业发展计划负责，这就需要每个人都清楚地了解自己所掌握的知识、技能、能力、兴趣、价值观等，而且，还必须对职业选择有较深的了解，以便制定目标，完善职业计划；管理者则必须鼓励个人对自己的职业生涯负责，在进行个人工作反

馈时提供帮助，并提供员工感兴趣的有关组织工作、职业发展机会等信息；组织则必须提供自身的发展目标、政策、计划等，还必须帮助个人做好自我评价、培训、发展等工作。当个人目标与组织目标有机结合起来时，就能体现出职业生涯管理的重大意义。因此，职业生涯管理是指组织与个人对职业生涯进行设计、规划、执行和监控的过程，其宗旨是追求个人目标和组织目标的协调统一。

二、职业生涯管理的分类

职业生涯管理主要包括两种：一是组织职业生涯管理，是指由组织实施的、旨在开发个人的潜力、留住人才、使个人能自我实现的一系列管理方法；二是自我职业生涯管理，是指社会行动者在职业生命周期（从进入劳动力市场到退出劳动力市场）的全程中，由职业发展计划、职业策略、职业进入、职业变动和职业位置的一系列变量构成。

三、职业生涯发展的目标

一般的职业生涯发展目标包括组织目标和个人发展目标。

（一）个人与组织双方共同的责任

在职业生涯管理中，组织和个人都必须承担一定的责任，只有双方共同合作才能完成职业生涯管理，其目的就是为了促进个人的全面发展。但是个人或组织都不能过分地依赖对方，因为很多工作都是对方不能够代替的。对于同学们来说，个人的职业生涯规划必须由个人决定，同时结合自己的性格、兴趣和特长进行设计。而组织在进行职业生涯管理时所应考虑的因素则主要是组织的整体目标，以及所有组织成员的整体职业生涯发展，目的在于通过对所有个人的职业生涯管理，充分发挥组织成员的集体职业生涯发展，最终实现组织发展目标。

（二）个人和组织的信息很重要

在同学们的职业生涯管理中，我们需要了解组织的有关信息，比如组织的发展战略、经营情况、人力资源供求状况等。同时，组织必须要全面了解个人的性格、兴趣、特长、价值观等信息。只有对双方的信息都进行了全面考量，才能真正制定出可操作的职业生涯管理系统。

（三）目标是一种动态管理

在职业生涯的不同阶段及组织发展的不同阶段，每一个组织成员的发展特征、发展任务及应注意的问题都是不同的。由于每个阶段都有其各自的特点、各自的目标和发展重点，所以每一阶段的管理也应有所不同。由于主客观条件的变化，组织成员的职业生涯规划和发展也会发生相应变化。因此，职业生涯管理的侧重点也应有所不同，以适应情况的变化。

四、职业生涯管理的意义

（一）职业生涯管理对个人的意义

1. 可以增强对工作环境的把握能力和对工作困难的控制能力

职业计划和职业管理既能使个人了解自身的长处和短处，养成对环境和工作目标进行分析的习惯，又可以使个人合理计划，分配时间和精力完成任务、提高技能。这些都有利于强化环境把握和困难控制的能力。

2. 有利于个人过好职业生活，处理好职业生活和生活其他部分的关系

良好的职业计划和职业管理可以帮助个人从更高的角度看待工作中的各种问题和选择，将各分离的事件结合起来，服务于职业目标，使职业生活更加充实和富有成效。它更能考虑职业生活同个人追求、家庭目标等其他生活目标的平衡，避免顾此失彼、两面为难。

3. 可以实现自我价值的不断提升

工作最初的目的可能仅仅是找一份养家糊口的差事，进而追求的可能是财富地位和名望。职业计划和职业管理对职业目标的多次提炼可以使工作目的超越财富和地位之上，追求更高层次自我价值实现的成功。

很多组织在成长的过程中，不注重有效的职业管理，个人的流动率很高，造成人力资源枯竭。对于任何成功的组织，只有每个人的才能和潜力都能得到充分发挥，组织的生存和成长才能有取之不尽的源泉。因此，近十几年来，职业生涯管理已成为具有战略意义的人力资源话题。

（二）职业生涯管理对组织的意义

1. 职业生涯管理有利于组织的人力资源合理配置

人力资源是一种可以不断开发并不断增值的增量资源，因为通过人力资

源的开发也能不断更新个人的知识、技能，提高个人的创造力，从而使无生命的"物"的资源被充分利用。特别是随着知识经济时代的到来，知识已成为社会的主体，而掌握和创造这些知识的就是"人"，因此组织更应注重个人的智慧、技艺、能力的提高与全面发展。因此，加强职业生涯管理，使人尽其才、才尽其用，是组织资源合理配置的首要问题。如果离开人的合理配置，组织资源的合理配置就是一句空话。

2. 职业生涯管理能充分调动人的内在积极性

职业生涯管理的目的就是帮助个人提高在各个需要层次的满足，使人的需要满足度从金字塔形向梯形过渡，最终接近矩形，既能使个人的低层次物质需要逐步提高，又能使他们的自我实现等精神方面的高级需要的满足度逐步提高。因此，职业生涯管理不仅符合个人生存发展的需要，而且也立足个人的高级需要，即立足于友爱、尊重、自我实现的需要，真正了解个人在其发展上想要协调及制订规划，帮助其实现职业生涯目标。这样就必然会激起个人强烈的为企业服务的精神力量，进而形成企业发展的巨大推动力，更好地实现企业组织目标。

3. 职业生涯管理是组织长盛不衰的保证

任何成功的组织，其成功的根本原因是拥有高质量的企业家和高质量的个人。个人的才能和潜力能得到充分发挥，人力资源才不会虚耗、浪费，组织的生存成长就有了取之不尽、用之不竭的源泉。发达国家的主要资本不是有形的工厂设备，而是他们所积累的经验、知识和训练有素的人力资源，通过职业生涯等管理，努力为个人提供施展才能的舞台，充分体现个人的自我价值，是留住人才、凝聚人才的根本保证，也是企业长盛不衰的组织保证。

第三节　职业生涯决策

一、职业决策的含义

（一）职业决策的概念

职业决策的概念有广义、狭义之分。

1. 广义的职业决策

广义的职业决策是指：为确定职业所进行的提出问题、搜集资料、确定目标、拟定方案、分析评价，以及最后选定、检查监督等一系列认知活动。用生物学里的概念比喻就是不断地同化和顺应，不断地接收来自外部和自身的信息加以整合，内化为自身的一部分，再以执行选择的形式投入外部世界，进行新一轮的纳新、整合。

2. 狭义的职业决策

把决策理解为广义决策过程中的一个环节，即从几个备选职业方案中选择一个"确定"环节，通俗地说就是"拍板"。具体来讲，是指为达到一定的目标，从两个以上的可行方案中选择一个合理方案的分析判断过程，是决策者经过各种考虑和比较之后，对应当做什么和应当怎么做所作的决定。

可见，狭义的职业决策由三部分组成：①明确目标；②确定可选方案；③挑选最终方案。即使是最微不足道的决策也依从这个模式，假如某天天气炎热，让你感到口干舌燥，迫切希望来瓶橙汁，于是你来到学校超市，从冰柜中拿起一瓶橙汁，付了钱就开始畅饮。你感觉整个过程中并未多加思索，可实际上，你所作出的决策也包括了以上 3 个组成部分：①明确了自己的目标（解渴）；②将橙汁确定为一个可选方案；③最终选择了该方案。

对于我们大学生来说，职业决策的核心在于根据自身特点和社会需要作出合理的职业方向抉择，即进行职业定位的过程。这个方向确定的过程包括我们前面所说的职业生涯起点、职业生涯路径的选择与确定。看似是一个点的选择，其实涉及对于自我的了解、对于职业世界的认识和体验。因此，职业决策的过程是一个整合的过程。本章所讨论的职业决策，是指在了解自我和外界之后，从几个方案中确定一个环节，是狭义的职业决策过程。

（二）职业决策的共同特征

在讨论职业决策之前，先说说决策有哪些共性。

1. 决策无处不在

我们每天都在做决策。小到一日三餐吃什么，一日出行穿什么，看什么书和电影，在网店买什么；大到上哪所大学，读哪个专业，从事什么工作，和谁交朋友等，我们的生活方式和人生质量就是建立在一个个决策之上的。正如存在主义大师萨特所说："我们的决定，决定了我们。"认识决策、了解决策、学习决策，有助于提高个人的生涯成熟度。

2. 没有绝对完美的决策

虽然理想的决策是在多个选项中，挑选利益最大的那一个，但由于人们的智力与精力、经验与资源都是有限的，所以并非每个决定都可以同时满足个人的所有需要，即"鱼和熊掌不能兼得"。不仅如此，一个决定的结果多是利弊共存，在有所得时，也会有所失去。由此看来，一个人的重要需求越明确简单，越容易做决策；在逐利的同时，也敢于承担代价的人，比较容易做决策。

3. 决策有风险

决策是基于当下现有的信息或者经验做出的，在决策实施的过程中难免受到干扰因素的影响，有些又非人为可控，结果与期待或多或少存在偏差。所以，决策本身就是面向未来的冒险，是勇敢者的游戏。那些能够与不确定性共存的人，为接纳最糟糕结果做好准备的人，相对容易做出决策。

4. 决策不仅包括选择，也包括行动

"三思而后行"强调在行动前的审慎思考，"欲知此事须躬行"也说明了由行动带出的豁然开朗。存在着不完美和不确定性的决策，难免带来焦虑；不行动就不会结束焦虑，且无法开启新的局面。当然，不行动也是一种选择，承担焦虑也是必然。

5. 决策是一种问题解决的活动，相关的知识和技能是可以学习的

在某一个决策情境下习得的问题解决能力和经验，可以迁移到其他情境中，从这个角度讲，经历决策过程的意义，大于拥有决策结果。

（三）职业决策的个体差异

决策风格是描述决策者特征的重要指标之一，影响人们的风险偏好、决策行为和决策结果。迄今为止，研究者们有关决策风格的定义没有达成共识，但至少可以分出两大类，一类认为决策风格是人格特征的一种形式，在任何情境中都表现出一致性和稳定性；另一类认为决策风格是个体面对特定环境时，以特定方式表现出的习惯性应对模式，当决策任务和决策情境变化时，人们可能会选用不同的决策风格，是一种选择策略。我们沿用后一种定义进行探讨，因为只有因时因境调整策略，才更有助于做出适当的决定。

决策风格的分类也有不同的标准，我们选取几种有代表性的分类进行介绍。美国职业生涯专家斯科特和布鲁斯编制了一般决策风格量表，用来评估人们在面对重大决策时，表现出的 5 种典型决策风格：①理智型决策风格者注重充分搜集信息，对备选项进行有逻辑、有条理的评价；②直觉型决策风格者依靠预感和感觉进行判断；③依赖型决策风格者在做重大决策前，常常需要依靠他人的建议和指导；④逃避型决策风格者试图逃避决策；⑤冲动型或自然迸发型决策风格者则依靠即时的感觉和一时的冲动，希望在尽可能短

的时间内完成决策。董俊花（2006）通过研究发现，直觉型和冲动型风格在内容上有一定的重叠，因此，选取了两个维度中的典型题目合成直觉—冲动类型。

多项研究发现，决策风格之间彼此独立但并不相互排斥。理智风格与直觉、冲动和回避风格成负相关，说明理智决策者会投入更多的时间和精力进行信息加工，更细致地计划和权衡，因此做决策速度放慢；同时，理智决策者倾向于积极解决问题，而非逃避问题，直觉与冲动风格成正相关，说明依靠直觉做决策的个体，更倾向于投入较少的时间来加工信息，因此能够更快地做出决策；逃避风格与依赖和冲动型风格正相关。

（四）职业决策的困难

14 世纪法国哲学家布利丹曾经讲过一个哲学故事：一头饥饿至极的毛驴站在质量、距离完全相等的两堆干草之间，它虽然享有充分的选择自由，但由于毛驴身边的两堆干草价值绝对相等，客观上无法分辨优劣，也就无法分清究竟选择哪一堆好。于是它始终站在原地犹豫不决，结果被活活饿死。这个故事告诉我们：人的痛苦有时不是因为没有选择，而是因为选择太多，可见选择不是一件容易的事。能力越强的人，其选择的余地也就越大，可是如果没有放弃的能力，就很难得到自己真正想要的。职业决策是一种重大决策，它影响到我们的人际交往、生活方式、生活质量等。在决策面前，我们会感到焦虑，焦虑的来源很多，其中大部分来源于"不确定"与"难舍"。

1. 职业决策困难的原因

（1）做决策让人焦虑的根源之一，是对选择的不确定感。职业决策大部分是基于信息不对称情况下的决策，即我们不可能收集关于外界的"全部信息"后再作决定，因此大多数决策都有预测的成分，都具有不确定性和风险。以往社会变迁缓慢，预测的误差相对较小，而当今社会瞬息万变，对于未来诸多变量往往难以把握。行业趋势会变、职业种类会变、工作环境会变、领导和同事关系会变，在变化中，我们不确定所选择的一定比所放弃的要好，担心自己会犯错、会后悔。中国台湾学者田秀兰等人（Tien, Lin & Chen，2005）的研究发现，大学生的生涯不确定感包括了许多"对个人的不确定"与"对环境的不确定"。若对自己多一些分析，对环境多些探索，则会由"不确定"向"确定"更进一步。

（2）做决策让人焦虑的根源之二，是对选择项目的难舍，以及在选择面前患得患失，担心放弃的那个选择会给自己带来好处。如果同时为几个选择感到焦灼、难舍，则这几个选择可能没有明显的高下优劣之分，因此可以稍稍放宽患得患失的情绪。那么，什么样的决策是最佳决策呢？幸福经济学认为，能让幸福或快乐最大化的决策就是最佳决策。可见很多时候，职业决策的好坏是凭借内心的评判。如果能在决策时仔细梳理自己究竟要什么？考量这些因素的"轻重"与选择方案可以满足这些因素的"概率"，则"难舍"又会向"能舍"更进一步。

（3）做决策让人焦虑的根源之三，是对决策结果的责任。自主决策意味着要对决策的结果负责，很多人为了回避承担"不好的结果"的责任而把决策的权利交给"上天"或他人。殊不知，人在逃避责任的同时，也逃离了自由，失去了感受学习、生活、成长的自由。有人说："不得不在各种不同的行动方案之间选择，是为自由而付出的代价。"因此，人们"注定"要作出选择职业风格类型的决策。想想平时去商场买衣服，你是看到了合适的就买下，还是等逛过所有的柜台后再作决定？或你常常不知道选哪件而让陪同的人协助作决定？再想想你高考之后，选择大学和专业时，是看到名称合意的就顺手填上，还是看过招生考试报名表上所有的大学和专业后再进行全面的比较排序？又或是听从父母、老师的安排？除了买衣服、选大学外，你会发现：你在生活中若干情境下作选择的方式有着极大的相似性，即你的决策方式会带着独特的人格烙印，而这种"烙印"被称为"决策风格"。

因此，生涯决策困难是个人在面对生涯决策问题时，由于缺乏自我了解、信心不足、兴趣与能力冲突等内在阻力，以及生涯资料的收集，重要他人的支持不足等外在阻力而产生的决策上的困难。生涯不确定的程度越高，表示个体面临的困难就越大。

2. 职业生涯决策困难分类

决策不是结果，而是个过程，所以生涯决策困难表现在整个决策过程中。如职业生涯决策意识的困难包括：决策开始阶段的困难、决策过程中的困难、执行生涯计划的困难等。

职业生涯决策
困难的分类

（五）决策的影响因素

前面已经探讨过，人的一生过得幸福与否，与其对所从事职业的满意度有相当大的关系。然而，选择一个适合自己的职业并非易事；而人一生中可能会有多次职业改变，面临多次选择，因此很多人都会感到职业决策困难。尤其是在大学时期，在缺乏必要的关于职业或个人的职业特征的信息时，在个人的意愿与父母的立场对立时，在个人的喜好与社会供给不一致时，在面对多种得失冲突的情况下，同学们往往会面临职业决策困难。

职业生涯决策常常受到自我因素、专业因素、家庭因素、社会因素、职业因素及资源因素等方面的影响。

1. 自我因素

自我因素包括本书在自我认知部分讨论过的个人性格、兴趣、能力及价值观等多样因素。自我认知是人们进行职业决策的基础，对自身越了解，决策时失误就会越小。因此，既要了解自身的优势，也要了解自己的不足，即选择和确定自己的职业目标时要扬长避短，选择与自我特质相匹配的职业。

2. 专业因素

大学生进行职业决策时，常常将自己所学的专业作为一个非常重要的因素加以考虑，也就是人们常说的找工作要看是否专业对口。因为几年的学习时间都投入一个专业领域，同学们不仅积累了专业知识，而且接受了相应的思维训练。如果毕业后能够从事与专业对应的职业群，这些知识和训练会对工作非常有帮助。在现实生活中，有些同学发现自己并不喜欢所学的专业，想调换专业或者在本科毕业后找一份与所学专业不一致的工作。这并非不可能。不过，一个人选择的职业群离所学专业越远，需要的自我学习和自我提高的能力也要越强。

3. 家庭因素

父母的受教育程度、父母的职业、家庭经济收入及父母的价值观等家庭因素与个人的成长有很大的关系。对一个人职业决策的影响也非常大，同时，家族成员的职业也对我们个人的职业选择有一定的影响。因此，建议同学们在进行职业生涯决策前要充分了解家族成员的职业发展状况。父母及其他与我们有血缘关系的亲属的职业对我们自身的职业选择可能有很直接的影响。在前面的章节中我们提到，职业兴趣、职业素质能力等个人特质会不同程度地受到先天遗传等因素的影响。同学们的职业兴趣、素质能力倾向等很有可能与父母某一方或有血缘关系的近亲相似，同学们的职业选择与他们的职业选择是有一定关系的，同时，如果他们的事业发展顺利，不仅可以为你提供实习、求职的信息，还可以为你入职期间及职业发展各阶段给予指导。

4. 社会因素

社会文化环境与经济技术的发展对职业选择的影响很大。现在很多用人单位抱怨大学生不了解职业、职业化程度低。然而，社会上有什么有效的渠道来帮助大学生了解职业呢？哪些职位适合毕业生，哪些职位适合社会人？

很多同学都抱怨找实习机会很难，其中一个重要原因是大型企事业单位提供给在校生的实习机会太少。对于没有职业经验的大学生来说，了解这些职业信息、区分信息的真实性和有效性确实有一定困难。

此外，人力资源市场供求信息对大学生选择职业也有很重要的影响。由于缺乏有效的信息，大学生很难了解到他所学专业对应的职业群，或者他想选择的职业的人才供求关系，这在很大程度上造成了其决策困难。

除了上述因素外，国家的政治、经济和社会发展状况，所就读学校的教学状况和地位，社会对职业的评价，以及周围人（包括老师、同学、校友等）对职业的评价等社会因素对大学生选择职业也有很大影响。

职业生涯决策是同学们在大学时期面临的重大课题。由于决策对我们未来长久的职业发展都有深刻的影响，因此，同学们要严肃对待。同时，决策本身又受到自我因素、专业因素、家庭因素、职业因素、社会及资源等多方面因素的影响，需要同学们采用一定的科学方法掌握了解多方面的信息。

（六）决策的风险与责任

前面我们已经说过：我们在日常生活中无时无刻不在做决策。那么，决策可以分为哪几类呢？

1. 确定无疑的决策

所有的选择及其结果都是清楚明白的决策。比如，一幢教学楼有左右两个楼梯，而上课的教室位于大楼的右侧，从右边的楼梯上楼到教室要近一点，那么去该教室上课的同学可能就会选择走右边楼梯。

2. 有一定风险的决策

当有多种选择时，每种选择的后果虽然不完全确定，但个人在一定程度上知道可能会有什么样的选择和结果。比如，一个大学生决定中午在食堂吃什么，因为他天天都在这个食堂吃饭，大体上他知道食堂提供的各种饭菜的滋味如何，是否适合自己的喜好。但有一些饭菜，他从来没有品尝过，另外食堂师傅的炒菜水平也可能有波动，因此对于各种选择的结果并不能完全确定。

3. 不确定的决策

对于有哪些选择，每种选择可能会产生什么样的结果，几乎完全不清楚。比如，你想投资炒股，但是你对股票完全不懂，对于股市行情不能判定。

生活中的决定大多不会是第一种，而多属于第二种。也就是说，有可能获得一定的信息，作出某种预测。当我们面临第三种决定时，最好先尽可能地去搜集一些信息，以便把它变成第二种决定。比如，我们通常会看看饭馆里的人多不多，以此作为对其饭菜质量的一种评判。而职业规划的目的，也正是尽可能地搜集信息，并以一种理性的方式作出决策，将第三种决定转换为第二种决定，以减少风险。

从决定的分类中，我们可以看到：作决定时，经常都不可能拥有全部的信息。也就是说，大多数决定都有预测的成分，都具有不确定性和风险，如果我们对一件事作决定，就意味着我们要为该决定的结果承担责任。可是，我们无法确保决策的结果总是有利的，我们总有犯错误的可能，所以，这种责任也必然伴随着一定程度的焦虑和不安。

决策的风险使得很多人采取了听天由命、随大流或让父母等他人作主的方式，来逃避对决策结果所要承担的责任。但这样的人在逃避决策和责任的同时，也逃离了自由，因为世上万事，几乎总是有这样那样的风险。曾有人写道："笑，有被人视为傻瓜的风险；哭，也有被人视为伤感的风险。"不冒风险的人可以逃避挫折和悔恨，但同时他也丧失了学习、感受、变化、成长、生活和爱的机会。其实，生活中最危险的事就是不去冒险。被"稳定"和"安全"锁住，这个人就变成了奴隶；只有敢于冒险的人，才是自由的。难怪有人说："不得不在各种不同的行动方案之间选择，是为自由而付出的代价。"

（七）职业决策中的阻碍

职业阻碍就是任何使人难以实现某一职业目标的障碍或挑战。我们把它分为外部阻碍和内部阻碍两种。内部阻碍就是那些存在于我们自身的障碍，通常我们对其有较大的控制力，比如焦虑、拖拉等。外部阻碍则来自外界，是我们难以控制的，如就业中存在的"重男轻女"现象。但我们往往把外部阻碍想象得过多、过大，实际上属于内部阻碍。在生涯决策中，我们需要明辨内部阻碍和外部阻碍，才能采取相应的对策。正如中世纪一位哲人所祈祷的那样："请赐我宁静的心，去接受我不能改变的一切；赐我勇气，去改变我所能改变的一切；赐我智慧，去认清这二者之间的分别。"

个人出现决策困难的情形，通常又分为两种：

1. 生涯不确定

这是正常的发展性问题。大学生还处在生涯探索阶段，在以前的学校教育中又缺乏与职业生涯规划相关的内容，造成大学生普遍不了解自己的兴趣或能力、价值观不清晰、缺乏关于工作世界的信息等状况，因此难以进行生涯决策。这种情况通常只要得到关于自我认识、工作世界介绍等相关的信息即可解决。而这可以通过选修生涯规划课程、阅读相关书籍、参加社会实践活动等实现。

2. 生涯犹豫

这是由个人特质引起的，如个人兴趣与能力有差异、个人偏好与社会期待有冲突、价值观受到环境条件限制、非理性生涯信念桎梏等。比如说，有的人由于自信心低落，极大地阻碍了对于职业的憧憬与选择；有的人虽然作出了初步选择，却感到非常的焦虑；还有的人，虽然经过多方的探索，在职业兴趣方面却仍然相当混乱等。这一类的学生需要进行较长时间的个别生涯辅导，甚至是心理咨询和治疗才能帮助他们提升自我价值感，增进对自我的肯定与信任。

二、决策的风格

决策是一件不容易的事情，同时它又是一件无法回避的事情。从我们早晨醒来到夜晚入睡，都在不停地作决定：如何安排这一天的时间，穿什么衣服，吃什么食品，读什么书，与什么人交往等。当你清晨听到闹钟响起，考虑是继续睡下去还是立即起床的时候，你已经在作选择。你每天的生活充满了成百上千次对日常琐事的决定。通常，一个决定对你越重要，决策也就越困难。挑选一双鞋要比挑选一个职业容易。可见，决策是不可避免、不断发生而又有些难度的人类活动。

（一）丁克里奇的决策风格类型

最早研究决策风格的是丁克里奇（Dinklage，1968），他将决策者分为8种风格类型，即计划型、痛苦型、拖延型、瘫痪型、冲动型、直觉型、宿命型、顺从型。

（二）哈伦的决策风格类型

根据哈伦（1979）的观察，大部分人的生涯决定方式可以归纳为以下3种类型：

1. 理智型

合乎逻辑，系统地收集充分的职业信息，且分析各个选项的利弊得失，

决策者风格类型

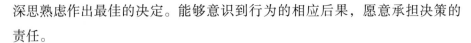

深思熟虑作出最佳的决定。能够意识到行为的相应后果，愿意承担决策的责任。

2. 直觉型

凭借自己在特定情境中的感受或者情绪反应作出直接的决定。这类人往往凭感觉，较为冲动，很少能系统地收集相关信息，愿意承担决策的责任，但缺乏对将来的预期，不够积极，逻辑性不强。

3. 依赖型

不能主动承担决策的责任，等待或依赖他人为自己收集信息且作决定，较为被动和顺从，十分关注他人的意见和期望。对于此类型的人而言，社会赞许、社会评价、社会规范是决定的标准，他们的口头禅多是："爸妈叫我去……""我的男朋友/女朋友希望……""他们认为我很适合……""他们认为我可以，可是……"往往想当然地作决定或由别人来决定。

这3种生涯决策类型各有利弊。依赖型最省时、省力，且父母长辈的意见有时确实是宝贵的经验，但不见得是最有效、最适合的策略；直觉型的决定是自发性的，在时间紧迫的情况下非常有用，缺点是容易受到主观意见的影响；理智型的决定包含探索个人与环境的需求，优点是针对不同选项分析利弊得失得出的结果较为合理，但要考虑时间因素，需要在前期资料的收集上花费很多工夫，有错失良机的可能。当然，如果我们能有充分的时间和精力，那么选择理智型的方式进行生涯决策是最好的，需要提醒的是，决策风格既受个性的影响，又受到环境的塑造，并非无法改变。因而决策不仅仅是风格（人格）问题，更是一项亟待培养的能力和可以培训的策略。

三、决策中的消极自我对话

在第一章中我们学习了认知信息加工理论，它指出了职业决策的3个领域：知识领域、决策技能领域、执行加工领域。其中，执行加工领域发号施令，为人们提供如何进行职业决策的精确指导，类似于"指挥中心"。这个领域包括元认知技能，是关于认知的认知，主宰着我们如何思考生涯问题的解决和决策制定。

元认知由3个部分组成，即自我觉察、自我对话、监督与控制，其中，自我对话指对职业决策过程的评价。积极的自我对话认为自己在这个领域是胜任工作的、有能力的。积极的自我对话有两点好处：一是产生积极的期待；二是强化积极的行为。消极的自我对话会使职业决策产生问题，因为它干扰了信息加工的有效性和效率。以下是我们大学生中常见的消极自我对话：

消极自我对话一："在我的生涯发展中，我只能作一次决定""绝对不能后悔""如果我改变了决定，那是我失败了"。有些人认为，职业决策就是一旦选择了一个职业或专业就不能改变了，否则是一种失败。事实上这种情况在快速发展的当今社会中已经越来越不可能了。美国研究显示，有三至五成的大一新生打算改变主修学科。在校园里也可以看到许多同学对目前所读的专业并不感兴趣，且正在以旁听、辅修、双学位等方式来发展自己有兴趣的学科。谁都无法预料一个决策正确与否，但可以在之前认真地搜集资料，了解自己的兴趣、能力与价值观等。"越了解自己，越可能选对"，了解可能的职业道路和外面的世界，降低失误的可能性。其实，决策的真正用处主要表现在执行的过程中，无论作出了怎样的决定，在后续的执行中都有可能把决策做对。因此，决策的最终结果并不取决于选择本身，而是取决于随后的行动。

消极自我对话二："我一定要马上决定"。有些人认为，迟迟无法作决定是懦弱、不成熟的表现，"别人都知道自己要做什么，只有我太差劲，所以我应该立即作决定"。虽然在作决定时不能犹豫不决，但草率、冲动、鲁莽则更加要不得。在没有充分了解自己和工作要求的情况下，暂时不作决定或许是明智的选择。

第四节　职业决策方法

所有选择都不是绝对的，没有绝对的对与错。任何一个正确的决策都是基于对各种因素的综合平衡，是平衡的产物。下面介绍一些职业决策的实用方法，供大家参考。

（一）直觉式决策

所谓"理性是法官，直觉是侦探"，虽然直觉型决策被我们视为草率和不够客观，但决策有时正是一个理性加直觉的过程。理智型决策主要采用归纳、演绎和推理的方法进行思考。在实际生活中，我们不难发现：虽然很多人懂得做这种逻辑的、按步骤进行的利弊分析，但在得出排序结果后却仍然难以作出最终的决策。这是因为，单纯理性的决策忽略了情感的作用。直觉也是一种对事实的觉察，即没有经过有意识的推理而得出的认识。直觉往往由于其缺乏理性和可控性而遭到排斥和否定。殊不知，它也是我们决策中的一部分，有其重要的导向作用。我们生活中的很多决定是靠直觉作出的，这样的决策方式往往比较高效。直觉式决策之所以可以应用到职业选择中，是因为职业选择往往并没有绝对的好坏之分，关键是每个人都有独特的价值取向，各人所需要、看重、喜爱、擅长的东西不同，外人很难评说是非对错。尊重自己的情绪、需求和独特性，是直觉式决策可用的原因，其实在"直觉"的背后，是多年偏好、经验、情绪、情感等的综合体现。

（二）理智型决策

1. 平衡单方法

从个人、他人角度出发，列出职业决策的考虑因素（物质和精神上的得失）；给每个因素以相对重要性的权重；对于备选职业方案，对照考虑因素给出分数，"得"以正数表示，"失"以负数表示。以下是平衡单的项目与具体步骤：

（1）平衡单的细目表。①个人物质方面的得失：收入、升迁的机会、工作环境的安全、休闲时间、对健康的影响、就业机会、社会资源等。②个人精神方面的得失：兴趣的满足、能力的满足、价值观的满足、生活方式的改变、成就感、自我实现度、挑战性等。③他人（父母、师长、配偶等）物质方面的得失：家庭经济、家庭地位、与家人相处的时间等。④他人（父母、师长、配偶等）精神方面的得失：成就感、自豪感、依赖及其他。

（2）平衡单的加权计分。①每个因素的权重分析：每个因素对于决策者的价值是不同的，可以主观给每个因素赋予一定的权重，以数值表示价值大小。②每个因素的利弊分析："＋""－"号分别代表得与失，对于每一个考虑因素，均可以数值（如 1~10）的大小代表得失的程度。③算出各职业选择的总分，得到其中得分最高的一个。在职业决策平衡单中，权重和得分是因人而异的，可以根据自己的概括来说，决策平衡单具有以下优势：

一是可协助个人系统化、书面化地整理对职业选择的思考。如平衡单中需要列出各种考虑的因素。二是可协助个人澄清对每个方案选项的思考，并以书面方式累积思考结果。如平衡单中需要给每个因素予以评分，由此可考量对这些因素是否有足够的了解和考虑。三是可协助个人检视职业选择考虑因素的相对重要性。四是可协助个人作出职业选择和决策。五是可允许个人因考虑因素的转换而改变职业决策结果，并了解作出改变的理由。

决策平衡的过程，更是一个自我梳理的过程，它鼓励我们在进行职业决策时尽可能地思考和探索自我，可以澄清平时所忽略掉的东西。

2. SWOT 分析方法

另一个职业决策的方法是 SWOT 分析法，即分析自己的优势、劣势。优势：针对某个职业，你的潜力、技能或者经历等自身优势。劣势：针对某个职业，你自身还存在的限制、不良习惯、缺点，以及在特定方面的技能，经历不足等。机会：针对某个职业，你在专业、地域、人际关系等方面有哪些可能的机会和优于别人的资源等。威胁：针对某个职业，有哪些你基本不可控的外在威胁，如人才市场竞争激烈，所学专业领域需求增长过缓甚至衰退，不利的政策信息等。这里强调一点，所有这 4 个方面都是基于对某个职业目标的分析，而绝对不是空泛的漫无目标的分析。只有针对一个特定的职业目标时，才存在所谓的优势与劣势、机遇与挑战之分，没有目标的 SWOT 分析是没有意义的。

请运用 SWOT
方法来分析
你的职业目标

【作业与反馈】

一、说说你的决策风格

请举出最近生活中两三个决策的实例，试着归纳出你在这些决策中表现的共同特性。

说明自己的决策风格：

最近做的决策一：_____

最近做的决策二：_____

最近做的决策三：_____

在这些决策中表现的共同特性：_____

我的决策风格是：_____

二、找找职业决策中的对话

有没有你所知道的一些职业决策消极对话，请写下来：

_____

_____

试试用更为理性和建设性的思维方式来重新建构这些想法。

_____

_____

就业篇

就业准备

【课程目标】

1. 了解就业形势和就业政策

2. 了解毕业生就业的几种渠道

3. 明确就业前大学生应有的心理准备，学会在求职过程中进行自我调适

【案例导入】

又是一年毕业季，同窗4年到了不得不说再见的时候，这时班上却出现了不同的景象。同学A：天天忙忙碌碌，准备英语四级证、计算机二级证、学校比赛优胜奖、优秀奖学金证明等各种证件，让自荐材料丰富而有说服力，并且每天忙着在网上和招聘会上投简历、找工作。同学B：仍旧三点一线，教室、图书馆、寝室，熟悉他的同学都知道，他决定考研。同学C：和以前一样没有多大变化，父母为他在家乡谋了一份职业，他虽然并不了解这份职业具体做什么，也不太清楚这个公司的发展情况，但鉴于懒得找工作，就先做着吧。同学D：表面若无其事，心中暗暗着急，他自己心中清楚，自己并没有多少"干货"，却感叹某某同学进入了中国500强企业、某某又和其他人合伙开了个小公司，而自己却手足无措，在毕业的关头，急得像热锅上的蚂蚁。同学E：在校期间就开始做兼职，与自己专业相关的、与自己专业无关的，只要在学习之余能够兼顾的工作，他都尝试过。临到毕业，他心中的想法也越来越清晰。

5年后，当同学们再聚在一起时，已悄悄地发生了变化。同学A换过两份工作，现已是一家公司的项目经理；同学B考研失败后，就职一家国营企业；同学C已不在父母安排的公司上班，正谋划与朋友合伙创办一个项目；同学D没有来同学会；同学E经历了一次创业失败，又在另一次创业的路上。

启示：从上面的案例来看，每个人对自己的未来都有不同的期望与判断。其实选择就业还是创业，没有绝对的"对"与"错"，关键在于是否对自己有清晰的认识与分析，以及做出选择之后，是否做了相应的努力。同学D没有来同学会，给了我们很大的想象空间，有两种可能，一是毕业后一直没有合适的工作，碌碌无为，无颜参加同学会；二是经历毕业时的慌乱后，对自己有了清晰的认识，重新开始学习，最后延迟就业，或自己创业，却由于时间、安排等原因没有来到同学会现场。不管是哪种情况，这都与同学D最初的状况，以及后面的种种选择、认识与努力有关。

由此可见，大学生毕业前所做的准备，对于每个人今后的就业、创业而言，是必不可少的重要因素。

第一节 大学生就业形势与政策

就业是民生之本，大学生就业是我国就业问题中带有战略性的核心问题。用多维视角和发展观的思维审视目前大学生就业难的现象。不难看出现象的背后有很多令人深思的问题，而这些问题多是发展中、前进中出现的。清醒地分析、科学地把握会找到多渠道解决的方案。国家对大学毕业生的就业问题非常重视，为减轻毕业生的就业压力，近年来，国家出台了一系列相关的就业政策。

一、就业形势分析

近几年，严峻的就业形势日趋严峻，截至2018年，高校毕业生人数达到820万人，已然超越2017年的795万人，高校毕业人数创历史新高。根据人社部的毕业生数据，如果加上中职毕业生和2017年尚未就业的学生数量，2018年待就业人员加在一起约有1500万人，在当时堪称最难就业季。

从就业形势来看，虽然一些热门行业依然火爆，人工智能研究生起薪已高达30万元/年，同时战略新兴产业对毕业生的需求旺盛，传统行业转型升级也急需高端人才。然而，在国内化解过剩产能，造成一部分职工下岗；经济下行压力下，企业用工不足等大背景下，2018年就业形势依然复杂、任务非常艰巨！

2018年，某权威研究机构公布了对全国2017届高校毕业生毕业3个月后的就业情况进行调查的结果。本次调查回收专科、本科、硕士毕业生有效样本共 21.87 万份，覆盖全国绝大部分省、自治区和直辖市；覆盖学校层次包括公办高职高专院校、民办高职高专院校、211 本科院校、非 211 公办本科院校、民办本科院校/独立学院；覆盖高职高专 19 个专业大类、619 个专业，本科 12 个学科门类、449 个专业，硕士 12 个学科门类、541 个专业。下面分别从就业核心指标概况进行分析：

（一）不同学历毕业生就业率

2017 届硕士毕业生就业率最高（92.75%），其次是专科毕业生（90.29%），排在第 3 位的是本科毕业生（87.03%）。2017 届专科毕业生就业率（90.29%）与 2016 届（90.50%）基本持平，略高于 2015 届毕业生就业率（89.32%）；2017 届本科毕业生和硕士毕业生就业率均高于 2016 届（85.76%、90.66%）、低于 2015 届（89.57%、94.84%，见图 5-1）。

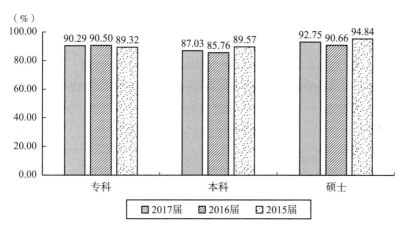

图 5-1 2015~2017 届不同学历毕业生就业率

资料来源：笔者根据麦可思研究院 2015~2017 年《大学生就业报告》整理。

（二）不同学历毕业生平均薪酬

2015~2017 届毕业生平均薪酬与学历呈正相关，学历越高的毕业生平均薪酬越高，硕士毕业生平均薪酬最高（4778 元、4929 元、5270 元），其次是本科毕业生（3679 元、3797 元、4041 元），排在第 3 位的是专科毕业生（2939 元、3081 元、3181 元）；2015~2017 届各学历毕业生平均薪酬呈现逐年上升的趋势（见图 5-2）。

（三）不同学历毕业生专业相关度

专业相关度与学历呈正相关，学历高的毕业生专业相关度高。2017 届硕士毕业生专业相关度最高（70.36%），其次是本科毕业生（61.58%），排在第3位的是专科毕业生（57.93%）。2017届专科毕业生专业相关度略高于2016届（57.01%）和2015届（57.03%）专科毕业生，本科毕业生专业相关度高于2016届（59.90%）和2015届（59.24%）本科毕业生，而硕士毕业生专业相关度高于2015届（67.94%）、略低于2016届（70.96%）硕士毕业生（见表5-1）。

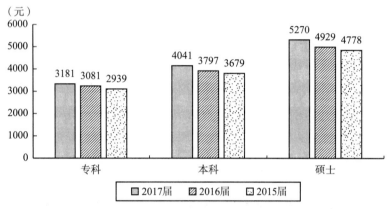

图5-2　2015～2017届不同学历毕业生平均月薪

资料来源：笔者根据麦可思研究院2015～2017年《大学生就业报告》整理。

表5-1　　　　2015～2017届不同学历毕业生专业相关度　　　单位：%

学历	相关			一般			不相关		
	2017届	2016届	2015届	2017届	2016届	2015届	2017届	2016届	2015届
专科	57.93	57.01	57.03	19.42	18.94	22.00	22.65	24.05	20.98
本科	61.58	59.90	59.24	17.59	18.41	20.58	20.83	21.69	20.18
硕士	70.36	70.96	67.94	16.88	17.25	19.56	12.76	11.79	12.50

注：表中比例数字均四舍五入保留两位小数，因此同一届毕业生相关、一般、不相关的比例之和可能不等于100.00%，有微小差异。

资料来源：笔者根据麦可思研究院2015～2017年《大学生就业报告》整理。

（四）各学历毕业生就业满意度

2017届毕业生就业率与学历成正相关，学历高的毕业生就业满意度高。2017届硕士毕业生就业满意度最高（59.56%），其次是本科毕业生（55.04%），排第3位的是专科毕业生（52.44%）。2017届本科毕业生和硕士毕业生就业满意度均高于2016届（50.70%、56.43%）、低于2015届相同学历毕业生就业满意度（62.40%、64.09%）；专科毕业生就业满意度略低于2016届（53.39%），也低于2015届（65.89%）专科毕业生就业满意度（见表 5-2）。

表 5-2　　　2015～2017 届不同学历毕业生就业满意度　　　单位：%

学历	满意			一般			不满意		
	2017 届	2016 届	2015 届	2017 届	2016 届	2015 届	2017 届	2016 届	2015 届
专科	52.44	53.39	65.89	42.80	40.93	31.00	4.76	5.68	3.11
本科	55.04	50.70	62.40	38.37	41.06	32.41	6.60	8.23	5.19
硕士	59.56	56.43	64.09	34.65	36.06	30.00	5.78	7.51	5.91

　　注：表中比例数字均四舍五入保留两位小数，因此同一届毕业生满意、一般、不满意的比例之和可能不等于 100.00%，有微小差异。

　　资料来源：笔者根据麦可思研究院 2015～2017 年《大学生就业报告》整理。

（五）各学历毕业生离职率

　　毕业生离职率与学历呈负相关，学历高的毕业生离职率相对较低。2017届硕士毕业生离职率最低（11.63%），其次是本科毕业生（20.06%），离职率最高的是专科毕业生（42.43%）。2017 届专科毕业生、硕士毕业生的离职率均高于 2016 届相同学历毕业生的离职率（40.26%、10.00%）和2015 届相同学历毕业生离职率（39.75%、9.30%），本科毕业生离职率与2016 届基本持平（19.64%）、略低于 2015 届（20.83%）（见图 5-3）。

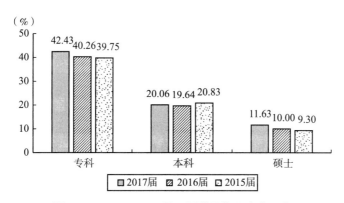

图 5-3　2015～2017 届不同学历毕业生离职率

　　资料来源：笔者根据麦可思研究院 2015～2017 年《大学生就业报告》整理。

二、大学生就业难的原因

　　据统计，2020 年全国普通高校毕业生人数将近 874 万人（见图 5-4），如此庞大的数字使大学生就业创业面临严峻的局面。由于教育改革，我国高

【阅读材料】

等教育规模迅速扩张，使大学生数量逐年快速上涨。但是这些大学生毕业后全都要走上社会，面临就业和择业，与高等教育规模取得的成绩相比，其就业形势就显得相形见绌。大学生就业困难基于以下三点原因。

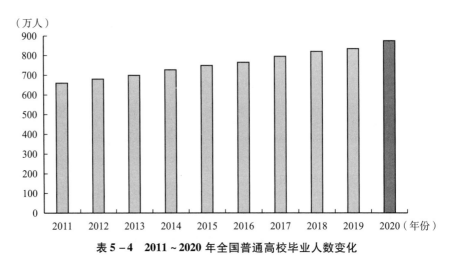

（万人）

表 5 - 4　2011～2020 年全国普通高校毕业人数变化

资料来源：笔者根据媒体公开报道整理。

（一）高等教育自身结构的影响

重视数量忽视质量，高校的大面积扩招，为就业带来压力。我国在实行教育改革之后，大学为求发展，实行大规模扩招，大学生数量从 2011 年的 660 万人增加到 2020 年的 874 万人。十几年来，高校扩招为国家培养出了更多的大学生，但是相对于数量增加，质量却并没有提升。学生数量激增，对学生的就业带来冲击。同时，学校专业设置不合理，为了学校招生需要，许多学校在设置专业时，往往不考虑专业对学生的长远发展，而是较多地考虑这个专业能够招收到多少学生。很多高校规模庞大、专业不精，不管专业是否是市场所需，只要能招到学生，就会跟风开设。这些没有市场的专业毕业出来的学生走上社会很难找到满意的工作。

（二）我国经济发展方式的影响

过去几十年，我国经济持续高速增长，但这个时期，我国的经济是粗放式增长，是以消耗大量能源资源甚至污染环境带来的增长。这样的发展方式很难让大学生实现充分就业。从各国的发展历程来看，随着工业化和城市化的不断推进，产业结构也会随之发生变化，主要是农业和工业的比重不断减少，服务业的比重不断提高。产业结构的不断转换和升级，需要教育机构供应具有相应知识水平和知识结构的劳动力。同时，教育带来的创新积累也会促进各产业的高质量发展。但我国的经济增长长期以来主要靠第二产业即工业的发展带动，第三产业服务业发展缓慢。现有的服务业又以低端服务业为主，能够适合更多大学生就业的高端服务业所占比例更小。

（三）劳动力市场存在制度性障碍

虽然我国大学生数量庞大，但大专及以上学历者在总体就业人员中所占的比例并不高，并且在地区的分布上也不均衡，大部分大学毕业生集中在城镇就业。劳动力市场的不充分竞争，使得劳动力流动成本过高，间接提高了大学毕业生的就业难度。但是我国劳动力市场被户籍等制度分割成两部分：一部分可称之为主要劳动力市场，有城镇户口、工作环境好、稳定性强、工资福利待遇较好，比如，有的岗位是面向本地区的户籍人口；另一部分刚好相反，我们称为次要劳动力市场，比如，大学生背井离乡，花费大量成本去到大城市寻找工作，却难以在这个城市立足。这两个市场彼此分割，难以互相流动。大学生毕业时都会选择前往大城市就业，即使不能如愿，他们对次要劳动力市场也会抱慎重态度，有的可能因为无奈选择蜗居在大城市，有的则宁肯在家"啃老"。因此，大学生就业难有数量上的原因，也有结构性的原因，但是不管是哪方面存在问题，最后买单的都是大学生自己，毕竟离开学校后学校也就完成任务了，而找不到工作、"啃老"带来的压力只能自己及家庭去承担。

三、国家就业政策

（一）拓宽就业领域，着力促进高校毕业生多渠道就业

1. 引导毕业生到基层就业

各地各高校要深入贯彻落实中央《关于进一步引导和鼓励高校毕业生到基层工作的意见》，落实基层就业学费补偿贷款代偿、考研加分等优惠政策。要继续配合相关部门组织实施好"特岗计划""大学生村官""三支一扶""大学生志愿服务西部计划"等基层就业项目，结合地方实际适当扩大地方基层项目的实施规模。要围绕乡村振兴战略，引导毕业生到现代农业生产、经营等领域就业创业。要发挥服务业最大就业容纳器的重要作用，鼓励毕业生到文化创意、健康养老、服务外包等现代服务业就业创业；鼓励高校

毕业生到社会组织就业。

2. 促进毕业生到中小微企业就业

各地各高校要鼓励和促进高校毕业生到实体经济就业，充分发挥中小微企业吸纳毕业生就业的主渠道作用。要积极配合有关部门落实小微企业吸纳毕业生的社保补贴、培训补贴、减税降费等优惠政策。要加强与中小微企业沟通联系，广泛收集中小微企业招聘信息，积极组织中小微企业进校园招聘，进一步办好全国中小企业网上百日招聘等活动。

3. 服务国家战略开拓就业岗位

各地各高校要主动对接国家经济社会发展的人才需要，围绕"一带一路"建设、雄安新区建设、长江经济带发展、粤港澳大湾区建设、海南自贸试验区建设等，引导毕业生到重点地区、重大工程、重大项目、重要领域就业。要落实区域协调发展战略，鼓励毕业生到中西部地区、东北部地区和艰苦边远地区就业创业。要加大对"三区三州"等深度贫困地区的教育脱贫攻坚力度，结合实际制定激励政策，引导毕业生到贫困地区就业创业。

4. 拓展新兴业态就业空间

各地各高校要结合学科专业特色，主动对接以技术集成和商业模式创新为特点的新业态人才需求，充分利用平台经济、众包经济、共享经济、数字经济等新业态，支持鼓励毕业生实现多元化就业。配合有关部门落实相应的社会保障政策和灵活就业、自主创业扶持政策，引导毕业生主动适应新就业形势、新用工方式。

5. 继续做好大学生征兵工作

各地各高校要深入贯彻习近平总书记给南开大学新入伍大学生回信和勉励语精神，认真落实学费资助、复学升学、就业创业等优惠政策。要密切配合兵役机关，面向毕业生、在校生、新生开展有针对性的宣传，集中播放征兵公益宣传片，发放应征入伍宣传单。落实好预订兵工作机制，为大学生入伍开辟绿色通道，鼓励更多大学生参军入伍。

6. 支持大学生到国际组织实习任职

各地各高校要加大经费资助、教育教学、升学就业等政策支持力度。高校要结合学科专业特色，加大双语种或多语种复合型国际化专业人才培养力度。将国际组织基本情况、职业发展路径等内容纳入大学生就业指导教材和课程。进一步完善信息服务平台，及时收集发布国际组织招聘信息，开展专家讲座、政策咨询、社团活动等系列指导服务。鼓励高校与国际组织开展合作交流，进一步拓展实习任职渠道。

（二）推动双创升级，着力促进高校毕业生自主创业

1. 全面深化高校创新创业教育改革

各地各高校要将创新创业教育贯穿人才培养全过程，把创新创业教育和实践课程纳入高校必修课体系，促进创新创业教育与专业教育有机结合、与思想政治教育深度融合。开展好大学生创新创业训练计划、中国"互联网＋"大学生创新创业大赛和"青年红色筑梦之旅"活动，着力培养学生的创新意识、实践能力和奋斗精神。

2. 落实完善创新创业优惠政策

各地要配合有关部门深化商事制度改革，进一步完善落实税费减免、创业担保贷款、创业培训补贴等优惠政策。各高校要按照《普通高等学校学生管理规定》要求，进一步细化创新创业学分积累与转换、弹性学制管理、保留学籍休学创业、支持创新创业学生复学后转入相关专业学习等政策，允许本科生用创业成果申请学位论文答辩。

3. 加大创新创业场地和资金扶持力度

各地各高校要加强大学科技园、创业孵化基地等创新创业平台建设，为大学生创新创业提供场地支持。各高校要积极推动各类研究基地、实验室、仪器设备等教学资源向创新创业学生开放。有条件的地区要积极推进设立高校毕业生就业创业基金，高校要通过政府支持、学校自设、校外合作、风险投资等方式多渠道筹措资金，支持大学生自主创业。

4. 加强创业指导与服务

各地各高校要进一步建立健全各级各类大学生创业服务平台，为大学生创业提供项目对接、财税会计、法律政策、管理咨询等深度服务。鼓励各高校聘请行业专家、创业校友、企业家等担任大学生创业团队指导教师，鼓励专业教师、实验室老师全程指导大学生创新创业。

（三）强化服务保障，着力提高就业创业指导服务水平

1. 健全精准信息服务机制

加强部省校三级就业服务体系建设，建立毕业生求职和用人单位需求数据库，运用大数据技术实现供需智能匹配，为毕业生精准推送政策、岗位和指导。要进一步发挥校园招聘市场的主体作用，鼓励组织分层次、分类别、分行业的校园招聘活动，支持举办区域性、行业性联合招聘活动。高校举办的大型校园招聘活动要向其他高校有组织开放。做好在内地（祖国大陆）

高校就读的港澳台毕业生就业服务工作。

2. 提升毕业生就业能力

各地各高校要加强高校学生职业生涯发展教育，对低年级学生着重进行职业生涯启蒙，对高年级学生着重提升职业素质和求职技能。要结合就业形势和毕业生特点，帮助毕业生调整就业预期，找准职业定位。要多方搭建社会实践、实习实训、职业体验等实践平台，增强学生专业技能和职业能力。鼓励学生在取得毕业证书的同时，考取行业、企业认可度高的多种类型的培训（或认证）证书。

3. 强化就业困难群体帮扶

各地各高校要准确掌握建档立卡贫困家庭、少数民族、身体残疾等毕业生情况，建立帮扶台账，做到分类帮扶、精准发力。高校要建立校院领导、专业教师、辅导员等全员参与的"一对一"精准帮扶机制。充分挖掘校友、行业企业等社会资源，优先为困难群体推荐岗位。各地要积极创造条件，争取专项资金，开展就业困难毕业生专项培训，提高其就业能力。要配合有关部门落实好求职创业补贴政策，做好离校未就业毕业生的信息衔接和服务接续工作。

4. 切实保护毕业生就业权益

各地各高校要加强校园内招聘活动管理，严禁发布性别、民族、院校、学习方式（全日制和非全日制）等歧视性信息，严格审核用人单位资质、工作岗位信息，重点审核就业中介机构和境外用人单位，严密防范招聘陷阱、就业欺诈、"培训贷"、传销等不法行为。普及就业创业有关法律法规知识，提高大学生的法律意识和维权意识。加强毕业生和用人单位诚信教育和管理，做到诚信签约、诚实履约。

5. 加快高校就业创业指导队伍建设

各地各高校要加快建设一支职业化、专业化、专家化的就业创业指导队伍，在专业技术职务评聘和绩效考核中充分考虑指导教师的工作性质和工作业绩，并予以适当支持。要建立高校毕业生就业创业指导教师培训机制，开展专业培训，鼓励指导教师到行业企业挂职锻炼。要定期对辅导员、班主任等就业指导工作人员进行集中轮训，全面提高政策水平和工作能力。

6. 积极发挥高校毕业生就业状况反馈作用

各地各高校要进一步落实高校毕业生就业质量年度报告编制发布制度，着力完善统计指标和内容，按时向社会发布高校毕业生就业质量年度报告。加快形成就业与招生计划、人才培养联动机制。各地要根据经济社会发展需要，以及本地区毕业生就业总体状况，主动对接地区、行业、产业需求，进一步建立完善高校学科专业、培养层次、培养类型动态调整机制，努力实现本地区高等教育规模和结构的科学配置和布局。

（四）加强组织领导，着力深化思想教育和宣传引导

1. 强化组织领导

各地各高校要认真落实就业工作"一把手"工程，切实做到"机构、场地、人员、经费"四到位。高校主要负责同志要亲自部署，分管领导要靠前指挥，院系领导要落实责任，辅导员（班主任）要密切关注毕业生就业进展情况。健全就业、招生、教学、学工、团委、科研等机构分工负责、协同推进的工作机制，千方百计促进毕业生就业创业。

2. 深化思想教育和宣传引导

各地各高校要组织大学生学习习近平总书记关于青年成长成才的重要论述，教育引导毕业生把个人理想融入国家和民族事业当中，鼓励毕业生到基层、西部、祖国最需要的地方建功立业。要广泛宣传解读国家和地方促进就业创业的政策措施，帮助毕业生知晓政策、用好政策，营造就业创业良好舆论氛围。

3. 进一步加强就业工作规范管理

各地各高校要建立就业统计工作责任制，健全毕业生参与的就业状况统计核查机制。各高校要认真落实统计工作"四不准"要求，即不准以任何方式强迫毕业生签订就业协议，不准将毕业证书、学位证书发放与签约挂钩，不准以户档托管为由劝说毕业生签订虚假协议，不准将顶岗实习、见习证明材料作为就业证明材料。各地要对高校毕业生就业工作及数据进行认真核查，对查实的弄虚作假等问题要严查严处，并进行通报。

四、大学生应树立正确的择业观

就业观是大学毕业生在择业时的一种心态、评价标准、情感和价值观念的总和，是一个人的价值观、生活观、劳动观，以及享乐观等在择业问题上的一种反映和表现。大学生的就业观是由就业动机、就业定位、就业选择、就业途径及方式等综合因素构成的一种价值观念，取决于大学生对就业和职业的一种态度和意识。随着我国高等教育从精英教育转向大众化教育，以及高校就业体制的变化和改革，同时，随着我国经济和社会的迅速发展对人

才的要求不断提高，大学生就业已形成"自由择业、双向选择、竞争上岗、择优录用"的模式。因此，大学生在求职过程中必然会遇到许多与理想不一致的问题。这就要求大学生要转变观念，正确认识自我、认识社会，树立正确的就业观，适应时代发展的需要，脚踏实地，迈出人生道路的每一步。

（一）从"精英"向"大众"的转变

2002 年，我国高等教育毛入学率达到 15%，进入了国际公认的高等教育大众化发展阶段。2012 年全国各类高等教育总规模达到 3325 万人，毛入学率达到 30%。高等教育快速发展，较好地满足了人民群众接受高等教育的愿望。高等教育由精英教育向大众化教育的推进，促使大学生就业模式必然由精英教育阶段所形成的毕业生就业模式向大众化教育阶段所形成的毕业生就业模式转变。在精英教育阶段，由于高等教育是稀缺资源，受教育者的地位必然增高，通常被称为"天之骄子"，就业实行"统包统分"的就业模式。而在大众化教育阶段，由于接受高等教育将成为相对多数人的权利，上大学不再需要"千军万马过独木桥"，大学培养的就是普通劳动者，大学毕业生的就业不存在照顾、统包等问题。因此，大学生的就业观念也应该由精英就业的观念转变为大众就业的观念。大学生作为一名普通的劳动者，既有大学毕业生去当工人，也有大学毕业生去做个体经营，只要是大学生通过诚实劳动来为社会创造价值，来实现自己的价值，就是现在社会所倡导的。劳动者的素质普遍提高，社会才能更好地发展。

（二）从"城市"向"基层"的转变

当前，一方面，高校毕业生就业面临着困难和问题；另一方面，广大基层特别是西部地区、艰苦边远地区和艰苦行业，以及广大农村还存在人才匮乏的现状。一些县市能提供比城市好得多的工作和待遇，但很多毕业生还是不愿去。十几年寒窗苦读，好不容易来到大城市，又要回到县市，心里觉得憋屈，认为走向基层及中小城市，是"没有办法的事"。实际上，基层的天地广阔，蕴藏着无数的机会，中国有 70 万个行政村，加上基层社区及其他的基层就业岗位，可以提供的大学生就业机会不可小觑。在现实生活中，村民委员会主任、书记，乡镇以上的国家各级公务人员都应由受过高等教育的人来担任，农村种植业、养殖业、家庭农场的主办人，乡镇企业、区街工业、个体企业的管理和技术人员也应该由受过高等教育的人来担任。大学生完全可以把到基层就业视为创业的起步、成才的开始，通过了解国情和民意，积累经验，增长才干。大学生应该将就业的姿态放"低"，将人生的目标抬"高"，在城市就业已趋于饱和的情况下，选择到基层就业是理性的、现实的。大学毕业生要根据劳动力市场的需求，找到自己的位置和发展空间，实现自己的人生价值。

（三）从"公有"单位向"非公有"单位转变

在传统的职业观念影响下，人们都希望到政府机关、事业单位或国有大企业谋职、谋发展，而不愿到集体企业或民营企业求职发展。在对大学毕业生就业选择的统计调查中，95.8%的人选择的是政府机关、科教文卫事业单位、科研院所、大型三资企业。个体经济、私营企业则是他们最不愿意去的地方。但是，在目前和今后的一段时间内，政府机关、科教文卫事业单位、科研院所、大型三资企业由于多种原因（如体制原因、产业结构原因、亏损等），吸纳毕业生的能力是有限的，很难大量接收大学毕业生去就业。随着改革开放的深入，民营企业的数量和规模发展迅速，人们的就业观念也发生了深刻的变化，大学生的就业倾向越来越向"非公有"的单位转变。从人才市场、职介中心的招聘统计情况来看，民营企业设摊招聘的比重最高，求贤若渴的态度非常明显。以前大学生到民企就业总是顾虑重重，担心民营企业的规模小，经营管理水平低，个人没有发展前途；怀疑民营企业管理不规范，福利待遇没保证；害怕民营企业工作不稳定，办公环境差等。而现在的民营企业发生了巨大变化，特别是沿海发达地区的民营企业甚至已经和"三资"企业不相上下，民营企业灵活的用人机制和激励手段为人才创造了更好的个人发展空间。随着社会养老保险、失业保险、住房公积金制度的建立和完善，在民企工作也不用担心"五险一金"缴纳等个人保障问题。

（四）从"白领"向"蓝领"的转变

传统观念中，大学毕业生是高级知识分子，成为国家干部、管理者的思想根深蒂固。对于工人职业，很多人根本没有在考虑范围之内，而这种观念已经落伍了。在电子设备大规模应用于制造业，工业数控技术大行其道的今天，需要的早已不是"卖苦力"，而是"知识型蓝领"。据了解，发达国家制造业中，技师、高级工、中初级工比例为35∶50∶15，高素质工人比例占据了绝大多数。而中国目前却正好相反，中初级工比例在很多地方超过

90%，从侧面说明我国劳动生产率、产品质量、产品附加值偏低的原因。技师、高级工紧缺对企业发展形成了严重掣肘。目前，全国数控设备操作、医疗护理人员严重短缺，重点高职院校和骨干专业毕业生供不应求，企业对高级管工、高级汽车修理工开出近万元的月薪等，均是最好的证明。"知识型蓝领"恰恰需要有深厚理论基础的大学生，他们的思维、知识和学习能力是成为一名高级蓝领的最好条件。

（五）从"专业对口"向"通用人才"的转变

很多大学生就业时特别强调要专业对口，认为自己大学花费了几年时间所学的专业是自己的生存之本，如果离开了自己所学的专业而选择其他行业，那就白白浪费了大学的时间，专业情结依然影响着求职的心理。实际上，大多数用人单位招聘人才注重的是应聘者的个人能力和综合素质，至于专业是否完全对口，并不过分计较。现代社会分工越来越细，在校期间所学专业知识与现实需要难以完全吻合，求职过程中如果过分强调专业对口则难以找到合适的企业。一个具有开拓精神的毕业生，应看重行业的发展前景，并及时调整自己的就业方向，勇于选择与自己所学专业相近或相关的职业。随着职业的发展，人们越来越难以找到一份只使用一种技能的职业，更难以找到一份终生的职业。在职场中，企业所需要的复合型人才非常稀缺，出现这种现象，与过分强调"专业"的教育制度有直接关系，尤其是文理分科，专业被人为地划出了界限。其实，企业的岗位设置是不需要这种划分的，尤其作为管理者，更必须同时懂技术和了解人。企业需要的是能干的人，而且常常需要的是兼有文、理、工的知识和技能的人。职场生存发展的关键，在于你的能力能够得到别人的认可，求职就像做营销，应该挑选最能够给人留下深刻印象的时间和场景，充分展示自己的能力。

（六）从"打工"向"创业"的转变

"打工"和"创业"实际上是两种就业方式。打工是指受雇于人、替别人工作，是一种被动就业的行为。这种行为说明求职者的一种依赖心理，同时也说明毕业生对自主创业的认可程度不高。自主创业是给自己"打工"，是一种主动就业行为。大学毕业生精力旺盛，有着强烈的挑战自我、实现自我的激情，并且无负担，没有太多牵挂，有较高的文化水平，专业基础扎实，具有创新意识，自主学习能力强，善于接受新知识。从现阶段的就业形式看，国家宏观政策鼓励大学生自主创业；社会主义市场经济体制的建立和市场经济的发展，为广大毕业生的自主创业提供了良好的社会环境。条条大路通罗马，挖掘创业潜能，摆脱依赖心态，"创业"这一包含机遇与挑战的词，已经成为无数大学生心中的梦想。

（七）从"被动就业"向"主动就业"转变

"被动就业"等于坐等失业。在高等教育大众化的就业背景下，大学生就业形势"吃紧"，不少职业岗位都出现了"饱和"现象，如果想要就业，要么淘汰别人，要么另辟蹊径，坐、等、靠、要的时代已经一去不复返。物竞天择，适者生存，将永远是市场经济下选择职业的不变的游戏规则。所以要想就业，不能没有竞争意识和主动参与的观念。

（八）从"终身就业"向"动态就业"转变

终身就业，这是计划经济时代的产物，在社会主义市场经济条件下不可能做到，即使在计划经济体制下也不能完全做到。随着社会对人才要求的更新和提高，人才资源总是在不断地交换和流动中得到优化配置、有效利用。科学技术的突飞猛进和知识的快速更替，用人制度的改革和人才市场的建立，必将使失业和就业成为今后大学毕业生一生中经常遇到的事情。因此，毕业生应该意识到，第一份工作对于许多人来说，更多的是一种锻炼、一种实践经历、一种融入社会的渠道。每个大学生都要做好在一生中多次就业的思想准备。

（九）从"贪图享乐"向"艰苦奋斗"转变

改革开放给国家经济带来了繁荣，人们的生活水平不断提高，大学生是青年的佼佼者，无疑会成为社会的宠儿；加之，近些年来的大学生基本上都是独生子女，都是在娇生惯养的环境中长大进入大学的，因此，多数大学生贪图享乐，缺乏吃苦耐劳、艰苦奋斗的精神。在选择职业时，他们多数不愿意到艰苦的环境和岗位上去工作。由于怕吃苦、缺乏敬业精神而"待业"的大学生不乏其人。我国是一个发展中国家，虽然改革开放后国民经济有了很大的发展，但距离发达国家的水平还相差甚远，总体上还很落后，而且"底子"薄，物质基础差，这就决定了现在仍然要保持和发扬艰苦奋斗的优良传统。因此，大学生择业时，首先应该做好吃苦耐劳的准备，树立敬业爱岗、艰苦创业的精神，为祖国的繁荣富强做出自己的贡献。

第二节　就业信息的收集及就业途径

"谁掌握了就业信息、谁就把握了就业的先机"。就业竞争对于大学毕业生而言，就是就业信息的竞争，一方面，谁掌握的信息多，谁的就业视野就开阔，谁就能在竞争中取得主动权；另一方面，谁掌握某一单位的信息多、谁就能在就业竞争中占据有利地位。

一、就业信息的收集

（一）就业信息的概念

就业信息是与就业相关的所有信息。可以通过各种媒介获取，对择业者有一定价值的、客观存在的就业资料和情报。广义地说，就业信息包括国家、地区社会经济的政策、规定，以及国家、教育部、学校制定的针对毕业生就业方面的政策和规定；从狭义来说，就业信息是指高校毕业生就业时，用人单位发布的用人需求等招聘信息，如用人单位的需求情况、专业要求、条件、福利待遇等。

（二）就业信息的特点

1. 时效性

就业信息具有时效性特点。毕业生在收集、整理、处理就业信息时，一定要注意信息的有效时间，切忌盲目选择，争取及早对信息做出应有的反应。

2. 真实性

就业信息具有真实性特点。就业信息的传播渠道、传播方式多样，当海量信息扑面而来时，真假难辨，毕业生仔细分析和研究就业信息，避免被虚假的就业信息误导。

3. 相对性

就业信息具有相对性特点。在社会分工不断细化的过程中，用人单位对人才需求的针对性要求不断提高。这就要求就业信息必须能够说明它所适用的对象和应具备的条件。因此，就业信息的价值是相对的。对于毕业生来说，一定要注意就业信息的针对性，适合自己的要给予重视，不适合自己的要果断摒弃，减少求职的盲目性和盲从性。

4. 共享性

就业信息具有共享性特点。就业信息能够同时为众多的求职者所掌握，不会因为使用者增多而减少，就业信息的共享性意味着就业竞争。

（三）收集就业信息的方法

1. 全方位收集法

从专业出发。将与专业有关联的就业信息收集起来，再按一定的标准进行筛选，这种方法获取的就业信息广泛，具有针对性，选择余地大。

2. 定方向收集法

从本身职业定位出发。通过职业测评选定的职业方向和求职的行业范围，从而确定职业方向。以个人的专业方向、能力倾向和兴趣特长为依据，便于找到更适合自己特点、更能发挥作用的职业和单位。

3. 定区域收集法

从区域出发。根据个人的地区偏好来收集信息，把注意力集中在所定区域的报刊杂志上。这是一种重地区、轻专业方向的信息收集法，按这种方法收集信息和选择职业，可能会因所面向地区的狭小和"地区过热"（即有较多择业者涌向该地区）而造成择业困难。

（四）收集就业信息的原则

一般而言，要收集到适合自己、高质量的就业信息，在实际操作中必须把握以下 4 个原则[①]：

1. 准确性、真实性

近年来，社会上出现了各种各样以赢利为目的的中介——职业介绍机构。他们中确有个别的中介通过一些过时的或虚假的信息吸引学生，致使毕业生为此徒劳奔波。对此应当加以警惕，尤其应当防止"陷阱"性信息导致毕业生误入传销圈套的恶性事件的发生。收集信息过程中，一定要了解清楚信息来源的准确性、真实性。

2. 实用性、针对性

首先，要充分认识自己；其次，根据自己的专业、特长、能力、性格等方面的综合因素收集信息，避免范围过大，且对自己而言实属无法利用的无

---

① 张海霞. 金融危机背景下大学生就业心理问题及自我调适［J］. 企业技术开发（学术版），2009，28（11）：123-124，126.

效信息。

3. 系统性、连续性

将各种相关的信息积累起来，然后分析、加工、整理与分类，形成一种能客观地、系统地反映当前就业市场、就业政策、就业动向的有效就业信息，为毕业生择业提供可靠的依据。

4. 计划性、条理性

首先，要明确收集信息的目的；其次，应明确自己所需就业信息的范围，做到有的放矢。概言之，收集就业信息要力求做到"早、广、实、准"。所谓"早"，就是收集信息要及时，要早做准备，不能事到临头再去"抱佛脚"。所谓"广"，就是信息不能太窄，要广泛收集各个方面、不同层次的就业信息。除了关注自己预先设定的目标，收集有关地区、行业和单位的就业信息外，还应收集"后备信息"，以免在求职受挫时感到无所适从，造成被动。所谓"实"，就是收集的信息要具体，用人单位的地点、环境、人员构成、生活待遇、发展前途，对新进人员的基本要求、联系电话等各方面信息掌握得越具体越好。所谓"准"，就是要做到收集信息准确无误。

（五）获取求职信息的渠道

就业信息来自社会各个领域，如果单靠毕业生自己到处找单位或盲目散发求职信，难免四处碰壁、毫无收获。所以，毕业生要善于利用各种渠道，通过各种途径收集信息。这些渠道和途径主要有以下5个：

1. 通过学校就业主管部门获得信息

学校毕业生就业办公室或毕业生就业指导中心是获取用人单位信息的重要渠道，同时会及时传至各系，或发布在学校就业网的招聘信息专栏中。他们提供的信息无论是数量还是质量都有明显的优势。通过学校就业办公室获得的信息针对性强，可信度高，成功概率大。

2. 通过其他毕业生就业指导机构获得信息

全国高等学校学生信息咨询与就业指导中心、各省（区、市）的教育厅也有毕业生就业指导机构。这些机构的一项重要任务就是与毕业生和用人单位沟通，提供就业咨询服务。

3. 通过社会各类人才市场获得信息

随着社会主义市场经济的发展，我国人才市场中介机构也应运而生，毕业生不仅可在那里了解到各类不同的职位需求，而且可为自己找到极好的提高面试水平和增强面试自信的机会。

4. 通过各种类型的"人才交流会""供需见面会"获得信息

这类活动有的是学校主办的，有的是当地毕业生就业主管部门组织的。因为是供需双方直接见面，毕业生不仅可以通过见面会掌握许多用人信息，而且可与相互满意的单位当场签订就业协议。

5. 通过网络、报纸、杂志、广播、电视等媒体获得信息

毕业生不仅可以自由地从互联网上获取各种职业信息，而且可以利用互联网把自己的简历传到网上。每年大学生毕业就业之际，报刊、杂志上经常会刊登一些关于大学生就业的指导信息，这些信息从不同侧面和角度反映了当年大学毕业生的需求情况。

（六）就业信息的筛选及运用

1. 就业信息的筛选

由于就业信息的来源和获取的渠道不同，内容也会存在虚实兼有的情况，因此，对收集到的信息进行去粗取精、去伪存真的整理、筛选，就成为使用信息的必要前提。筛选就业信息是指求职者将收集到的就业信息根据个人的实际情况进行有针对性地排列、整理和分析，以保证就业信息的准确性、科学性和有效性。

（1）科学的分析和取舍。对所获得的一切就业信息进行分析鉴别，科学取舍。分析行业信息包括3层含义：一是可信度分析，一般来讲，学校毕业生就业管理部门提供的信息可信度比较高，而通过其他渠道收集到的信息，由于受时间性或广泛性影响，还需要进一步核实，才能判断其可信程度。二是有效度分析，对信息的可用性进行鉴别，如该信息是否与自己的兴趣、特长、专业、爱好，甚至收入、工作环境、地域等需求相符，更要注意用人单位对生源地、性别、学习成绩、个人素质等各方面的要求。三是内涵分析，内涵分析包括用人单位的性质、要求，以及限定条件等。通过分析，对就业信息去粗取精，剔除无用的信息，保留与自己的兴趣或专长有关的信息。

（2）分清主次。在对就业信息进行取舍的同时，还要将信息按与自己相关的程度进行排序，重点信息优先，一般信息仅供参考。如果主次不分，就会因为在并不重要的信息上浪费过多的时间和精力，而导致错过择业的最佳时机。只有把握重点、赢得时间，才可能抢占先机。

（3）深入了解。对于重要信息，应寻根究底，收集相关资料，仔细了解信息的具体内容。如某一职业岗位的历史、现状、前景、要求条件等。对

该职位的待遇、进修培训、晋级晋升等信息要通过合适的方式侧面了解。了解得越深，分析得越透彻，就越能准确找到适合自己的职业。

2. 就业信息的运用

收集信息、分析筛选信息的目的是为了最终的运用，就业信息的运用包括自己运用和分享给他人两个方面。

（1）自己运用信息。筛选信息的主要标准是是否适合自己，无论信息的准确性、及时性、有效性多高，如果不适合自己，那么它就没有价值。大学毕业生在择业时，要将自己的实际情况与就业信息进行认真的对比衡量。

（2）分享给他人。收集到的信息中会存在有些信息对自己没用，但对他人可能十分有用的情况，遇到这种情况时，可将其分享给他人使用，这不仅是对他人的帮助，同时也增加了与他人交流信息的机会。通过这种交流，也许会从别人手中获得对自己有益的信息。

（3）结合自身特点选择适合自己的就业信息。毕业生在择业以前，必须要对自己全面认识，并做出正确的自我评价，不但要清楚自己想干什么，更要弄明白自己能够干些什么，要清楚自己的兴趣爱好、气质特征、性格特征、基本素质、专业知识、技术能力等。在此基础上，求职者可以从以下两方面入手来判断这些就业信息是否适合自己：一是专业特点，即从自己所学专业的角度选择信息；二是兴趣爱好，就是根据自己的兴趣爱好选择信息。

二、大学生就业的主要途径

（一）即时就业

即时就业是指大学生在毕业之前、通过学校推荐或自行参加招聘会，与用人单位签订就业协议，毕业时即到签约单位就业的方式。即时就业在当前的就业环境下，对于提高大学生的自信心，积累工作经验都是很有帮助的。大学毕业生实现即时就业的方式也呈现出多元化趋势，主要表现为以下两种：

1. 自主择业，双向选择

供需见面和双向选择是毕业生择业的重要方式。每年11月20日后，各高等院校陆续开始举办用人单位和毕业生供需见面会，毕业生和用人单位经过双向选择相互确定后，签订毕业生就业协议书；或者毕业生直接进入用人单位实习，待毕业后，正式签订劳动合同，成为该用人单位的正式员工。

2. 参加国家公务员考试，被录用就业

我国对国家机关行政人员实行公务员制度，国家每年都会招考公务员，因此，报考国家公务员也成为部分大学生就业的渠道。国家行政机关录用公务员，采取公开考试、严格考察、平等竞争、择优录取的办法。国家公务员录用考试包括笔试和面试两个环节。考试的内容根据公务员应具备的基本能力和不同的职位类别分别设置。一般考试内容包括公共科目和专业科目，其中公共科目包含"行政职业能力测验"和"申论"；专业科目依据不同职位类别分别设置。由于就业形势严峻，以及公务员工作具有相对稳定等特点，当前参加公务员考试的大学生越来越多，竞争也越来越激烈，多人竞争一个岗位的情况屡见不鲜。

（二）自主创业

创业是指大学生毕业后不是寻求工作，而是选择自己或与他人合作创办公司。自主创业成为目前大学毕业生一种新的就业途径。它将大学生从一个雇员提升到雇主的位置，同时，也对大学毕业生的知识、能力和综合素质等方面提出了更高的要求。相对来说，要实现自主创业，大学生应具备自我认知及培养科学规划、团队管理、谈判、处理突发事件、学习、社会交往等多种能力。为支持大学生自主创业，国家各级政府出台了很多优惠政策，涉及融资、开业、税收、创业培训、创业指导等诸多方面。根据国家有关规定，应届大学毕业生创业可享受免费风险评估、免费政策培训、无偿贷款担保及部分税费减免四项优惠政策。

（三）升学深造

升学深造主要包括参加研究生考试、普通高校专升本考试、成人高考、对口升学考试、高等教育自学考试等。大学生通过深造，一方面，可以提高自身学历层次；另一方面，也能缓解社会就业压力。但是无论是就业还是考研，都要理性选择，不可盲目跟风。每个大学生的学习、身体、经济等方面的条件都是不同的，关键是要结合自己的特点，以及未来职业规划，做出适合自己的选择。不管选择就业还是考研，都必须要端正位置、调整心态，只有这样才有利于自身的发展。

（四）国家项目就业

国家项目就业是指大学生通过参加国家、地方就业项目来完成就业的一种方式，如大学生服务西部志愿者、"三支一扶"、农村教育硕士、一村一名大学生工程等。这些项目不仅可以解决当前就业的难题，而且还可以让"高知阶层"深入农村，成为发展边远地区、缩小城乡差别和区域差别、促进社会全面协调发展的长远战略。

（五）灵活就业

灵活就业包括自由职业、意向就业、自主创业等，例如作家、自由撰稿人、翻译工作者、某些艺术工作者等。与传统的就业模式相比，灵活就业具有灵活性强、自由度大、适用范围广、劳动关系比较松散等特点。灵活就业在一定程度上不同于正规的全日制工作，当事人与用人单位之间也没有稳定的劳动法律关系，它的工作内容与收入相对不稳定。同时，由于这类工作的"非强制性"，也要求当事人有很强的自觉性。

（六）出国留学与就业

"出国"包含留学与就业，它是中国改革开放不断深入和中国加入世界贸易组织的必然结果。出国留学，指的是大学生毕业后去其他国家继续学习。要想出国留学，必须参加对应的出国留学考试，如托福、雅思、美国大学入学考试（ACT）等，考试通过后申请就读的大学与专业。出国留学不是一种"时尚"，它不仅对于当事人家庭的经济条件是一个考验，也是对个人生活、生存能力的一种考验。一般出国劳务也称劳务出口，主要是指劳务出口国（输出国）向劳务进口国（输入国）提供劳动力或者服务。劳务输入国主要以发达国家为主，如美国、德国、法国、瑞士、加拿大等；劳务输出国以发展中国家居多，如巴基斯坦、印度、菲律宾、中国等。一般情况下，大学生可以从电视、报纸、网络等媒体获得各种招收出国劳务人员的信息。申请出国就业（出国劳务）必须具备如下条件：符合进口国需要的专业技术技能，良好的道德修养，遵守进口国的法律和劳动纪律；健康的身体，能够适应进口国的气候条件和劳动环境；必要的语言能力，尤其是直接和外方沟通的外语水平。

（七）延时就业

延时就业是指大学生在毕业时，暂时未找到满意的工作或由于其他原因，暂缓找工作或先回家庭所在地，然后再就业的就业方式。对最终需要踏上工作道路的大学生来说，可以延时就业，但不能一直延时。对于大学生来说，未及时就业，容易给别人留下"就业期望值过高"或者"自身素质不强"的印象。有的大学生在择业过程中存在"等""靠"思想，导致"延时就业"，形成"不就业"的情况，只好回家依靠父母积蓄，过"啃老"的生活。

第三节 就业心理的调适及求职能力

大学毕业生在离别母校踏入社会之前，最重要的就是心理的调适和转变，将会遇到比以往任何时候都复杂的问题和困惑，每个人都要接受心理素质的考验。因此，大学生不仅需要具备扎实的理论基础、良好的思想道德素质，更需要具备良好的心理素质，并且要掌握以下求职应聘的技巧和能力。

一、毕业生常见的心理问题

当毕业季来临之时，大学毕业生面临的首要问题就是就业。而因就业压力而引起大学毕业生心理焦虑的问题十分突出。近年来，几乎在每到毕业季，就会有大学毕业生因就业问题而产生心理问题，但由于没能得到及时的发现和疏导而引发了悲剧。

总的来说，就业压力是大学毕业生出现心理焦虑、产生心理问题的大敌之一。大学毕业生因就业压力而产生的心理问题，其所表现出的外在行为是多样的，所产生的后果也是不同的。

（一）紧张焦虑心理

应届大学毕业生矛盾的心理是既希望找到理想的职业，又担心被用人单位拒之门外，对未来要面对的工作和职业充满恐惧。因此，焦虑在就业过程中一直存在。这种心理容易造成精神上紧张、焦虑不安、意志消沉、情绪亢奋、茫然不知所措，影响找工作的状态，造成就业难的状况。

（二）盲目从众心理

从众心理是大部分应届毕业生的特点，大学生习惯了在学校的群体生活，找工作的时候不去想是否和自己的专业有关，是否适合自己，是否是自己将来要发展的方向，往往不能发挥自己的优势，从而失去了良好的就业机会。

（三）自负自大心理

部分大学生过高评价自己的情况，认为自己经过了 4 年的艰苦学习，已经掌握了很多的文化知识，认为高工资、高待遇、高地位是理所当然的。而没有认识到自己掌握的理论知识也许并不能够满足工作需求，工作中需要的是更多的实践知识，结果就造成了好工作找不到，一般工作嫌不好的局面，从而造成就业难的问题。

（四）虚荣攀比心理

有的大学生在择业时，缺乏对自我的客观分析，不是从自己的实际情况出发进行择业。是以比同学的工作好为标准，即使有单位非常适合自身发展，但因个人能力不足，最终彷徨放弃，从而失去很多的就业机会。

（五）依赖外界心理

有的大学生缺乏自立的能力，在找工作的时候，一味地依赖学校、依赖父母寻找就业单位，而自己总是一味地等，希望一旦落空，往往会产生极大的心理落差，甚至会出现很极端的行为。

（六）求稳求闲心理

一些大学生在求职时抱着清闲、自在的心理，希望找到轻松、稳定、薪水高、待遇好的工作，宁可待业也不选择"艰苦"的工作，缺乏艰苦创业、为人民服务的精神。

（七）被动求职心理

有的同学在求职的过程中总是在郁闷抱怨中度过，或者只是一味等待有"好"工作自动找上门来。在求职的道路上，没有人会主动找你，这就要求我们必须主动地进入求职市场，充分发挥自己的主观能动性，把自己的优势展示给招聘者，积极适应形势的变化，由被动求职转变为主动进攻。

二、毕业生心理准备

（一）角色转变的意识

毕业生在就业准备期，最重要的就是要转变角色，主要是指由一个学生转变为一个现实的社会求职者。根据生涯发展理论，当一个人处于不同的年龄阶段，从事不同的社会职业，都须扮演不同的社会角色。大学生角色是作为受教育者不断学习、完善自己的过程；职业角色是用自己已经掌握的本领，通过工作为社会做贡献，以自己的行为承担社会责任的过程。大学生往往沉浸在学生时期的角色，而一时不能适应新的社会角色。对于这个时期，正确的做法是抛开浪漫、抛开幻想，正视自己所面临的角色改变和"严酷"的社会现实，实事求是地面对就业这样一个现实问题。摆正自己的位置，及时地进入求职状态，认识社会、了解社会，以自身的实力积极主动地去适应社会需要，在选择社会职业的同时，也接受社会的选择，正确地迈出人生这关键的一步。

（二）积极参与竞争的意识

近几年，我国大学生的就业形势越来越严峻，竞争压力越来越大。为此，即将毕业寻找工作的大学生必须增强竞争意识，破除"等、靠、要"心理，积极主动地参与到求职竞争中。竞争已经成为当今社会运作的一种方式，每个人都要主动或者被动地参与到竞争中去，在竞争环境中，为赢得竞争优势，必须要有主动竞争的意识。长期以来，学校的竞争体制更多地表现为被动竞争，学生自身的竞争意识并没有得到真正的强化，有的大学生面对竞争挑战显得手足无措。而现实社会则对大学生强化竞争意识提出了迫切要求，也提供了客观环境。

（三）正确认识求职的困难

大学生的生理与心理发展存在不同步性。处在这个时期的青年多幻想、好冲动，接受事物快、自我意识强。大学生的生理发育已成熟，但也有一部分学生心理发育还不够成熟、不稳定，再加上他们的知识结构不完善，每个人的生活体验又有差别等因素，因而其个性心理特征有较大差异，在求职择业中就会表现出心理活动的复杂性和矛盾性。毕业生要正确认识自己当前的心理状态。

（四）要有"先就业后择业"的心理准备

首次择业成功的几率较低。目前，我国人事制度正在进行着较大的改革、人才流动的机会将越来越多，大学生就业后还可以有更多的择业机会。因此，大学生要做好"先就业后择业"的心理准备。

（五）尊重个人选择和社会需求

大学生在择业时既要根据自己的兴趣爱好、专业特长、实际能力、性格气质、家庭情况等去确定职业选择，同时，也要认真了解社会对所学专业的需求情况，要以自己所长择社会所需，以实现职业理想。要对自己的择业要求做调整，可以按自己对职业位置期望的主次分成不同的层次，首先满足主要需求，然后根据实际情况依次进行必要的调整，直到个人意愿与社会需求两者相吻合。在求职择业时，那种"一厢情愿"的心态是要不得的，有些人在衡量了自己各方面的情况后，以为完全符合用人单位的条件，满怀信心地期待被录用，而当结果相反时，心里非常难受，甚至产生种种想法。其实，选择是双向的，这个单位之所以没有选你而选择其他人，原因是多方面的，你并不清楚其中原委，但还是要尊重单位的选择，以一颗平常心对待，争取抓住下一次机会。

（六）做好重发展、重锻炼的心理准备

刚离开校门的毕业生应该珍惜锻炼的机会，只有在工作实践中，你的能力才能得到提升，有了能力才有择业和发展的机会。单位对你来说是一个发展的舞台，因此，如果想实现自己更大的价值，应该把这个舞台是否有利于自身发展作为就业择业考量的重要标准，至于待遇、工作条件等都是次要的。从是否有利于个人发展来说，一些新办企业或者规模还不是很大的企业可能更有利于个人的发展。

三、大学生心理调适

心理调节方式，是指个体运用心理学的原理和方法，根据自身发展和环境的需要对心理进行调节控制，促使自己的心理和行为获得积极的改变，从而最大限度地发挥人的潜力、消除心理障碍、维护心理平衡的过程。[①]

（一）增强大学生的心理健康意识，提高自我调适的自觉性

在求职过程中，大学生应当充分认识心理调适的作用，通过自我调节与

---

①周悟，赵道飞．浅论大学生就业心理问题的表现与调适［A］//曾小春，李懋．经济发展与管理创新：全国经济管理院校工业技术学研究会第十届学术年会论文集．北京：中国商务出版社，2011.

控制，去改善自己的心境，提高自我调适的自觉性，选好就业方向，通过自己的努力顺利就业。

（二）常见心理调节的方法

1. 自我反省法

当遇到困难和挫败的时候，要冷静对待，控制心境，不要冲动和急躁。然后摆脱干扰，仔细分析是自身的原因还是其他因素；冷静思考有利于稳定情绪、找出原因，还有利于有针对性地解决问题①。

2. 转移法

有些时候，不良情绪是不易控制的，这时可以采取转化的办法，把自己的关注度转移到其他活动中去，如进行适当的体育运动等，使自己没有时间和可能沉浸在不良情绪中，以求得心理平衡，保持自己的稳定情绪。

3. 宣泄法

因挫折造成焦虑和紧张时，消除不良情绪最简单的方法莫过于宣泄。切忌把不良心情埋藏于心底，忧虑隐藏得越久，受到的伤害就越大，较妥善的办法是向同学、朋友、老师倾诉，一吐为快，求得安慰、疏导、同情，甚至可以向亲友痛哭一场。

4. 慰藉法

在求职过程中遇到我们无法改变的事实时，可说服自己适当让步，不必苛求，告诉自己"失败乃成功之母""退一步海阔天空"等，找一个自己可以接受的理由，让自己保持内心的平静，告诫自己在择业中遇到困难在所难免。

5. 沟通法

当你对择业产生迷茫、担心和焦虑时，最好不要自己独自承担，你可以找家人、老师和同学进行倾诉，并听一听局外人对于这个情况的建议和看法，这样能够缓解自己的压力，让自己放下包袱，进行理性选择。

6. 自我暗示法

在应聘过程中，可进行积极的自我暗示，自己给自己"打气"、壮胆，如面试前暗示自己"不要紧张""放松""我会发挥得很好""我一定能成功"等。

---

① 周悟，赵道飞. 浅论大学生就业心理问题的表现与调适［A］//曾小春，李懋. 经济发展与管理创新：全国经济管理院校工业技术学研究会第十届学术年会论文集. 北京：中国商务出版社，2011.

（三）树立正确的求职心态

1. 务实的心态

大学毕业找工作，既不能好高骛远，又不能草率选择。在大学期间，就业辅导老师会告诫学生，可以先找一份工作，然后再换工作。这虽无大错，不过对于大学生来说，一定要知道，任何企业在招聘的时候都非常重视工作经历、业绩，以及你曾经工作过的企业规模、性质类型，通过这些经历去发现你的实际工作经验和业绩亮点。我们在找工作的时候要有一个务实的心态，这种务实，不是为了解决生存问题随便找一份工作，而是要有明确的方向。选准目标，"先上车，再选位"。按照既定的目标方向前进。首先，要做好目标定位。大学生最重要的是要有自己的梦想，要有宏伟的目标。职业生涯规划是每一个大学生的必修课，但是我们不可能按照规划一步到位，急于求成。我们要把职业生涯规划变成具体实施方案，拆分为近期、中期、远期和年度、半年、月度的成长发展计划。这样你每天都会有一种进步成长的成就感。其次，是买票上车。有了明确的目标定位，有机会我们就直奔目标，没有机会我们就寻找机会，分步实现，迂回到达。我们既可以乘高铁，还可以乘动车、特快、慢车，只要有决心，总有一天能够到达目的地。这样我们选择岗位的机会就多了很多。最后，是选座位。大学生求职的目标，说简单一点儿，多数人要么创业做老板，要么做职业经理人。我们可以围绕这个总目标来为自己选座位。如果你的目标是创业做老板，你就得全面熟悉企业运作，积累资源。那么你就应该去应聘那些自己感兴趣而且喜欢的中小型企业，不分职位高低、不分部门岗位，"先上车"，再凭自己的能力，刻苦勤奋，找到自己的"座位"。就业后有机会再转岗，接触各个目标部门和岗位，积累丰富的创业资源，实现自己做老板的梦想。如果你的职业规划是做一个职业经理人，那么你就要为实现远大的理想找到好的发展平台。最好是到大企业去锻炼，宁愿从最基础做起，不计较待遇，不追求地位。阿里巴巴的资深副总裁、菜鸟网络的董事长童文红就是一个很好的榜样，过去她就曾经担任过阿里巴巴的前台接待，她是草根阶层成功的典范。大企业在员工培训和企业文化、经营管理方面是比较先进的，员工能够很好地学习系统的业务知识，能够掌握很多先进的管理理念。不过我们应该知道，对于新入职的大学生而言，大企业中人才济济，难以出头；而且分工明确、岗位专业，每个员工的工作都只是其中的一部分，简单、固化而重复，知识面也比较狭窄，时间长了，如果不能提拔进步，就会使人感到厌倦，还会失去晋升和提高管理能力的机会。

2. 市场的心态

2020年，我国毕业的大学生达到874余万人，求职者都想一步到位，找到自己称心如意的工作，可这几乎是不可能的。我们必须面对现实，接受市场的挑战。

要认清市场，改变自己。在薪酬待遇上就低不就高，在工作安排上就重不就轻，同学之间不要攀比，同事之间不要推诿。切忌眼高手低，造成高不成、低不就的状况。如果放低自己的要求，可能会有大把机会。现实的就业市场是我们无法改变的，我们只有下决心让自己适应市场，学着改变自己。尽管心里憋屈，但市场确实无情。千万不要抱怨，认为自己读了十几年书，找工作还不如一个中学生，好像上大学真的没用了。特别是应届大学毕业生，应该有自知之明，要清楚地知道自己最缺乏的就是实际工作经验。说实话，我们刚刚毕业的大学生，多数是说起理论一套一套的，实干却一塌糊涂，而且满腹牢骚，难以管理，一般性的实操工作远远比不上一个熟练工。作为企业，看重的是性价比。大学生接受的是系统的素质教育，拥有比较全面综合的理论知识，通过一段时间的学习培养，我们的接受能力更强、成长速度更快。将来的发展和进步，同样会以性价比来检验，我们应该有足够的信心接受这种现实。同时保持谦虚的态度，低姿态、严要求，脚踏实地，从最基层开始，有意识地进行学习，我们的工作价值和薪酬待遇很快就能够在工作中体现出来，因此，你在企业的地位和薪酬，一定能够达到你的预期目标。

3. 学习的心态

一个人要想成功，必须具备3个要素：学识、见识和胆识。大学里给我们的只是系统的理论知识，不可能原原本本地运用到实际工作中，那么我们必须虚心学习。读万卷书不如行万里路，行万里路不如阅人无数，阅人无数不如名师开路。这些都强调了学习的重要性。我们有机会就业，就不能害怕困难，不能贪图享受，不能三天打鱼两天晒网，干了一阵子就想跳槽。遇到不懂的东西，不要放弃，不要逃跑，要以学习的心态努力工作。不能老是想着自己是什么名牌大学，什么文凭学历，要学会当徒弟、学会吃亏、学会交流、学会沟通、学会感恩；要多听、多看、少说；要静下心来思考，怎样才能熟悉工作，怎样才能超越前辈，怎么才能更快地进步成长。

4. 积极的心态

工作上的积极心态主要表现在工作的主动性、思想的正能量，对待工作不斤斤计较，要追求品质、精益求精，而不是应付了事。红星美凯龙家居集团的董事长车建新，创业初期是几个木匠一起拼搏，但是他的心态积极，为客户提供的服务都是超值的、意想不到的服务。行动和结果就完全不一样，最后的命运当然也就不同了。在日常工作中，积极的心态会体现在很多方面，其中，甘于奉献、不图回报是核心精神。奉献包括工作时间、工作效率、工作态度，以及体力上、精神上、家庭上、感情上等付出，都能够体现出一个人积极的心态。它既可以看出一个人对工作的积极态度，又可以看出一个人的思想境界。

5. 成功的心态

我们说调整心态，关键是我们对自己有没有自信。所以说要有一个成功的心态，对自己要有足够的信心。有了这种心态，每天信心百倍，充满阳光，你就成功了一半。我行！我一定能够成功！成功的心态表现在很多地方，包括外在表现：很多企业的人事或是老板在面试时，非常在意形象和气质。如果一副垂头丧气、蔫头耷脑、失落狼狈的样子，面试官可能连正眼看你简历的心情都没有。因此，我们在面试时，一定要注意自己的形象、言行举止，尽量做到文雅风趣、谈吐自如、充满自信。内在气质：我们要坚信自己一定能够成功，目前只是在选择适合自身定位的工作，这种心理暗示会让我们充满阳光、信心满满，交流沟通时就会精气神十足，举手投足之间气场必然不一般。世界上最可怕的敌人是谁？不是别人，正是我们自己。这个敌人在哪里？在我们每个人的内心。一个人战胜了自己的内心，就战胜了一切。一个应聘者或者是刚入职者，对自己有信心，不仅会激励自己，还会感染别人。

6. 坚持的心态

应届大学毕业生年轻气盛，凭着初生牛犊不怕虎的冲劲，找到工作后，一定能够轰轰烈烈地干一番事业。可是，由于水平问题、能力问题、精力问题、团队问题、关系问题、水土问题，可能工作了一段时间后，就会觉得劳累辛苦、水土不服，感觉受不了，会打退堂鼓，对目前的工作环境不满意，甚至一点兴趣都没有了。有研究表明，应届大学毕业生在半年内跳槽换工作的人数，可以达到1/3以上，而且换工作也很随意，频繁跳槽，最后搞得干什么工作都不如意。

【作业与反馈】

案例分析　　　　　　　　细节决定成败

在一次招聘会上，北京某外企需要招一名有丰富工作经验的资深会计人

【阅读材料】

员，结果却破例招收了一位刚毕业的女大学生。当时，女大学生因为没有工作经验，在面试一关即遭到了拒绝，但她并没有气馁，一再坚持。她对主考官说："请再给我一次机会，让我参加完笔试。"主考官拗不过她，就答应了她的请求。结果，她通过了笔试，由人事经理亲自复试。人事经理对她颇有好感，因为她的笔试成绩最好。不过，女大学生的话让经理有些失望，她说自己没工作过，唯一的经验是在学校掌管过学生会财务。找个没有工作经验的人做财务会计不是他们的预期，经理决定放弃："今天就到这里吧，如有消息我会打电话通知你。"女大学生从座位上站起来，向经理点点头，从口袋里拿出两块钱，双手递给经理："不管是否录用，都请给我打个电话。"经理从未见过这种情况，问："你怎么知道我不给没有录用的人打电话？""您刚才说有消息就打，那言下之意就是没录取就不打了。"经理对这个女大学生产生了浓厚的兴趣，问："如果你没被录取，我打电话，你想知道些什么呢？""请告诉我，我在什么地方不能达到你们的要求，在哪方面不够好我好改进。那两块钱……"女大学生微笑道，"给没有被录用的人打电话不属于公司的正常开支，所以由我付电话费，请您一定打给我。"经理也笑了："请你把两块钱收回，我不会打电话了。我现在就通知你：你被录用了。"

请谈谈你从本案例中得到的启示。

求职技能

【课程目标】

1. 掌握各种求职材料的制作方法和技巧
2. 掌握笔试和面试的技巧和方法
3. 掌握面试过程中的礼仪常识与操作要点

【案例导入】

小齐面试成功的秘密

某校毕业生小齐在一家外企工作，这也是他应聘的第一份工作。与求职中屡屡受挫的同学相比，小齐可以算是成功的。当别人向他讨教经验时，他说，"细节决定成败"的道理在找工作时也适用。小齐应聘的第一家单位是一家保健品企业。那时，公司只招聘客服助理一人。为了顺利进入面试，小齐事先为自己搭配了比较大方得体的衣服，"穿衣服虽是小细节，却体现了对他人的尊重"。面试时，他还特地提前半小时到达，"守约不是大事却能给人严谨的好印象"。面试由总经理亲自主持，是一对一的交谈，小齐刚开始也很紧张，因为与他一起前来的应聘同学相比，他的优势并不特别突出。当主考官要求他"介绍下你自己有什么特点"时，小齐冷静下来。他拿实例回答考官：在学校担任就业工作助理期间，负责协助老师组织招聘会，这对没有任何"关系"的他是一种挑战。她经常从网上挑选、联系、请用人单位，在这个过程中，虽遭遇挫折，却在很大程度上锻炼了他较强的抗挫能力。面试完毕时，他把椅子轻轻搬回原位。这时，主持面试的总经理脸上产生了微妙的变化，并热情地说再见。因为这个细节，他成为唯一被录用的应届毕业生。招聘经理后来告诉她，面试时，考官都会观察应聘者是否迟到。那天他不但没有迟到，还是应聘人员中唯一把椅子搬回原位的应聘者。这个小小的举动为他最后胜出奠定了基础。在日常生活中注重服饰打扮、言谈举止、气质风度、文明礼貌等礼仪，可以给他人留下很好的印象。

点评：大学生在求职过程中更要注重礼仪，因为礼仪可以反映出一个人的品德和修养。由于对礼仪知识的缺乏或是对礼仪的不重视，导致应聘者求职失败的案例屡见不鲜。在求职中，一个仪表出众、懂得礼仪的人，更容易得到他人赏识，获得更多的机会。

【理论知识】

第一节　制作求职材料

求职材料是求职者与用人单位沟通的第一份有形载体，它可以向用人单位准确清楚地传递求职者的相关信息，也是求职者获取面试机会的重要材料。所以，求职材料应该是真实、全面反映求职者基本情况的文本。制作求职材料是毕业生求职的一项基本技能。

一、求职材料应有的内容

一份完整的求职材料应包括下列6个方面的内容：

（一）封面

封面制作一定要有特色。封面上要突出求职者的基本信息，包括毕业院校信息、专业背景、学历层次、姓名、联系方式等，以便用人单位在收到求职者简历的时候，就会对其有一个最初步的认识，也便于用人单位在需要的时候不用再翻开他的简历。

（二）个人简历

简历是个人形象的书面表述。对于求职者而言，是一种必不可少的应用文。

（三）推荐表

由学校统一发放的"毕业生就业推荐表"是必须附在求职者的求职材料中的（注：推荐表原件只提供给正式签约单位，作为一般材料投送时只使用复印件）。

（四）课程成绩汇总表

很多单位在招聘过程中比较看重应聘者在校期间学习的课程和成绩。因此，在求职材料中提供一份详细的成绩单是不可或缺的，这份成绩单应该体现求职者大学在校学习期间的所有课程及成绩。成绩单要加盖学校公章。

（五）获奖证书复印件

在附复印件的同时，最好同时准备好原件，以备查询。

（六）其他支撑材料复印件

这部分一般是技能证书、实践实训的相关材料、参与社会工作的相关证明材料、参加学校社团活动的相关材料。这些材料是高职毕业生的特色所在，一定要注意整理收集，不同单位的招聘和录用会有不同的侧重点，因此在制作这些材料的时候，要根据需求灵活处理。

二、求职材料的填写要求

（一）内容真实，格式规范

自荐材料的内容应全面，突出重点，尤其要注意的是自荐材料内容真实，切忌弄虚作假。同时，自荐材料在格式设置方面应尽可能统一、规范，不用特殊生僻的字体，字号大小应符合日常公文的要求，给用人单位以良好的印象。要做到自荐材料既要全面反映自身的基本情况，又要反映出自己的求职目标与意向等内容。

（二）突出个性，针对性强

由于不同的用人单位对求职者要求不尽相同，求职材料的准备也要根据不同的单位有所差异。下面分别介绍4种不同类型单位对自荐材料的要求：

（1）如果想去"三资"企业单位，那么最好准备中英文对照的自荐材料。

（2）如果想去少数民族地区择业，能用民族文字撰写自荐材料效果则会更佳。

（3）如果想去广告设计类企业，那么自荐材料最好能体现出求职者的个性和创意。

（4）如果想去文化类企业，那么其自荐材料最好能体现出较好的文字功底。

（三）设计美观，杜绝错误

自荐材料无论是手写还是电脑打印都要注重大方、整洁和美观。除了设计的美观性外，自荐材料最重要的一点是要杜绝错误，尽量避免语法错误、错别字、标点符号错误或印刷错误。因为任何一个小小的错误都可能会给人留下不认真、不负责的印象。

三、就业推荐表的准备

就业推荐表是学校为毕业生统一设计、印制的求职材料，由以下3部分组成：毕业生本人的情况介绍、毕业生所在院系的推荐意见、毕业生所在学校就业主管部门的推荐意见。用人单位往往对就业推荐表比较重视，在发给学生录用通知或正式签约前一般要求提供该表的原件。该表要求手写，毕业生在填写的时候应认真仔细、字迹工整、内容真实。

四、自荐信的准备

自荐信也称求职信，是毕业生向用人单位自我推荐的书面材料，是毕业生求职材料中的重要内容。可以根据用人单位的要求写自荐信，目的是为了获得面试的机会。自荐信和个人简历一样，都是用来把自己当作一件商品推销出去的一种推介函件。招聘人员只有在看了你的求职信和个人简历之后，才能决定是否让你参加面试。因此，写求职信最根本的目标在于争取到获得面试的机会。

自荐信的格式一般由标题、称呼、开头、正文、结尾、致敬语、署名、日期等部分组成。

1. 标题

标题是自荐信的标志和称谓，要求醒目、简洁、美观，要用较大字体在求职信上方标注"自荐信"或"求职信"3个字。

2. 称呼

一般来说，收信人应该是单位里有权录用你的人，要特别注意此人的姓名和职务，书写要准确，万万马虎不得。假如对用人单位有关人员的姓名不熟悉，那么在求职信中可以直接称呼阅信人的职务头衔，称谓后的问候语一般应为"您好"，而非"你好"。另外，一定要注意，称呼之后用冒号，而不能用句号。

3. 开头

开头部分主要说明写信缘由，表达求职愿望，求职信要有吸引对方的开头语，力争在几秒钟之内抓住对方的注意力，使其有兴趣读下去。招聘单位可能会同时收到几百封求职信，不醒目或过于烦琐的开头会使对方感到厌烦。因此，切忌离题万里，让对方产生厌烦情绪。开头语一目了然，要言不烦。

4. 正文

正文部分是求职信的重点，要简洁而且有针对性。正文部分要做到重点突出、理由充分、言简意赅、语气自然。

5. 结尾

结尾部分主要是进一步强调求职的愿望。就愿望而言，可以是希望明确答复。语言表达应注意用语恰当、得体，以免给用人单位留下不良印象。

6. 致敬语和落款

信末一般要采用向对方致敬的词语，即正文结束后，紧接着在下一行空两格写上"此致"两个字，后面不用标点符号，再转到下一行顶格书写"敬礼"二字，后面用感叹号，用这种方式表示对对方的尊敬。致敬语写得贴切，可以显示你的礼貌。

五、简历的制作

【阅读材料】

个人简历是求职者的名片，制作个人简历是大学生在求职路上迈出的第一步，也是关键的一步，简历水平的高低决定着求职者能否得到面试机会。也可以说简历是大学生生活和学习的一个缩影。通过简历可以让用人单位进一步了解求职者的工作经历、受教育程度、兴趣、特长等情况。

（一）个人简历的格式

常用的简历有两种格式。一种是顺序法，按时间的先后列出自己的学习、工作、培训方面的经历。另一种是倒序法，把最新最近的学习、工作、培训经历写在简历前面。这种简历写法比较突出重点，容易受到人力资源管理者的青睐，因为毕竟人力资源管理者阅读简历的时间有限，需要用最短的时间筛选出一个人是否有进一步接触的价值。

（二）个人简历的类型

个人简历通常有时间型、功能型、专业型、业绩型、创意型和复合型。最普通也是最直接的是时间型和功能型结合的复合型简历，这种简历清晰、简洁，便于招聘单位阅读。

（三）个人简历的内容

个人简历可以表格的形式，也可以其他（文字叙述）形式来撰写，表格的形式更为常用。个人简历一般应包括以下6个方面的内容：

1. 求职意向

想做什么，能为用人单位做什么。

2. 个人概况

包括姓名、联系地址（包含邮编）、联系电话（最好是手机号码）、电子邮箱、性别、出生年月、年龄、籍贯、民族、身高、政治面貌等。

3. 与学业有关的内容

内容包括：何时、何地在何类学校学习，所学专业、专业证书、外语及计算机掌握程度等。

4. 实践活动

实习实训是高职学生的特色所在，一定要认真展示，包括实习实训的名称、时间、取得的成绩。这是高校大学生要特别重视的内容，包括实训实习、社会实践、志愿者工作、学生会工作、团委工作、社团等其他活动。

5. 技能与特长

与职业素质有关的特长，如组织协调能力、人际交往和沟通能力、计算机水平、外语水平、驾驶技能、文艺体育才能等。

6. 奖励和荣誉

大学期间获得的奖学金、荣誉称号，如优秀学生干部、三好学生等，以及社会实践活动中获得的表彰等。

（四）简历编写的基本原则

个人简历虽然没有固定的格式，但在填写过程中也应遵循一定的规则。写简历要遵循其原则：内容一定要真实、层次分明、突出重点、简明扼要，

个人简历模板

尽量陈述有利条件以争取面试机会。

1. 简明扼要

目前，由于用人单位是卖方市场，他们的每一个招聘岗位都会收到成百上千份个人简历，要在这样厚厚一摞表述同一意愿的简历中进行选择，其工作量是可想而知的。在这种前提下，个人简历的简明扼要就显得尤其重要，尤其是第一页的表述很关键。在个人简历的第一页，应重点突出与职位有关的信息和个人强项，如应聘岗位、希望待遇、名牌院校、抢手专业、较高学历、优良业绩、实习经历、风霜阅历、风采照片等，使招聘单位感兴趣的内容一目了然。

很多应届大学毕业生往往将一封求职信放在第一页，这是不可取的。可以说，这封情真意切、实际上大同小异的求职信往往阻碍了人力资源经理对应届毕业生第一印象的迅速、直观了解，这样的求职简历很可能会成为第一批被丢弃的对象。很多人的求职信就像公文，千篇一律，送给哪些单位只需换个称呼就行，让人感觉他对应聘的公司一无所知、诚心不够，自然很容易被拒之门外。

2. 情况相对真实

个人简历中反映的情况一定要是真实的，这体现出一个人起码的诚信素质。有些即将走出校园的应届大学毕业生为了吸引招聘单位的注意力，故意编排了一些个人工作经历、工作职位、在校成绩、社团工作等来表现自身的素质和能力，这对于那些经验丰厚的人力资源经理来讲，往往显得幼稚可笑，反而成为减分项。即使这些事项吸引了招聘经理，在简历筛选过程中瞒天过海，但因为编造者本身没有经历过、思考过甚至听说过，这些事项在第二轮面试中往往成为他们的滑铁卢，最终也逃脱不了被淘汰的命运。

3. 层次清楚

一份个人简历涵盖的内容很多，主要有以下6个方面。

（1）个人基本资料。包括姓名、年龄、性别、籍贯、通信住址及联络电话等。

（2）应征工作事项。包括应聘部门及岗位、希望待遇等。

（3）教育程度。包括毕业院校、所学专业、培训状况、资质状况等。

（4）专长与相关经历。包括专业素质与专长、语言能力、社团工作经验、实习经历等。

（5）自传。

（6）附件等。

在个人简历中，应该先谈什么？再谈什么？企业感兴趣的东西要放在哪里？如何突出自己的优势与特色？对于这些林林总总的几十个事项，如何将其层次清晰、逻辑合理地编排在一起？这些是需要应届毕业生动脑筋思考的问题。

4. 整洁大方

在这个彰显个性的年代，许多应届毕业生为了突出自身特点，将简历设计得色彩缤纷，其实包括广告公司应聘设计师岗位在内，对简历的要求一样是洁净大方、清爽宜人，个性设计也不应违背洁净大方原则的内容，你尽可以在附件中开设一个栏目，详尽地介绍自己的设计作品，一展设计才华，但在简历的正文中必须避免浮夸。

5. 第一印象与众不同

简历给人的第一印象很重要。很多时候，企业中的人力资源管理者负责在数百数千份简历中遴选可以面试的人选，除了面对一堆千篇一律的简历之外，对应届毕业生的其他信息一无所知。甚至可以说，在第一次遴选中，工作人员往往是凭借第一印象进行选择。纵使你有千万能量，如果在第一轮就被淘汰，连面试的机会都不存在，就实在太可惜了。而且，将简历设计成给予企业与众不同的第一印象很简单，如采用纸张的与众不同、尺寸大小的与众不同、颜色基调选择的与众不同、内容表述方式的与众不同等，这里需要指出的是，不要为了与众不同而违背了上面讲到的简明扼要、洁净大方的原则。

6. 突出重点

企业的多样性，决定了相同岗位对拟招聘人员要求的多样性。比如同样是招聘前台（Reception）岗位，美资企业要求英语口语流利，德国企业则要求德语口语流利。同样是招聘市场销售人员，保健品企业要求青春健康，保险企业则会要求诚恳稳重。所以应届毕业生在撰写和设计个人简历时应尽可能具有针对性。

7. 不可以出现错字、别字

一份个人简历的字数最多不超过5000字，一般为1000～2000字，甚至只用一页纸就可以表达清晰的几百字。一般情况下，负责招聘的工作人员大都出身文职，对于文字较为敏感，错字、别字一旦出现将分外刺眼。对于英文个人简历，处理软件都有拼写检查，应届毕业生实在没有理由拼错，否则招聘人员会觉得这位求职者连最基本的事情都做不成，那他还能做好什么？

（五）简历填写的要求

个人简历对于求职者获取初步面试极其重要，因此，在填写简历时一定要真实，符合自己的情况，保证简历的内容都是属实的。同时，也要注意相关的填写要求。

1. 个人基本信息

个人基本信息主要包括：姓名、性别、出生年月、身体状况、政治面貌及自己的联系方式（包括通信地址、联系电话、电子邮件）等。一般来说，填写个人基本信息时，应讲究条理性和点到即止，关键信息写出即可，不要让招聘者感觉个人信息比"户口本"还详细。

2. 求职意向

希望从事的行业与职位一定要写清楚，以使用人单位了解求职者从事该行业的决心。在填写求职意向时要直截了当地表明应聘职位，如"求职意向：行政助理"。

3. 教育背景

"教育背景"对大学毕业生的求职简历来说是排在第一位的重要信息，包括毕业学校、所学专业、学位等。填写时，注意时间上应该是倒序，即把最近获得的学位或最高学历、学位写在前面，即大学—中学、博士或硕士—学士，以及所学专业等。

4. 主要课程

毕业生应将在校学习的主要课程（主修课、辅修课与选修课）进行罗列，尤其是体现与所谋职位相关的学科和专业知识。当然，不必面面俱到，如果用人单位对你的大学成绩感兴趣，还可以给他们提供全面的成绩单，不需要在求职简历中过多地描述，做到有的放矢。为了强调专业特长，尤其是特殊专业，也可以把与应聘工作相关的课程集中起来，特别是专业课程，以使用人单位能够一目了然，选择到他们所需的人才。

5. 工作实践经历

工作经历是简历中的重中之重，无论是全职还是兼职、是在校实习还是社会实践，或是发表的论文还是研究成果等，都可以是工作经历、社会活动和课外活动。近年来，越来越多的用人单位渴望招聘到具有一定应变能力、能从事各种不同性质工作的大学毕业生，尤其是商贸性公司、国家机关等。在这些社会活动中，你的责任心、协调能力、社交能力及人格修养将得以充分展示，所以社会实践活动和课外活动，对于仍在求学且尚无社会经历的毕业生来说，是应聘时一个相当重要的内容。勤工俭学经历，即使勤工俭学的经历与应聘职业无直接关系，但打工赚钱可以显示你的意志，并给人留下能吃苦、勤奋、负责、积极的好印象。而生产实习则提供了学生理论联系实际的机会，可以增加阅历、积累工作经验。描述该内容时，应尽可能写得详细、具体，并强调取得的收获。如果入学前有较多工作经验，也可有选择地列出与应聘职位有关的经历。书写的内容一般包括：职务、职责及业绩。其中，工作成就一定要用数字量化表达，让人感到你的真实经历，避免使用许多、大量、一些、几个这样模糊的词汇。

6. 获奖情况

在校期间获得的各种奖励、奖学金或其他荣誉称号是学生生活中的闪光点，应列举出来，如果多次获得多项奖学金，也可一一列出，以增加分量。但需要注意的是，在罗列奖项时一般应采用时间倒叙的形式，或者按使用价值从大到小的顺序进行排行。

7. 能力、特长

能力、特长应包括教育培训的程度，因为教育和培训可以转化为能力、特长。能力是求职择业和事业成功的重要保证。能力包括的内容很多，主要有两个方面：一是思维能力。主要包括思维的独立性、抽象性、敏锐性、批判性、创造性、灵活性等诸多能力。二是工作能力。主要包括言语表达（包括外语）能力、写作能力、学习能力、专业能力及发明创造能力等。如果重新谋求某个职位，求职者还应分析自己的工作成绩和不足，以便在求职时扬长避短。

8. 兴趣与爱好

兴趣是爱好的推动者，爱好是兴趣的实行者，人们对职业的选择往往以自己的兴趣和爱好为出发点，这就更应该认真分析自己的兴趣和爱好。例如，在工作、学习之余，爱好读书还是旅游、爱好跑步还是打球、是爱好舞蹈还是音乐等，这些是在求职择业前必须考虑的因素。因为有的职业需要某种兴趣爱好，而有的职业则明确禁止和反对某种爱好。如果没有兴趣爱好也可不写，可直接描述你的性格特点。性格特点与工作性质关系密切，所以，用词要贴切，以尽可能地展示你的品德、修养或社交能力及协作能力等为宜。

9. 自我鉴定

自我鉴定，一般是概括自己的突出优势、工作态度或座右铭等。表达不能太啰唆，应言简意赅，力求有总结升华的效果。

（六）简历编写的技巧

编写简历是一门艺术，许多求职者因不会编写简历而在求职中惨遭淘汰。那么，如何编写简历，才能让自己的简历在众多简历中脱颖而出呢？其实，一份好的简历除了版面清晰规整、内容有针对性外，还应运用技巧，这样才能打动招聘者。

1. 一页为宜，针对性强

应届毕业生基本都还没参加正式工作，所以经历有限，一般一页简历就能将各方面情况清楚说明。如果经历较丰富、较为出色的同学，采用两页简历也足够了，如果超过两页，很可能说明你的信息中无用的内容太多，例如，应聘销售岗位的简历，着重表达自己的销售能力和最终成果，对于自己曾经的科研经历和能力及成果就当作绿叶，衬托下即可，不必浓墨重彩。总之，简历要针对不同岗位的能力要求，突出自身的优势及能力。例如，实习经历如果特别多，要有所取舍。人们常说"积少成多"，那么在填写简历的实习经历时，是不是写上越多的经历越好呢？显然不是经历越多越复杂就越好。大部分学生所做的实习都是和专业或者求职相关的，一般人的实习经历都比较对口，但还是有很多同学因为实习经历相对浅薄，又怕简历内容不够，于是就把当家教、导游等不相关的经历写在一起，这样似乎显示出实习经历丰富，但另一方面也容易让用人单位认为你的职业规划不清，最终适得其反。

2. 突出关键，强化优势

简历的整体内容较多，在一些需要引起重视的地方，或者某些关键词上，可以采用粗体、标红、添加下画线等方式进行突出强调，整个简历一般可有三四处采用此方法强化优势。目前，毕业生们除了赶场招聘会现场投递求职简历外，越来越多的毕业生也开始在网上求职，即上网通过电子邮件或者其他方式给用人单位投递求职简历。的确，网上求职有着得天独厚的优势，不仅信息量大、操作便捷，而且制作成本相对低廉，省时省力。据统计，98%以上的毕业生都了解并且会选择在网上求职。由此可见，网上求职具有普遍性。但换个角度想，正是求职者在互联网上求职，用人单位人事经理的招聘信箱或者电子简历库里每天都会收到数以千计的求职简历。如何在这些简历中吸引人事经理的注意，就不得不使我们再花一番心思。有一点技巧就是大家的简历上一定要注意强化优势。据了解，人事经理海选简历都是通过网上筛选关键词来决定的。所以，毕业生们一定要在这方面下工夫，要在情况属实的前提下仔细加工。比如，你的托福成绩或者四、六级分数很高，不妨在简历上就开门见山把这一项写出来，突出你的优势。除此之外，在突出自己的优势之前，对于不同的企业、不同的职位、不同的要求，建议毕业生们事先进行必要的分析，有针对性地设计准备简历。切忌盲目地将一份标准版本简历大量拷贝，效果将会大打折扣。我们要根据企业和职位的要求，巧妙突出自己的优势，给人留下鲜明深刻的印象，但也要注意不能简单重复。这方面是整份简历的点睛之笔，也是最能表现个性的地方，应当深思熟虑、不落俗套，写得精彩，有说服力、合乎情理。

3. 表达客观，语言朴实

简历是一种客观表达求职者经历和能力的材料，措辞一定要真诚、朴实，不要过于华丽。比如，"我希望拥有这样一个人生，它在经历了无数风雨后仍是一道最亮丽的彩虹……"这类词句最好不要使用。如，在制作简历或者在网上按照用人单位设计好的简历模板来填写时，经常会遇到要填写"校内成绩"这一栏。那么，在填写时，除了讲究"真实性"原则外，还有没有其他技巧可以遵循呢？如何在真实的基础上达到最好的求职效果呢？避免"短板"其实就是扬长避短。再如，小沈同学在校时的排名并没有进入前三名，而他所求职的单位，某顶级投资会计事务所又非常看重学生的成绩。此时，小沈同学这样处理就会比较得体，即只写成绩占校内的百分比，如使用"我的排名在年级前10%以内"等类似的话，或者用"在学校获得过奖学金"来表达。这些都比较明智，何况能够获得专人设立的奖学金应该是非常优秀的。总的来说，同学们在填写成绩时有这样几种办法：成绩好的，写明成绩和排名；成绩一般的只写排名或者获奖状况；而单科成绩好的，就可以把单科成绩列出。这样做，不仅保证了简历的真实性，又扬长避短，较容易赢得用人单位的青睐。

4. 结构分明，阅读舒适

招聘人员每天要阅读大量的简历，已经养成了一种固定的阅读习惯和逻辑。一般简历的逻辑顺序是个人信息——求职意向——教育背景——工作实践——获奖情况——自我鉴定。有的同学独树一帜，将顺序颠倒或做重大调整，违背了招聘者的阅读习惯，让他花更多时间寻找信息而不是阅读信息，最终只会弄巧成拙。

5. 消除错字，预防歧义

由于计算机打字，尤其是拼音打字，会使很多简历产生错别字，如将"师范大学"错打成"示范大学"等。更有甚者，语句产生歧义，如有的学生在自我鉴定中写道："我毕业于××大学，虽然没有名牌大学的光环，学的不是当下最好的专业"，表现出对母校没有感恩的意思，这样的人进入工作岗位，怎么会产生归属感？怎么会对事业、对单位感恩呢？避免错别字和歧义的最好方法是让同学们互换简历，互相参看，查漏补缺。

6. 向大公司靠拢

为何在制作简历时要尽量向大公司靠拢呢？其实，当人事经理在简历库中搜索简历时，一般会设置关键字"知名企业名称＋职位名称"来搜索。例如，消费品行业的人事经理可能会搜索"可口可乐＋销售经理"，之后系统则会自动搜索并显示出简历中出现以上关键词的求职者。所以，如果你的简历里出现类似知名企业名称的字样，被搜索到的概率就会相对高些。又如："我在××饮料公司工作，曾经成功地令竞争对手——××公司旗下的××汽水在当地的市场份额减少……""我曾在××公司的武汉汉口区经销部门工作""我曾经在武汉××公司担任过市场部管理实习生"。应届毕业生如果能有在大公司实习的经历，而又在自己的求职简历中向上述举例一样清楚提及到的，那么你的简历会比其他人更容易被人事经理搜索并浏览，从而增加了你的求职机会。

7. 经常刷新简历

当人事经理搜索人才时，符合条件的简历是按刷新的时间顺序排列，而他一般只会看前面一两页。很多求职者并不知道刷新简历可以获得更多求职机会。现在，很多毕业生都在招聘网站上注册会员并填写了简历，这里特别提醒广大毕业生朋友们，申请了会员填写完信息后千万不要置之不理，而一定要在求职期间多次刷新简历。只有这样，才能保证你的简历每次在人事经理搜索浏览时都能排在前面，从而给你带来更多的求职面试机会。切记：每次登陆，最好都刷新简历，刷新以后，就能排在前面，更容易被人事经理找到。

8. 新颖的邮件标题

相信很多人都有在网上按照某个用人单位提供的邮件地址，以电子邮件的方式在网上直接投递简历。一个人事经理每天都会收到大量的求职电子邮件，如何能让你的简历首先吸引人事经理的眼球，让他先打开你的邮件呢？只有标题新颖，才有机会被打开。要想做到此点，在求职电子邮件的标题上就得狠下一番工夫。

9. 切记不要把简历只作为附件发出去

在发送电子邮件求职的时候，千万不要把简历只放在附件里发出去，因为此举会给自己的求职成功率又打一个折扣。现在是信息时代，一个职位的招聘信息发出去后，绝对会有成千上万的应聘邮件塞进邮箱。如果要把这成千上万的求职邮件看完再来选人的话，这对于用人单位的人事主管来说简直就是对耐心的巨大考验。所以在用电子邮件发送简历的过程中，尽量用附件加正文的形式发送，把简历的内容复制粘贴到邮件中去。

第二节　了解校园招聘　攻克笔试与面试

一、校园招聘

大学生们经过几年的专业学习，具备了系统的专业理论功底，尽管还缺乏丰富的工作经验，但仍然具有很多优秀的特质，比如，富有热情，学习能力强，善于接受新事物，有理想、敢拼搏、对未来抱有憧憬，富有激情、精力旺盛、可以全身心地投入到工作中，校园招聘已经成为企业重要的招聘渠道之一。

（一）校园招聘的特点

1. 时间集中

对于企业而言，进入校园开展招聘活动一般都集中在每年的 9~12 月，以及 3~5 月这两个时间段进行。因此，校园招聘的时间相对集中。同学们要在该时间段密切关注学校招聘信息，妥善安排自己的求职计划，力争在企业的校园招聘会上找到自己的第一份工作。

2. 范围广

企业校园招聘活动，还有品牌推广和市场营销的作用。所以，举办校园招聘的用人单位，一般会到尽可能多的学校去做招聘活动。一方面，可以从更大的范围提高人才招聘的数量和质量；另一方面，可以提升本单位的知名度，更好地宣传自己。同学们在应聘时，可以注意收集同一单位在不同学校的招聘情况，以制定科学的竞争策略。

3. 招聘对象具有针对性

校园招聘单位一般都是根据岗位需求和自身实力，按岗位事先制订招聘计划，如人数、学历、专业要求和性别等，结合往年校园招聘经验，以及相应层次、不同地域的高校，选择相应专业的毕业生。所以，校园招聘具有很强的针对性，同学们在参加校园招聘时，应注意分析，以提高求职成功率。

4. 招聘活动具有品牌宣传性

校园招聘的企业文化和品牌推广价值，越来越受到用人单位的重视，在校园招聘过程中，一边招聘人才，一边做推广，本无可厚非。但近年来，有部分企业打着校园招聘的旗帜，做企业形象的活动，根本没有招聘计划，同学们在参加校园招聘时，要注意甄别以免浪费人力物力。总体来讲，校园招聘具有集中、快捷、高效、针对性强等特点，同学们应加以足够的重视，并做好充足的准备，把校园招聘作为求职的首选渠道，提高求职效率。

（二）校园招聘的形式

校园招聘有多种形式，主要有以下四种：

1. 专场招聘会

每年校园招聘时节，政府与高校都会组织一些大型的专场招聘会，招聘企业在指定的时间和场馆"摆摊设点"，接收毕业生的简历，并与同学们面对面交流，有的单位还会进行选拔测试。一般采用这种形式的用人单位较多，其招聘岗位也多，求职效率比较高。

2. 校园宣讲会

校园宣讲会是用人单位针对目标高校组织的专门的讲座，通过企业高层、人力资源负责人，以及在本公司工作的该校校友的现身说法来传达公司的基本概况，介绍企业文化经营理念，发布职位空缺、招聘条件和招聘流程等，通过互动引导学生全面地了解企业。企业宣讲会一般会通过在学校网站发布消息、在校园张贴海报等形式宣传自己，有实力的企业甚至选择全国巡回宣讲的方式，整个校园招聘历时数月，足迹遍布全国主要城市。

3. 实习生计划

实习生计划是部分用人单位作为校园招聘的一个环节，一般在应届毕业生正式求职以前的寒暑假，为经过初步挑选的大学生提供一些实习岗位，表现优秀的实习生将会作为正式录用的备选人才。

4. 管理培训生计划

世界 500 强企业，如通用电气公司（GE）、汇丰集团、联合利华公司等都把"管理培训生"制度作为培养未来管理人才的战略措施来实施[①]。这些

---

① 陈晨. 管理培训生：驾驭未来商界风云 [J]. 培训，2006（5）.

单位招募拥有"良好基本素质，能够发挥主观能动性去学习、改变、成长"的学生参加免费培训，管理培训生将有机会获得公司提供的中高层管理职位。

5. 企业俱乐部

一些公司为了和高校保持联系，会在校园里建立冠名的俱乐部，不定期地组织一些活动，在俱乐部活动中，公司的中高层人员，以及校友在学校组织专题讲座。通过俱乐部内部组织的郊游和案管等活动与学生进行交流。如德勤公司推出了面向北京名校会计、财务管理和法律专业的"德勤俱乐部"，宝洁公司在各个知名高校建立的"宝洁学生职业发展俱乐部"等。

6. 夏令营

有的企业由于地域限制等原因不适合大量的学生到企业实习，但又希望吸引优秀的大学毕业生，夏令营或参观计划是常见的一种校园招聘形式。该活动通过组织目标院校及特定专业的大学生到企业所在城市参观旅游，并进入企业与员工座谈等活动，展示企业品牌、传递企业文化。如三星中国公司、中国广东核电集团，以及塔里木石油公司等都组织过夏令营活动。

7. 校园大赛活动

"选秀大赛"是近年来悄然兴起的一种校园招聘形式。它是企业通过组织一些职业技能或者商业大赛，模拟实际商业项目的运作，吸引大批学生报名参与，让最优秀的人才在竞赛中脱颖而出。获胜者除了能够获得丰厚的奖品，更有机会赢得去企业实习或正式录用的机会。如微软公司的"推荐就业之星大赛"、百度公司的"百度之星程序设计大赛"、谷歌（Google）公司的"中国编程挑战赛"、飞利浦（中国）投资有限公司的"短信创意大赛"、欧莱雅（法国）化妆品集团公司的"在线商业策略竞赛"等。

除了以上列举的校园招聘形式外，很多企业还在高校中设立企业奖学金，开展"定制"培养计划等。在校园生活和求职过程中，同学们只要用心，就可以发现各种渠道和机会，在激烈的求职竞争中抢得先机。

（三）校园招聘信息获取的主要渠道

对于毕业生而言，获得校园招聘信息的渠道主要有以下四种：

1. 学校就业信息网

企业启动校园招聘的第一步，就是与这些学校的就业中心联系，发布企业的简单介绍，以及宣讲会日期。在宣讲现场，这些企业会对自己的企业文化、用人计划、招聘流程等内容做出详细介绍，并现场收取简历。一般来说，参与企业的宣讲非常有帮助，一方面，可以体现自己对招聘单位的重视；另一方面，也可以借招聘会的机会了解这个企业需要什么样的人，并且可以比对自己的专业和特长是否适合这个企业。

2. 专业招聘网站

中华英才网、智联招聘网、前程无忧等网站是国内目前主要的人才招聘网站，除社会招聘、各种专业人才招聘外，校园招聘也会在上面发布信息。

3. 企业网站

许多知名企业在人才招聘网站发布招聘信息的同时，也会在本公司的网站上发布招聘信息。有些企业因为知名度高，每年招聘人数众多，其招聘信息主要在本公司的网站上发布，比如，烟草集团。所以，同学们应经常浏览求职目标企业或行业内知名企业的网站，关注其招聘信息。一般知名企业每年的招聘时间比较固定，可以通过查询往年的招聘时间推测当年的发布时间。

4. 招聘会

同学们可以通过面向毕业生的专场招聘会，收集更多的一手人才需求信息。面向社会的招聘会全年都有，应届大学毕业生对招聘会要仔细分辨，提高信息收集的针对性。高校也会定期举办针对本校学生的招聘活动，如招聘会、毕业生洽谈会等，有的是学校单独举办的，有的是若干学校联合举办的。

（四）校园招聘主要流程

第一步：参加校园招聘活动。

根据收集的校园招聘活动信息，积极参加各类校园招聘活动，获取最新招聘信息。

第二步：递交应聘资料。

应聘资料包括：详细个人简历、学校成绩单、高校毕业生就业推荐表、个人近照、各类证书复印件等。

可以通过以下方式提交：

（1）将应聘资料发送至招聘信箱或 E-mail。主题的格式为："学校—专业—姓名"，如"××大学—金融管理—李×"。详细简历可通过邮件正文和附件同时发送。

（2）登录招聘网站，注册提交电子简历。

（3）在招聘会或宣讲会现场递交纸质版材料。

第三步：进入初试，包括初次面试和笔试。

初次面试，请携带好以下物品参加初次面试：

（1）个人详细简历；

（2）学校成绩单（盖学校公章）；

（3）取得的相关证书；

（4）足以说明你表现的其他材料。

笔试：主要考察对专业知识的理解，对计算机、外语知识运用的熟练度及综合知识的广度。通常招聘方会根据岗位需要有选择地进行笔试，请准时参加初试。

第四步：进入复试。

通过初试者，招聘方会通过 E-mail 或电话等方式通知参加复试，届时将会有更加深入的了解和沟通。

第五步：签订就业协议。

如果你已通过了简历筛选和初试、复试等环节，公司会以口头或书面等方式给你发放录取通知。你可以到学校相关部门领取就业协议，并根据单位指定的时间和地点签订协议。

（五）参加校园招聘的注意事项

1. 做好心理准备

参加校园招聘前，最好做个自我管理，明确自身条件和求职意向，不要眼高手低，也不用自卑。保持良好的精神面貌，表现出蓬勃朝气和自信，要坚信自己所掌握的知识和技能一定能胜任要从事的工作。

2. 把握好时机

校园招聘时间安排一般非常紧凑，及早进入，可以有充足的时间收集信息、了解行情，掌握用人单位的情况，交谈不必太早。进入会场后，最好是尽快浏览一遍，对到场单位情况做个初步了解，然后根据自己的求职意向，确定几个重点，安排好主次，再去交谈。

3. 带好求职材料

根据自己的求职目标，准备好并事先打印出的若干份简历。要注意在简历中注明自己的联系方式，使用人单位能及时与你取得联系。参会时不宜携带过多的证件原件，因为参会人多，用人单位主要是初次面试和看简历，很少有验证证件的要求。

4. 做好信息收集与分析

同学们要充分利用各种渠道，做到"知己知彼"，就是提前收集并分析招聘单位的信息，查找适合自己的专业和感兴趣的公司，然后重点去其所在地，这样能够节省大量时间和体力，提高应聘效率。

5. 重视举止形象

首先，要杜绝家长陪同求职或携男（女）朋友共同求职，否则，会给用人单位留下"缺乏独立性"的不良印象。其次，同学们要掌握必要的礼仪和谈话技巧，并要适当地"包装"自己。

6. 做好"善后"工作

对双方有意向的，同学们一定要留下必需的资料。一般单位不会当场签约，还要通过面试或考核等环节，自荐书和简历等是必要的筛选材料，给用人单位留下资料后，不要坐等，会后两三天内及时与用人单位联系，以争取主动。这样，一方面，表示你对公司的尊重，另一方面，表达出你迫切加入公司的愿望，给用人单位加深印象。

二、笔试

笔试是某些特殊岗位所必须进行的一项测试。通过笔试，用人单位可以了解和掌握求职者的诸多信息和能力。笔试的内容根据不同的用人单位，具有不确定性，因此，求职者应深入复习，并且要在考试前训练自己的答题速度，还可以站在用人单位的角度来思考可能出现的考核内容，总之要提前做好准备。需注意以下几点：

1. 笔试的技巧

（1）灵活运用知识解决实际问题。

（2）保持良好的身心状态。参加笔试需要良好的心理素质。求职者在临考前，一要正确评价自己，树立自信心，调整好心理状态；二要保持充足的睡眠，可以在考试前参加一些文体活动。认真学习，良好的笔试成绩来自大学期间的努力学习和积累。大学学习的不仅仅是专业课程和基础知识，更多在于平时各方面知识的学习与积累，以及对社会信息的了解。课堂学习只占大学学习的一部分，平时的积累是非常重要的。

（3）进行必要的复习。复习已学过的知识是准备笔试的重要方式。从考试的准备来看，知识可以分为靠记忆掌握的知识和靠不断应用掌握的知识，用人单位比较重视考核求职者对所学知识的应用能力。一般来说，笔试都有大体的范围，求职者可围绕这个范围翻阅有关的图书资料，并注意让紧张的大脑得到适当放松和休息，以充沛的精力参加考试。

2. 笔试的种类

笔试是目前用人单位常用的考核方法之一，目的在于考核求职者的专业知识水平、文字组织能力及综合素质等。根据考核的方向和内容不同，笔试内容一般分为专业考试、心理测试、技能测验和命题写作等类型。

（1）专业考试。这种考试主要是为了检验求职者的专业知识水平和相关能力。一般用人单位从毕业生的成绩单就可以大致了解其知识水平，但有一些专业性要求较高的岗位，需要通过笔试的方式对其专业水平进行考核，这种考核方式已被越来越多的用人单位所采用。例如，外贸外资企业招聘职员要考外语水平、金融单位要考金融专业知识，公检法（公安局、检察院、法院）机关录用干部要考法律常识等。

（2）心理测试。心理测试一般要求求职者完成标准化问卷。通过心理测试，用人单位可以了解求职者的态度、兴趣、动机、智力、个性等心理特质，还可以考察求职者的观察能力、综合分析能力、思维反应能力等。

（3）技能测验。技能测验实际是考察求职者的动手能力和实践能力，如考察操作和使用计算机的能力、会话和阅读能力，以及财会、法律、驾驶等方面的能力等。

（4）命题写作。用人单位通过论文或公文写作考察求职者文字表达能力及分析归纳能力。如编写会议通知、请示报告或某项工作总结，也可能提出一个论点、让求职者予以论证或辨析等。

【阅读材料】

三、面试

对于应聘者而言，在通过了简历筛选、笔试之后，就进入了招聘录用前的最后一关——面试。从某种程度上来说，面试是招聘方和应聘者相互博弈的一个过程。对于招聘者来说，希望能通过面试来更精准地甄别出所需人才；而对于求职者来说，面试不仅是深入了解应聘公司的一次机会，更是向招聘方充分展现自我、推销自我的契机。

应聘者在应对面试时可以遵循一定的技巧，以便使面试水平在实践的基础上能得到一定的提高。

（一）面试概述

面试不同于日常的观察和考察，也不同于一般的口试和面谈。求职者在面试前要做好充分的准备工作，以最好的状态应对面试。

1. 面试的含义

面试是用人单位在规定的时间和空间内通过与求职者当面交流来考核求

职者的一种招聘测试。通过面试，用人单位不仅可以直接了解求职者的面貌和言谈举止，还可以了解应试者的总体素质和各方面的才能。对于毕业生来讲，面试是一种综合性极强，集多种知识、能力于一体的多方面考核方式，是对多年学习、实践成果的一次检验。

2. 面试的特点

面试有以下 3 个特点：

（1）以谈话和交流为主要手段。谈话是面试过程中一个非常重要的手段。在面试过程中，主考官精心设计谈话题目与求职者交谈，在交谈过程中，主考官会运用自己的感官，特别是视觉和听觉，观察求职者的非语言行为，进而通过表象考察求职者的深层心理。

（2）互动性。面试过程中，主考官和求职者面对面交流，双方即时交流和反馈，因此，求职者的语言及行为表现与主考官的评判直接相连。面试的互动性提高了主考官与求职者之间相互沟通的效果与面试的真实性，面试是主考官和求职者之间双向沟通的过程。在面试过程中，求职者切忌成为完全被动的角色。在面试过程中，主考官可以通过谈话和观察来评价求职者，求职者也可通过主考官的行为来判断其价值观、态度偏好、对自己表现的满意度等，从而调节自己在面试过程中的表现。同时，求职者也可以借此机会了解自己想要知道的信息，以此决定是否接受这一工作。

（3）灵活性。面试的灵活性主要包括两方面：一是由于不同职位有不同的要求，面试也可以根据职位特点灵活地采用不同方式；二是面试内容也应根据双方现场的表现灵活把握。

（二）面试的类型

在校园招聘中，企业采用的面试形式越来越丰富，面试流程也越来越复杂，其目的是为了提高面试筛选的准确度和效率，降低招聘成本等。对于应届生来说，有必要了解企业招聘的面试形式和面试流程，结合自身的实际情况做好面试准备，以便在面试中灵活应对，展现出良好的状态，博得面试人员的青睐。了解面试的开展形式及手段，面试的内容、面试考核的重点等。

1. 电话面试

面试人员通过电话来对应聘者进行提问的面试。一般发生在笔试之后，在面对面的面试之前经常采用的面试手段，针对某些特定问题进一步了解。

多数企业在从简历中筛选之后，通常会采用打电话的方式进行首轮面试，从而事先了解应聘者的实际情况。电话面试的时间多数控制在 20 分钟左右。其主要目的是核实应聘者的相关背景，考察语言表达能力。一般通过常规问题的询问，并根据电话面试的结果判断是否给予进一步面试的机会。电话面试时应注意以下事项：

（1）保持冷静，化解紧张情绪。在接到面试电话时，不能慌张，要保持冷静。如不方便接听电话，可以告知电话面试官："××先生/小姐，非常感谢您打电话过来。如果您不介意的话，能否 5 分钟之后再打给我。我这里手机信号不太好，我换个安静的地方。或者能否告诉我您的电话，我 5 分钟之内给您回拨过去？"

（2）注意语速，适时沟通。在电话面试中，声音很重要，不要过于平淡地、机械地背诵你已准备好的内容。在回答问题时语速不要太快，音量可以适当地放大，因为一般电话里面的声音是比较小的。发音吐字要清晰，表述要尽量简洁、直截了当。如果没有听清楚问题或者没有理解问题的话，那么正确的做法是有礼貌地请电话面试官复述一遍问题，不要不懂装懂，以免造成答非所问。

如果条件允许，你应该在电话面试过程中准备好笔和纸，一边听面试官的说明和提问，一边记下重要的信息，包括公司名称、面试官的姓名、面试问题的要点，以及进一步面试的安排等。

（3）打电话的必要礼节。在整个面试过程中，我们都要注意一些打电话的礼节，在电话面试过程中，要对面试官表示出尊重，以及对他工作的感谢。

面试官在电话面试的最后阶段，可能会给你提问的机会和时间，这个时候一定要把握好最后的自我展示机会，你可以事先准备一些有内容或者有尝试的问题。

2. 视频面试

面试人员与求职者利用电脑、摄像头和耳麦等设备，通过互联网，运用语音、视频、文字的即时沟通交流进行招聘面试。参加视频面试，在用人单位安排的面试时间前，要提前安装好摄像头和耳麦等相关设备，并检查电脑、网络、摄像头、耳麦、灯光等设备的使用情况，以保证视频面试按时、正常进行。因为视频面试不能看到求职者更多的神态、动作，因此求职者的发型、服饰等给面试官留下的印象更深刻，要尽量做到干净整洁、朴实大方、得体，符合大学生身份，给面试官一个良好的印象，调整好摄像头，把自己最具风采的一面展示给面试官。由于视频招聘更多的是通过语音聊天来展示自己，因此要特别注意语言表达，要注意口齿清晰，表达有条理，视频过程中有可能出现没有听清的情况或者视频突然断掉的情况，要非常有礼貌地解释清楚，其实这个时候你的反应也许就会成为面试官判断的标准。视频面试过程中的一颦一笑、一举一动都有可能成为面试官判断你的依据。在面试过程中不要有过多的小动作，眼睛要直视对方，目光游移不定会影响面试官对你的判断。

3. 结构化面试

面试人员通过设计面试所涉及的内容、试题、评分标准、评分方法、分数等对面试者进行系统的结构化的面试，其主要目的是评估应聘者工作能力的高低及是否能胜任该岗位工作。

结构化面试常见问题类型分为：

（1）情景问题（situational questions）。提出了一个假设的工作场景，以确定求职者在这种情况下的应急反应。

（2）工作知识问题（job knowledge questions）。探索求职者与工作的知识，这些问题既可能与基本教育技能有关，也可能与复杂的科学或管理技能有关。

（3）工作样本模拟问题（job sample simulation questions）。包括一种场景，在该场景中要求求职者实际完成一项样本任务，当这种做法不可行时，可以采用关键工作内容模拟。回答这些类型的问题可能要求体力活动。

（4）工作要求问题（worker requirement questions）。旨在确定求职者是否愿意适应工作要求。例如，面试者可能会询问求职者，是否愿意从事重复性工作或迁往另一城市。这种问题的性质是实践工作的预演，并可能有助于求职者进行自我选择。

结构化面试技巧：

（1）谦逊有礼的态度。考生从进入面试考场到面试完毕都要礼貌待人，给考官留下良好印象。进入考场时，考生应主动向考官问好，但礼貌的表达要适度，过于拘谨，会显得紧张或不自信；过于夸张则会显得言不由衷，都会影响考官对应试者的看法。

（2）有效倾听。面试中考官的发问，考生必须认真听，这是起码的礼貌，考官刚发问就抢着回答或打断考官的话，都是无礼的表现，会令考官觉得你不尊重他。

（3）客观回答。面试时，考生若遇到不熟悉或根本不懂的问题时，一定要保持镇静，不要不懂装懂，牵强附会。考生也会遇到一些过于宽泛的问题，以至于不知从何答起，或对问题的意思不太明白。此时，考生决不能"想当然"地去理解考官所提的问题而贸然回答，一定要采取恰当的方式搞清楚，请求考官谅解并给予更加具体的提示。

（4）控制时间。超时是严重的犯规行为。因此，要科学部署时间。通常回答每个问题的时间在5分钟以内，最好的时间分配是准备作答控制在1分钟以内，回答3分钟左右。具体的时间分配还需根据每个题目的要求来定。

4. 无领导小组面试

无领导小组面试法是近年来越来越多单位所采用的面试方法，尤其是公务员面试和外企面试都倾向于使用这种方法。无领导小组讨论给考生提供了一个充分展现个人才能与语言逻辑的舞台，无领导小组面试在既定情景下，通过对问题的分析、论述，考官根据表现进行打分，从而使优秀者在千军万马的竞争中脱颖而出，迈进成功的大门。但是很多考生对无领导小组面试缺乏了解，面对这种开放式面试不知该从何着手，在面试时没有发挥出自己应有的水平，错失展现才华的良机。

在这个过程中，多个应聘者需要合作完成某个项目，可能是实际商业环境下有见地的案例讨论，也可能是集体游戏情景模拟面试。

无领导小组面试注意事项：

（1）发言要积极、主动。抢先亮出自己的观点，不仅可以给考官们留下较深的印象，而且还可能引导和左右其他考生的思想和见解，将他们的注意力吸引到自己的观点上来，从而争取充当小组中的领导角色。

这对应聘者的要求就更高了，所以，希望每个考生或者应聘者都能在之前多做训练，平时要注意积累自己在这方面的经验，还要注意提高自己这方面的能力。对于每个考生来说，机会只有一次，如果胆小怯场，不敢发言，就等于失去了被考官考查的机会，结局自然不妙。得分最高者一定是那个以沉稳的语调提出深刻见解的最后发言者。

（2）注意人际关系，要有团队精神。其实每个人的想法都是差不多的，影响个人是否接受别人观点的首要因素就是人际关系，即他会先考虑与你的熟悉程度和友善程度，彼此的关系越亲密，越容易接受你的观点。

如果他认为彼此存在的是敌对关系，那么对你的观点多半会拒绝。所以我们在充分展现自己才华的同时，不要对队友恶语相向、横加指责，或对对方观点无端攻击，这样的人往往只会导致自己最早出局。试图说服对方时要看好时机，不要在对方情绪激动的时候改变他的观点。

想要表达与他人不同的意见或反驳别人先前的言论，也不要恶语相加，要做到既能够清楚表达自己的立场，又不令别人难堪。因为如今的竞争日趋激烈，单凭一个人的智慧很难在竞争中取胜，成功需要大家的共同努力，所以每个单位都很重视合作，都不会聘用没有团队意识的人。

如果当你选择的话题过于专业，或者自己发起的话题不被众人感兴趣，或者对自己的个人私事介绍得过多的时候，可能会导致听者疲惫，有时候听者面露厌倦之意的时候，自己就应当立即停止，不要在这个时候我行我素。当有人突然出来反驳自己的时候，不要恼羞成怒，而应心平气和地与之讨论。发现对方有意挑衅时，可不予理睬。

谈话时目光应保持平视，仰视显得谦卑，俯视显得傲慢，均应当避免。谈话过程中，应用眼睛轻松柔和地注视对方，但不要眼睛瞪得老大，或直愣愣地盯住对方不放。在谈话的时候要温文尔雅，不要恶语伤人、讽刺谩骂，不能高声辩论、纠缠不休。以适当的动作加重谈话语气是必要的，但某些不尊重别人的举动不应当出现。例如，揉眼睛、伸懒腰、掏耳朵、掏鼻孔、摆弄手指、活动手腕、用手指向他人的鼻尖、双手插在衣袋里、看手表、玩弄钮扣、抱着膝盖摇晃等。

总之，在言谈中要以礼待人，给予每个人同样的尊重，让考官在细微处感受到你的魅力。

无领导小组面试技巧：

（1）主动发言。抓住问题的实质，言简意赅。语言的攻击力和威慑力，归根到底来自于语言的真理性和鲜明性。切记一定要提前做准备，再高明的发言者都需要提前的准备和思考。

（2）在讨论的过程中，要努力充当讨论小组的领导者。最好能找机会成为小组讨论的总结者，以展示自己引导讨论及总结的才能。使自己处于讨论的中心，无形中将使自己成为领导者的角色，自然就为自己成功"入阁"增加了筹码。采取一定的交谈战术，可以运用先肯定后转折的技巧，拒绝接受对方的提议。当对方提出一种观点，而你不赞成时，可先肯定对方的说法，再转折一下，最后予以否定。尽管最终是转折了，但这样柔和地叙述反对意见，对方较易接受。

（3）发言有效、有说服力。道理一定要讲得生动、深刻，还要有很强的说服。多接触这方面的讨论题目，多将自己置身于具体的话题里去思考应对的策略。这样日积月累，就能得到丰富的经验。切忌使用外语和方言，发言需顾及谈话对象。外语和方言有时候能显现出讲话者的某种能力，有时候能体现出幽默，但是假如有人听不懂，那就最好别用，不然会让他人感到是故意卖弄学问或有意不让他听懂。

（4）广泛吸收别人的语言精华，以求取得胜利。在讨论开始后，不要急于表述自己的看法，要仔细倾听别人的发言，从中捕捉某些对于自己有用的信息，通过取人之长来补己之短。谈话时候要考虑周到，照顾发言较少的参与者。要体现团队精神，让团队所有人员都参与到讨论中。如果有机会，可以请发言较少的人谈谈自己的看法。

（5）不要失礼、失态，忌恼羞成怒、得理不让人。谈话的时候要温文尔雅，不要讽刺谩骂，不能高声辩论。如果别人不同意自己的观点，不要恼羞成怒，应心平气和地与之讨论。如果觉得自己发挥良好，也不要洋洋自得，应保持谦虚谨慎。谈话要记得注意自己的体态，适当的动作是必要的，但不尊重别人的举动不应出现。注意倾听、全神贯注，切忌打断他人讲话，听别人讲话的时候不可东张西望，或显现出不耐烦的表情，特别是注意不要不停地看自己的手表，既然倾听，就应当表现出对他人谈话的内容感兴趣，而不必介意其他无关大局的地方。

5. 情景模拟面试

情景面试是结构化面试的一种，包含一系列与申请职位或工作相关联的场景问题。这些问题有预先确定的明确答案，主试者对所有被试者询问同样的问题，被试者同样可以问与工作关联的问题。问题可接受的答案事先由一组专家或主试者共同确定，这是难度较高的一种面试方法。情景面试是通过面试人员设置一定的模拟场景，要求应试者扮演某一角色，并进入角色情景中去处理各种事务及各种问题和矛盾。

情景模拟面试技巧：

（1）阳光心态。人际关系或者工作问题都是公务员在日常工作中要遇到的问题，妥善解决这些问题是一个公务员应该具备的能力之一。面对这样那样的问题时，一定要做到"沉着冷静"。

面试考场上，紧张是在所难免的。而情景模拟题又是将考生置身于一个矛盾重重、困难重重的环境，更容易引起考生的紧张。适度紧张是必要的，但是过分紧张必然会影响考生的表现，毕竟考官要通过观察考生的"行为表现"来给考生打分。消除紧张的办法只有两个：一方面，要对这类题目的答题思路和方法掌握得非常熟悉，这就是工具，有了工具才可能从容应对；另一方面，要多加练习，从心理学角度出发，人们通常对陌生的东西感到恐惧继而带来紧张，所以如果考生可以反复练习，提高对该类型题目的熟悉程度，则可以削减紧张情绪。无论题目是多么紧急的场景，解决问题的前提就是要摆正心态，要心平气和，要冷静，不要被困难乱了阵脚。考生要有这样的意识，那就是态度决定高度。冷静，正确面对问题才是妥善解决问题的前提。

（2）情景面试沟通技巧。语言要流畅，说话要有逻辑性。在回答过程中，要剔除"嗯""哦"等杂音。在合适的时间、合适的地点，对合适的人说合适的话。在情景模拟过程中，要重点突出沟通的技巧性。情景面试沟通协调情景模拟的场景通常是工作情境中的一系列人际关系和工作问题，故解决人际问题是很重要的一部分内容。所以在学习结构化面试时，一定要熟练把握沟通协调类题目的解题思路，有了这个基础，应对情景模拟就容易得多。

（3）情景面试角色入戏。很多考生认为情景模拟题较难，其实最大的难度在于考生无法进入角色，常常是会"说"，不会"做"。例如，"你单位一位老同志最近经常占用公家电话打私人电话，群众的电话打不进来，问题得不到解决，领导让你去和老同志交谈（主考官就是该位老同志）"。考生往往会说应该要怎么做，但是难以进入角色，把考官当作老同志，现场表演自己的做法。

所以在备考过程中，一定要多加练习，提高自己进入角色的适应度。

（4）情景面试肢体语言。在情景模拟的答题过程中，可以适当地加入肢体语言，特别是眼神交流。

（三）面试前的准备

【阅读材料】

1. 充分了解应聘单位和求职职位

接到面试通知时，一定要了解清楚是哪家公司哪个岗位的面试。对招聘企业及要应聘的岗位做详细的了解，尤其是岗位。要了解岗位职责及任职要求，将其跟自身条件对照，是否能达到要求，而面试的大部分问题，都会围绕岗位的职责和要求展开。可见，毕业生去任何一家公司面试前，最好都要对这家单位的各个方面有所了解，做到"知己知彼，百战不殆"。

2. 剖析自身优缺点

详细地分析自己的优缺点，最好写在纸上。要相信每个人都是不同的，包括性格、做事风格、行为处事，详细地分析、反思和总结自己是一个自我认知的过程，也可以请你周围要好的朋友给你一些中肯的评价，来更全面地了解自己。这样的准备花上一天的时间来仔细思考也不为过。

（1）将自己放在上司、领导的视角来看待自己为什么应聘到这个岗位。你的上司面对你的第一角色是商人，商人重利，看中事情的发展，你可以抱着学习的心态去实习、去走应聘流程，但不能过度强调你是来学习的，他的公司不是学校。除非你举例来强调你的学习能力，比如，你学习了一个月视频剪辑，然后把学习成果给他看，用作品说话，当然，举例一定得真实，不能夸夸其谈，最好能与应聘的岗位有所挂钩。

（2）准备好面试材料。将简历、相关的证书准备好，面试候场的时候将这些资料找出来，提前握在手里，面试时随时递上。不要等到进场面试了才急急忙忙翻找。简历应该整洁干净，不要一拿出来就是皱巴巴的，多准备几份，有时候面试官是 2 人或多人。

3. 着装准备

面试时的仪表风度很重要。人事经理对求职者的初步印象常常在面试前30 秒就已经形成了。求职者一定要注意自己的着装。"不过，注重着装也不一定意味着非要西装革履。对于刚刚走上社会的毕业生来说，着装从学生时代的休闲系列突然转换为职业套装，多少有点不适应，有些应聘者还会因为穿了不适应的衣服，去面试时总觉得不自然，反而增加了面试时的紧张感。对于应届毕业生来说，着装不强调西装革履，但一定要整洁干净，特别是要穿着舒适、自然大方，以免影响面试的状态。

4. 良好的心态和举止

对于刚刚走上社会的毕业生，面试时切忌伪装，一定要展现自己的实力和风采。这不仅是面试成功的前提，也是职业生涯顺利发展的基础。毕业生面试前需要去学习、提高，但目的是把自己的能力、品格更好地表现出来，而不是伪装和掩饰。另外，对于经验丰富的人事经理来说，毕业生求职的时候讲再多花言巧语也没用，无意间表现出的小动作也许才是他们观察的重点。这些从行为中无意间透露出来的信息，远胜过千言万语。毕业生面试的时候，一定要切记。

（四）面试的技巧

想要面试成功，除了做好必要的求职前的准备工作外，还应掌握取得面试成功的相关要则，这样将会取得事半功倍的效果。如肢体语言是极为重要的，保持良好的仪态，不要显示出拘谨的样子。讲话要坦率自信，重点介绍自己所取得的重大成绩，但也要避免自吹自擂或夸大其词。

1. 语言表达技巧

面试场上求职者的语言表达艺术，标志着他的综合素养和成熟程度。对求职者来说，掌握语言表达的技巧无疑是很重要的。首先，准确、灵活、恰当的口语表达，是面试成功的关键。其次，语言表达技巧的运用主要体现在：口齿清晰，语言流利。交谈时要注意发音准确，吐字清晰，还要注意控制说话的语速。为了增添语言的魅力，应注意修辞，忌用口头禅；语气平和，音量适中。面试时要注意语言、语调、语气的正确运用，打招呼时选用上语调，加重语气并带拖音，以引起对方的注意；自我介绍时，最好多用平缓的陈述语气，声音过大令人厌烦，声音过小则难以听清。音量的大小要根据面试现场情况而定。语言要机智、幽默。说话时除了表达清晰外，可适当穿插一些幽默的语言，可使谈话气氛愉悦，也能展示自己的优越气质和从容风度。尤其是遇到难以回答的问题时，机智幽默的语言会显示自己的聪明智慧，有助于化险为夷，并给主考官留下良好印象。注意听者的反应。求职面试不同于演讲，交谈中应随时注意听者的反应，例如，听者心不在焉，表示可能对自己的表达没有兴趣，你得设法转移话题；听者侧耳倾听时，可能说明自己音量过小使对方难以听清；皱眉、摆头可能表示自己言语有不当之处。根据对方的这些反应，要适时地调整自己的语言、语调、音量和陈述内容等。

2. 注意倾听是一种重要的交流信息技巧

面试的实质就是主考官与求职者进行信息交流从而获得全面评价的过程，形式上充分体现在"说"和"听"上。正确有效的倾听不仅仅是听清主考官说什么，更重要的是要听懂主考官说什么。只有做到了听懂，才能根据主考官的意思给出满意的答案。那么求职者该怎样倾听，才能做到有效倾听呢？一些求职者在面试中表现得过于积极，当主考官提到一些自己非常熟悉且简单的话题时，没等主考官说完，求职者就打断主考官的话，断章取义地进行解读。这是非常不礼貌的行为，是对主考官的不尊重。打断主考官的话，就说明你不愿意继续听他说话。对于这种行为，主考官是很难容忍的。还有一些求职者小心翼翼地通过了专业知识的问答环节，在面试接近尾声时，得到了主考官的正面评价，心里就暗自窃喜，于是开始憧憬未来的打算，一不小心就分了神，主考官再说什么也就没注意到。这被主考官看在眼里，往往会让他觉得很不舒服，也对求职者有了不好的印象，最后的评分会大打折扣。

而体现求职者专心致志地倾听的最好办法就是积极与主考官配合，对主考官所提出的观点表示赞同或是提出自己的意见，还可以就主考官提出的问题进行提问。从求职者这样的举动中主考官可以清楚地知道你在仔细听他说的话，没有漏掉任何一句。在听主考官问询的时候，要始终全神贯注，专心致志地注视着对方。同时，将主考官所说的每一句话都仔细在脑海中回放一遍，善于从中发现和提炼出问题的实质。除了上述倾听时的态度外，还应注意在倾听过程中的一些细节问题。不仅要倾听主考官所说的事实内容，还要留意他所表现的情绪，并加以捕捉。注意对方避而不谈的某些方面，这些方面可能正是问题的关键所在。在谈话中，要避免直接的质疑和反驳，让对方畅所欲言。即使有问题，也留到稍后再来询问，此时重要的是，获知对方的真实想法。

【阅读材料】

（五）面试禁忌

1. 以自己为中心

面试中对自己的经历及能力的表述应简明扼要、适可而止，千万不要像打开话匣子般没完没了地夸夸其谈、自吹自擂，甚至主次不分地"反客为主"。求职者要讲究实在，言简意赅，不可大包大揽地做太多的口头承诺，说得太多了容易引起考官的反感。有夸海口之嫌的话语，在求职面试场合一定要慎言。

2. 抢话争辩

有的求职者为了获得主考官的好感，就会试图通过语言的"攻势"来"征服"对方。这种人自我表现欲极强，在面试时根本不管主考官究竟想了解什么，没说上三句两句话，就迫不及待地拉开"阵势"，卖弄口才，力求自己在"语机"上占上风，在事理上征服对方。面试的目标不是在谈话中取胜，也不是去开辩论会，而是要得到工作。如果你在谈话中过于和主考官"较真儿"，使得主考官对你很伤脑筋，认为你"根本不是来找工作的，而是故意来找碴儿的"，可想而知，事情的结果将会是多么糟糕。

3. 反应木讷

求职面试的目的是让用人单位考核自己，你羞羞答答地不张嘴说话，人家又怎么考核你呢？面试对话不仅要用头脑，还得用心。当你两脚往主考官面前一站，看着对方一脸严肃时，早先为自己设计好的答问词竟荡然无存。越是如此，你越发慌，致使你说起话来鬼使神差地词不达意、语无伦次。这都是反应迟钝的表现。反应迟钝者大多容易产生自卑心理，越是自卑，反应就越迟钝，这就叫恶性循环，而这些足以摧毁主考官对你的热忱和信心。

4. 好为人师

求职就是求职，求职和在职可不一样。在职者要有主人翁的态度一点儿也不假。但求职时,你的地位还不是主人翁,即使你感觉自己装了一肚子的好想法,但这绝不足以打动主考官。在主考官眼里,让求职者谈想法、提建议本身就是一把"双刃剑",一方面,考察你的思维;另一方面,也为你挖了一个陷阱,它会立马使你变成"好为人师""好耍嘴皮子"的家伙。所以,在面试中,最忌讳提些带忠告性质的建议。不管你的建议多么中肯、多么优秀,最好留着,到录用后再说,不要在求职时急于卖弄。

5. 提低级的问题

求职面试不是入学面试。主考官要考察的是你的综合素质,而同时你也可以问一些与你所学专业相关的问题,或者问一些企业工作制度等问题。但在发问之前,你必须好好想想你将要问的问题是否有现实意义,尤其不要提一些低级的甚至是幼稚的问题。

6. 滥用时尚语

年轻人追求时尚并不是件坏事,但时尚从某种角度反映了一个人对现实的反叛心理。有些年轻人的知识和能力一般,但对时尚却很着迷,平常说话也总喜欢使用时尚用语,结果到求职面试时也像上网聊天一样无所顾忌,动辄用很时髦的网络时尚用语和主考官"兜话题",以为这样做既能弥补自己知识和能力上的不足,又能让主考官认为自己很"前卫"、很可人,因此而被录用。殊不知能负责公司招聘的主考官大多数都是阅人无数,你的"时尚"语言又怎能挡得住他那锐利的洞察力呢?另外,有些人外语学了"半桶水",在面试时便喜欢时不时地夹杂一两个英语单词,以显示自己的英语能力,但这样卖弄是很危险的。

第三节 掌握职场礼仪 塑造职业形象

一、礼仪的概念

中国素有"礼仪之邦"之称,正所谓有"礼仪之大谓之夏"。礼仪是一个汉语词语,意思是礼节和仪式,出自《诗·小雅·楚茨》:"献酬交错,礼仪卒度。"

礼仪是人们在社会交往活动中,为了相互尊重,在仪容、仪表、仪态、仪式、言谈举止等方面约定俗成的,共同认可的行为规范。礼仪是对礼节、礼貌、仪态和仪式的统称。礼仪是人们约定俗成的，对人、对己，对大自然，表示尊重、敬畏和祈求等思想意识的，各种惯用形式和行为规范。这里的惯用形式包括礼节和仪式，礼节一般是个人性的，并且不需要借助其他物品就可以完成的形式，如磕头、鞠躬、拱手、问候等；而仪式大多是集体性的，并且一般需要借助其他物品来完成，如奠基仪式、下水仪式、迎宾仪式、结婚仪式、祭孔大典等。人类最早的礼仪是祭祀礼仪，它主要是表达对天地鬼神的敬畏和祈求。

二、礼仪的分类

礼仪可分为化妆礼仪、西餐礼仪、服务礼仪、打电话礼仪、商务礼仪、社交礼仪、职场工作礼仪、面试礼仪、饭桌礼仪等。

三、职业礼仪

什么是职业礼仪呢？我们通过下面的两个细节来体会一下。面试的第一印象非常重要，给人的印象既不能太弱，也不能太过。这时，巧妙的化妆就显出了非同凡响的意义。清爽润泽的妆面，不仅让人觉得朝气蓬勃，更能在无言中显示出良好的个人修养和高于个性的审美趣味。如果妆面能够与投报单位的职业特征巧妙结合，则更能表现出你的机智与灵活。有统计表明，能在大街上博得高回头率的几乎都是化过妆的女子。相信面试也一样，想得到百分百的完美印象，有心的同学还是应该试试淡妆的魅力。这就是必要的职业礼仪。

四、礼仪的作用

（一）礼仪有助于提高人们的自身修养

在人际交往中，礼仪往往是衡量一个人文明程度的准绳。它不仅反映一个人的交际技巧与应变能力，而且还反映一个人的气质风度、阅历见识、道德情操、精神风貌。学习礼仪、运用礼仪，有助于提高个人的修养，有助于"用高尚的精神塑造人"，真正提高个人的文明程度。

（二）礼仪有助于塑造良好的个人形象

个人形象是一个人仪容、表情、举止、服饰、谈吐、教养的集合，而礼仪在上述诸方面都有自己详尽的规范，因此，学习礼仪、运用礼仪，无疑将有益于人们更好地、更规范地设计个人形象、维护个人形象，更好地、更充分地展示个人的良好教养与优雅的风度。

（三）礼仪是塑造企业形象的重要工具，有助于提高企业的经济效益

对企业来说，商务礼仪是企业价值观、道德观、员工素质的整体体现，是企业文明程度的重要标志。让顾客满意、为顾客提供优质的商品和服务，是塑造良好企业形象的基本要求。以礼仪服务为主要内容的优质服务，是企业生存和发展的关键所在。

（四）礼仪有助于促进人们的社会交往，改善人们的人际关系

古人认为："世事洞明皆学问，人情练达即文章。"人只要同其他人打交道，就不能不讲礼仪，运用礼仪。礼仪除了可使个人在交际活动中充满自信、处变不惊之外，其最大好处就在于它能增加大家彼此间的了解与信任，增进人际关系。

（五）礼仪是国民素质的体现和国家文明的标志

一个人、一个民族、一个国家的礼仪，往往反映着这个人、这个民族、这个国家的文明水平、整体素质、整体教养。遵守礼仪、应用礼仪，将有助于净化社会的空气，提升个人、民族、全社会的精神品位。

五、礼仪的特征和原则

礼仪主要具有以下特征：

1. 规范性

礼仪指人们在各种交际场合待人接物时必须遵守的行为规范。这种规范性，不仅约束着人们在一切交际场合的言谈话语、行为举止，使之合乎礼仪，而且也是人们在一切交际场合必须采用的一种"通用语言"，是衡量他人、判断自己是否自律、敬人的一种尺度。

2. 限定性

礼仪适用于普通情况下的、一般的人际交往。在这个特定范围之内，礼

仪一定是行之有效，离开了这个特定的范围，礼仪则未必适用。

3. 可操作性

切实有效、实用可行，规则简明、易学易会，便于操作，是礼仪的基本特征。它不是纸上谈兵、故弄玄虚、夸夸其谈，而是既有总体上的礼仪原则、礼仪规范，又在具体细节上有一系列的方式方法，仔细周详地对礼仪原则、礼仪规范加以贯彻，把它们落到实处，使之"言之有物""行之有礼"。

4. 传承性

任何国家的礼仪都具有自己鲜明的民族特色，任何国家的当代礼仪都是在古代礼仪的基础上继承、发展起来的，离开了对本国、本民族既往礼仪成果的传承、扬弃，就不可能形成当代礼仪。

5. 变动性

从本质上讲，礼仪可以说是一种社会历史发展的产物，并具有鲜明的时代特点。它是在人类长期的交际活动实践之中形成、发展、完善起来的，并且社会发展和历史进步会引起社交活动的新特点、新问题的出现，同时又要求礼仪有所变化和进步，以适应新形势下新的要求。

学习和应用礼仪，有必要在宏观上掌握礼仪规律，即礼仪的原则，它们同等重要，不可缺少，并将有助于我们更好地学习礼仪、运用礼仪。

1. 遵守

在交际应酬之中，每一位参与者都必须自觉、自愿地遵守礼仪，以礼仪去规范自己在交际活动中的一言一行，一举一动。对于礼仪，不仅要学习、了解，更重要的是学了就要用，要将其付诸个人的社交实践中。

2. 自律

从总体上来看，礼仪规范由对待个人的要求与对待他人的做法这两大部分构成对待个人的要求，这是礼仪的基础和出发点，最重要的是要自我要求、自我约束、自我控制、自我对照、自我反省、自我检点。

3. 敬人

《荀子》之《礼论》中提到，"礼者，敬人也。"所谓敬人的原则，就是要求人们在交际活动中，与交往对象既要互谦互让、互尊互敬、友好相待、和睦共处，又要将对交往对象的重视、恭敬、友好放在第一位。

4. 宽容

要求人们在交际活动中运用礼仪时，既要严于律己，更要宽以待人。要多体谅、理解他人，千万不要求全责备、过分要求、咄咄逼人。

5. 平等

在具体运用礼仪时，允许因人而异，根据不同的交往对象，采取不同的具体方法。但是，与此同时必须强调指出：在礼仪的核心点，即尊重交往对象、以礼相待这一点上，对任何交往对象都必须一视同仁，给予同等程度的礼遇。

6. 从俗

由于国情、民族、文化背景的不同，在人际交往中，实际上存在着"十里不同风，百里不同俗"的情况。对这一客观现实要有正确的认识，不要自高自大，以我划线，简单否定其他人不同于己的做法。

7. 真诚

在人际交往中运用礼仪时，务必待人以诚、诚心诚意、言行一致、表里如一。只有如此，自己在运用礼仪时，对交往对象的尊敬与友好，才会更好地被对方所理解和接受。

8. 适度

运用礼仪时，为保证取得成效，必须注意技巧，合乎规范，特别要注意做到把握分寸、认真得体。

六、面试礼仪

面试这一关，对于一个求职者来说，就像一把打开职场大门的钥匙。所以面试至关重要，很多人之所以不成功，大多是败在面试这道坎上。其实面试，对于职场人来说是第一步，也是关键性的一步。所以关于面试，有许多要特别注意的事项，其中，重中之重就是首因效应，也就是说你的一个整体形象给面试官的第一印象。因此，面试时必要的基本礼仪是不可缺少的。

（一）整体要求

面试时，合乎自身形象的着装会给人以干净利落、有专业精神的印象，男生应干练大方，女生应庄重俏丽。

1. 整洁大方

整洁的衣着反映出一个人振奋、积极向上的精神状态；而褴褛、邋遢的服装，则是个人颓废、消极、精神空虚的表现。因此，衣服要勤换、勤洗、熨平整，裤子要熨出裤线；衣扣、裤扣要扣好、裤带要系好；穿中山装应扣好风纪扣；穿长袖衬衣，衣襟要塞在裤内，袖口不要卷起，短衬衫、T恤衣襟不要塞在裤内。文秘人员如果衣冠不整不洁、不修边幅，不仅显得人懒惰，缺乏修养，也有损于本单位的形象，在社交中可能会使对方产生不愉快、不信任的感觉，导致关系的疏远。装饰必须端庄、大方，要让对方感到可亲、可近、可信，乐于与你交往。在社交公关场合，应事先收拾打扮一下，把脸洗干净、头发梳理整齐。男士应刮胡子，女士还可化一点淡妆。一般来说，女服色彩丰富、轮廓较优美、面料较讲究，可显示出秀丽、文雅贤淑、温和等气质。男服则要求线条简洁有力、色彩沉着、衣料挺括。

2. 整体和谐

服饰礼仪中所说的服饰，不完全是指我们日常生活中的衣服和装饰物，而主要是指着装后构成的一种状态。它包括了它所表达的人的社会地位、民族习惯、风土人情，以及人的修养、趣味等因素。所以不能孤立地以衣物的好坏来评价人在着装之后的美与丑，必须从整体综合的角度来考虑，并体现出各因素和谐一致，要做到适体、入时、从俗。适体，就是追求服饰与人体比例的协调和谐。服饰是美化人体的艺术，服饰只有与人体相结合，使服饰的色彩、式样、比例等均适合人体本身的高、矮、胖、瘦，从而把服饰与人体融为有机统一的整体。因此，过肥或过紧的衣衫、过小或过大的裤腿、过高的高跟鞋，以及不得当的颜色搭配等，都会扭曲人的形体、影响人的形象。显然，这都是文秘人员在着装时要避免的。入时，就是追求服饰和自然界的协调和谐。人与自然相适应，有春夏秋冬、风雨阴晴的不同服饰；根据四季的变化穿着衣物，不但符合时宜，而且还可保证人体健康。一般来说，冬天衣服的质地应厚实一点、保暖性强一点，如毛呢料等；而春秋衣服的质地则相应薄些。可以设想，在寒冷的天气穿着单薄的衣衫，浑身颤抖；或在炎热的天气穿着厚实的外套，满头大汗，出现在交际场所的那种难堪模样。从俗，就是追求服饰与社会生活环境、风俗民情的协调和谐。应努力使服饰体现出新时代的风貌和特征，体现出各民族的不同习俗和特色，符合各种场合的不同气氛和特点。

3. 展示个性

选择什么样的服饰，能够在很大程度上体现出穿着者的个性。在服饰整体统一要求中，追求个性美，可以说是现代生活的一大趋势。个性特征原则要求着装适应自身形体、年龄、职业的特点，扬长避短，并在此基础上创造和保持自己独有的风格，即在不违反礼仪规范的前提下，在某些方面可体现与众不同的个性，切勿盲目追逐时髦。

（二）服饰礼仪

服饰能够反映一个人的文化素质和修养，是重要的体态语言。在某种程度上，外表装束能反映一个人的心态。大学生参加面试时服装穿着应做到整洁、大方、符合职业形象。在应聘不同岗位时，衣着应与之搭配。根据所应聘的工作性质和类型来确定穿着，是一个较稳妥的做法。不同职业对人的要求是有差异的，而这种差异同样体现在穿着上。尽管没有成文的规定来划定某种职业的穿着标准，但人们心理上存在着各种各样的模式化的思维。例如，应聘车间安装之类的具体操作岗位，应穿着朴素；去广告公司应聘，则不应穿古板落俗的衣服；若从事比较活泼的行业，如营销，则上衣与搭配的裙子或长裤未必要同色，也可以有些图案。总体来说，应试者的衣着服饰要注意以下几个方面。

1. 男性服饰礼仪

男生需要准备好 1~2 套得体的西装，应注意选购整套的两件式的，颜色应当以主流颜色为主，如灰色或深蓝色，这样在各种场合穿着都不会显得失态。在价钱档次上应符合学生身份，不要盲目攀比，不要乱花钱买高级名牌西服。因为用人单位看到求职者的衣着太过讲究，不符合学生身份，对求职者的第一印象也会打折扣的。

对于衬衫应以浅色为主，这样较容易搭配领带和西裤。平时也应该注意选购一些合身的衬衫，面试前应熨平整，崭新的衬衫穿上去会显得不自然，以至于削弱了人事主管对其他面试者的注意力。面试时，穿的西服、衬衫、裤子、皮鞋、袜子都不应该太崭新，而且太多新服饰从头到脚包裹在你的身上，一定会让你感到不适，从而分散你的精力，影响你的面试表现。

对于皮鞋要以舒适、大方为宜，皮鞋尽量选择黑色，且前一天要擦亮。男生参加面试一定要在衬衣外打领带，领带以真丝材质的为宜，不能有油污、褶皱，领带颜色要与西服相配；袜子的颜色也有讲究，穿西服时的袜子以深灰色、蓝色、黑色等深色系为宜，这在任何场合都不失礼；头发尽量避免在面试前一天理发，以免看上去不够自然，最好在面试前三天理发。男生女生都应在面试前一天洗干净头发，避免头屑留在头发或衣服上。仪容整洁是取得用人单位良好第一印象的前提。此外，男生要将胡须清理干净，注意不要刮伤皮肤，指甲应在面试前修剪整齐。

2. 女性服饰礼仪

女生应准备 1~2 套较正式的套服。女式套服的样式无硬性规定，每个人可根据自己的喜好来选择，但是尽量贴近上班族的身份，颜色鲜艳的服饰会使人显得活泼、有朝气，素色稳重的套装以大方干练为原则，针对不同背景的用人单位选择适合的套装。对于化妆参加面试的女生可以适当地化点淡妆，包括口红，但不能浓妆艳抹，过于妖娆，不符合大学生的形象与身份；对于皮鞋，鞋跟不宜过高，不能过于前卫，夏日最好不要穿露出脚趾的鞋，更不宜将脚指甲涂抹成红色或其他颜色，丝袜以肉色为宜；女生的皮包要与装面试材料的公文包有所区别，可以只拿公文包而不背皮包，但不能把公文包里的文件全部塞在皮包里而不带公文包。此外，面试时不宜佩戴过于花哨的手表，给人过于稚气的感觉。

无论男生还是女生，面试时不能穿着 T 恤衫、牛仔裤、运动鞋，这是不受面试官欢迎的。女生一定不要在服饰上给人错误的信息，过于花枝招展、性感暴露的打扮都不适合。

（三）面试现场的礼仪

面试现场是主考官和求职者比较正式的接触，求职者应该懂得初次见面礼仪的重要性，它能影响主考官对求职者的印象，进而决定是否录用。

1. 敲门进入面试室

面试时，应在面试室外轻轻敲门，得到许可后方可进入面试室。注意敲门不可用力太大，也不可未进门时先将头伸进去张望，更不可直接推门而入。进门后，轻轻地转过身去关门。

2. 主动与主考官打招呼、问好

进入面试室后，向主考官主动点头微笑，也可进行问候（如上午好、下午好、各位领导好等），要有礼貌地告诉主考官自己是谁，做到举止大方、态度热情。需要注意的是，面试时不宜与主考官握手，除非主考人员主动伸手与你握手。

3. 回答问题时精神集中

面试时，回答问题要集中精神，力求给对方以诚恳、沉稳、自信的印象。根据主考官的反应适时调整自己的语言表达方式，并且冷静地保持不卑不亢的态度。在语言方面，谈话的内容和说话的方式同等重要。讲话应当条理清楚。

4. 微笑待人

微笑是世界上最美的语言，它表示欣赏对方的盛情，表示了解，表示歉意，也表示赞同。面对主试人，求职者的微笑可以使双方的心理距离迅速缩短，所以面试时面带微笑会提高成功率。

两个必须知道的微笑要领：

（1）适当的时候露出 8 颗牙齿。沃尔玛百货有限公司对员工微笑的标准是开启双唇，刚好露出 8 颗牙齿的程度。面试全过程始终保持 8 颗牙齿不但会让你感觉很累，也可能让面试官感觉不舒服。当你走进房间时，初次见到面试官时报以 8 颗牙齿的微笑就可以了。

（2）掌握微笑的时机。面试中一直保持微笑有可能被看成是紧张或者缺乏自信的表现。想让面试官感到愉悦，应表现得自然，在该微笑的时候微笑就可以了。

5. 姿势正确

站有站相，坐有坐姿，求职者进入面试室落座后的姿势也非常重要。正确的坐姿：自然放松，两腿并拢，手放在上，腰板挺直，身体略微前倾，不可坐得太浅，也不能坐得太深。坐浅了容易使自己紧张，坐深了斜倚在靠背上，会给人以懒散感。正确的坐姿让人看见后会感觉到应试人精神振奋、朝气蓬勃。面试的过程中注意不要有小动作，以防给人不耐烦、不自信的印象。站姿的方向：身体要正对着面试官，不要摇头晃脑地东张西望，目光要保持平视或低于水平视线为宜。收腹挺胸，双肩自然放松端平。双手，女生要自然垂下，处于身体的两侧，将双手自然叠放在小腹前，右手叠加在左手上，或者双手自然垂放在裤子或裙子的中缝处。男生，双臂自然下垂，处于身体两侧，右手轻握左手的腕部，左手握拳，放在小腹前，或者置于身后。双脚，女生要两腿并拢，双脚呈丁字型站立，或者并立站立；男生应脚跟并拢，脚尖呈 V 字形分开，两脚间距约一个拳头的宽度，或者双脚平行分开，与肩同宽。

下面列出常见的一些不正确的小动作：下意识地看手表；坐着时双腿叉开；腿摇晃不停、跷二郎腿，或不停地抖动；讲话时摇头晃脑；用手掩口；用手挠后脑勺；摸头发；不停地玩弄随身携带的小物件等。

6. 认真倾听并注意目光交流

应试者在面试的时候与主试人保持视线接触，是交流的需要，也是起码的礼貌，更是应试者自信的表现。若回避对方目光，会被主考官认为你或许胆怯，心中无底；抑或是太傲气，不将主试人放在眼里。正常状态下，应试者应将大部分时间放在向自己发问的主考官身上，但不要一直盯着对方的眼睛，这会让人感觉咄咄逼人。正确的方法是把目光放在对方的额头或者鼻梁上方，保持目光的自然放松、柔和，传达出你的真实思想，会让对方觉得你是在聚精会神地和他交流。

7. 问候

（1）主动问候。问候分为语言和非语言两类。进入面试房间后，主动向在座的面试官问候，如早上好/下午好，我是××。同时面对面试官所坐的方向，面带微笑，上半身微微前倾15°~20°鞠躬问候。

（2）寒暄有度。应聘者为了打开话题，有时候会选择寒暄作为面试的开始。寒暄不仅可以拉近你与面试官的距离，还可以帮助你缓解紧张的情绪，寒暄需掌握分寸，适度地、有技巧地赞美面试官可能会得到额外的加分，注意把握分寸。

8. 微笑告辞

当主试人示意面试结束时，应微笑起立，感谢用人单位给予面试的机会，然后道再见，没有必要握手（除非主试人员主动伸出手来）。如果你进入面试室时有人接待或引导你，离开时也应一并向其致谢、告辞。

9. 行走

（1）身体与行走的轨迹都应保持直线。走进面试房间，以及在房间中行走时，头部要端正，不摇头晃脑、瞻前顾后，目光直视前方；上身要挺直，收腹挺胸，背部、腰部、膝盖避免弯曲；脚尖向前，不要内八字或者外八字，每一步的距离适中、均匀，行走轨迹应是直线，不要忽左忽右。

（2）协调的重要性。手臂摆动幅度以30°为宜，千万不要因为紧张而出现同手同脚的状况。不要把双手背在身后，不要将手插在口袋里，不要低着头只看脚尖。

（3）行走要平稳。走路要有节奏感，适度的节奏感本身就给人以平稳的感觉。走路时重心前倾，重心落在前脚掌；不要摇晃肩膀；女生切忌大步流星、风风火火，缺乏稳重感；男生不要迈步过小、步履轻飘，缺乏力度。

10. 自我介绍

自我介绍的基本原则：

（1）介绍内容要与简历一致，表述方式上尽量口语化，切中要害，不谈无关的内容，条理清晰、层次分明。第一分钟是最重要的时间节点，自我介绍的第一分钟往往很重要，面对众多求职者千篇一律的自我介绍，面试官可能已经麻木了，没有人规定面试的自我介绍要按照顺序从名字、年龄开始，具有创新式的自我介绍会让面试官对你留下特殊的印象。如首先感谢获得此次面试的机会，然后表达你对所面试工作的渴望，以及作为刚走出学校大门的毕业生，这份工作对于自身的契合点；以往在学校时的表现与实习经验对这份工作的帮助等。

（2）记住"STAR"原则。S：Situation，情景。T：Task，任务。A：Action，行动。R：Result，结果。由这4个单词构成三步原则，可以帮助你运用具体的经验进行自我介绍。Situation Task 即描述一个曾经负责过的任务或者项目；Action 指的是为了应对这项任务或项目，你采取的方法和行动；Result 代表的是你采取行动后，该项任务或者项目的结果。值得注意的是，一定要提及因你的行动，所取得的成功或者改进。通过这种方式的阐述，可以让面试官全面了解你的知识、经验、技能的掌握程度，以及你的工作风格、性格特点等与工作有关的方面。

（3）注意节奏的把控。在自我介绍当中，声音和节奏的把控也起了重要作用，切忌以背诵的口吻介绍自己。

（4）不要夸张与粉饰。经验丰富的面试官一眼就能识别谎言，凭空夸大简历，粉饰自我成就等做法很有可能就会毁了这次面试。即使是轻微的夸张，也会给面试官留下不好的印象。

【阅读材料】

七、职场礼仪

要弄清职场礼仪与社交礼仪的本质区别，职场礼仪没有性别之分。为女性开门这样的"绅士风度"在工作场合是不必要的，这样做甚至有可能冒犯了对方。

了解、掌握并恰当地应用职场礼仪有助于完善和维护职场人的职业形象，使你在工作中左右逢源，使你的事业蒸蒸日上，成为一个成功的职场人。成功的职业生涯并不意味着你要才华横溢，更重要的是在工作中你要有一定的职场技巧，用一种恰当合理的方式与人沟通和交流，这样你才能在职场中赢得别人的尊重。

1. 握手

两人相向，握手为礼，是当今世界最为流行的礼节。握手常常伴随寒暄、致意，如你（您）好、欢迎、多谢、保重、再见等。握手礼含义很多，视情而定，分别表示相识、相见、告别、友好、祝贺、感谢、鼓励、支持、慰问等不同意义。为了避免在介绍时发生误会，在与人打招呼时最好先伸出手。

2. 着装

如果希望在职场建立良好的形象，那就需要全方位地注重自己的仪表，从衣着、发式、妆容到饰物、仪态，甚至指甲都是你要关心的。其中，着装是最为重要的，衣着某种意义上表明了你对工作、对生活的态度。衣着对外表影响非常大，大多数人对另一个人的认识，可说是从其衣着开始的。衣着本身可以反映出一个人的气质、性格，甚至内心世界。上班时穿着得体的正装，可以让人感受到你对工作的态度。

3. 电梯礼仪

电梯礼仪，可以从侧面反映出一个人的道德与教养。

伴随客人或长辈来到电梯前时，先按电梯按钮；电梯到达门打开时，可先行进入电梯，一手按开门按钮，另一手挡住电梯侧门，请客人们先进；进入电梯后，按下客人要去的楼层按钮；行进中有其他人员进入，可主动询问并帮忙按下所去楼层按钮。电梯内尽可能侧身面对客人，不用寒暄；到达目的楼层，一手按住开门按钮，另一手做出"请出"的动作，可以说："到了，您先请！"客人走出电梯后，自己立刻步出电梯，并热诚地引导行进的方向。

4. 餐桌礼仪

（1）餐桌上的座位顺序。招待客人进餐时，必须判定上位、下位的正确位置。上位包括：窗边的席位、里面的席位、能远望美景的席位。安排座位时，请客人先入座；和上司同席时，请上司在身旁的席位坐下，你应站在椅子的左侧，右手拉开椅子，并且不发出声响。

（2）餐桌礼仪。中餐一般使用圆桌，中间有圆形转盘放置菜品，进餐时将喜欢的菜夹到面前的小碟子享用。中餐的餐桌礼仪较为简单，只要留意以下要点即可：主客优先。主客未动筷之前，不可以先吃；每道菜都等主客先夹菜，其他人才依序动手；有人夹菜时，不可以转动桌上的转盘；有人转动转盘时，要留意有无刮到桌上的餐具或菜肴；不可一人独占喜好的食物；避免使用太多餐具。

5. 交谈礼仪

首先，要注意交谈时的面部表情和动作，在与同事或上司谈话时眼睛要注视对方。并且要注意注视的方式：若注视对方额头，属于公务型注视，不太重要的事情和时间也不太长的情况下；注视对方眼睛，属于关注型注视；注视对方眼睛至唇部，属于社交型注视等。注意不能斜视和俯视。要学会微笑，微笑很重要，保持微笑，可以在大家的心中留下好的印象；也可以提升自信。

其次，注意掌握谈话的技巧，谈话最重要的一点是话题要适宜，当选择的话题过于专业，或其他人不感兴趣时应适时停止，当有人出面反驳自己时，也不要恼羞成怒。在自己讲话的同时也要善于聆听，谈话中不可能总处在"说"的位置上，只有善于聆听，才能真正做到有效的双向交流。听别人谈话就要让别人把话讲完，不要在别人讲得正起劲的时候，突然去打断。假如打算对别人的谈话加以补充或发表意见，也要等到别人说完。在聆听中积极反馈是必要的，适时地点头、微笑或简单重复一下对方谈话的要点，是令双方都感到愉快的事情，适当地赞美也是有必要的。注意掌握好谈话的时机。

6. 商务餐礼仪

身为白领阶层，一些商务性的工作餐是避免不了的。通过工作餐，可以很容易地判断出一个人的素质。而且在某些餐厅必须遵守一些最严格的规定。

晚餐可以是商务性质也可以是社交性质，不管是哪一种，都有正式与非正式之分。如果你应邀参加晚餐，但不知道是否是正式的，你应当直接问清楚。如果最后仍无法得知，那你就要以参加正式宴会的形式来着装，以免引起任何不愉快和尴尬的意外。

要避免选择有浪漫氛围的餐馆，最好在适宜商务会谈的餐馆定位。此外，建议你选定 2 ~ 3 家餐馆作为经常宴请的地点，这样，领班很快就会了解你的习惯，为你预留最好的席位；即使在你没空预定时，也会为你找到一张桌子。你的客人会因为领班对你的服务而留下深刻印象。

用餐时，最舒服的位子总是留给最重要的人。如果桌子位于角落里，你的客人的座位应当背墙，以便他能看到整个大厅或者看到最好的景色。

在西餐厅里，如果在每人餐位前有四个大小不同的杯子，那么用大杯盛水，中杯盛红葡萄酒，小杯盛白葡萄酒，而高脚杯盛香槟酒。如果是你做东或者由你斟酒，那你就按客人的重要程度依次斟酒。喝了酒后要用餐巾抹一下嘴唇，即使你认为不需要。如果餐桌上摆有多副餐具：分别为用于吃鱼的、吃肉的、吃色拉的和吃甜食的。如果不知道要选用哪种，那么只要记住先用靠最外边的餐具（吃色拉），最后用最近的（吃甜食）。

7. 介绍礼节

（1）正式介绍。在较为正式、庄重的场合，有两条通行的介绍原则：一是把年轻的人介绍给年长的人；二是把男性介绍给女性。在介绍过程中，先提某人的名字是对此人的一种敬意。

在介绍时，最好是姓名并提，还可附加简短的说明，如职称、职务、学位、爱好和特长等。这种介绍方式等于给双方提示了开始交谈的话题。如果介绍人能找出被介绍的双方某些共同点就更好不过了。如甲和乙的弟弟是同学、甲和乙是相距多少届的校友等，这样无疑会使初识的人交谈更加顺利。

（2）非正式介绍。如果是在一般的、非正式的场合，则不必过于拘泥礼节，假若大家又都是年轻人，就更应以自然、轻松、愉快为宗旨。

（3）自我介绍。有时企业家为了某事需要结识某人，在没有人介绍的情况下你也可以直接进行自我介绍。

（4）在介绍时如何应对。当介绍人作了介绍以后，被介绍的双方就应互相问候，最好再重复一遍对方的姓名或称谓，则更不失为一种亲切而礼貌的回应。对于长者或有名望的人，重复对其带有敬意的称谓无疑会使对方感到愉快。通常负责出面组织聚会的人应站在门口欢迎来宾。

8. 礼仪禁忌

（1）直呼领导名字。直呼老板中文或英文名字的人，有时是跟老板情谊特殊的资深主管，有时是认识很久的老友。

（2）以"高分贝"讲私人电话。在公司讲私人电话已经很不应该，要是还肆无忌惮地高谈阔论，更会让老板抓狂，也影响其他同事工作。

（3）开会不关手机。"开会关机或转为震动"是基本的职场礼仪。当台上有人发言时，底下手机铃声响起，会议必定会受到干扰，同时对台上的人和其他参与会议的人也不尊重。

（4）让老板提重物。跟老板出门洽商时，提物等动作你要尽量代劳，若让老板也跟你一起提东西，是很不礼貌的。另外，男同事跟女同事一起出门，男士应主动帮女士提东西、开关车门，这种贴心的举手之劳，将会为你赢得更多人缘。

（5）称呼自己为"某先生/某小姐"。打电话找某人的时候，留言时千万别说："请告诉他，我是某先生/某小姐。"正确的说法应该先讲自己的姓名，再留下职称，例如，"您好，我姓王，是×××公司的营销主任。请某某听到留言，回我电话好吗？我的电话号码是×××××××，谢谢您的转答。"

（6）对"自己人"才注意礼貌。中国人往往只对自己熟悉的人才有礼貌，例如，一群人走进大楼，有人只帮自己的朋友开门，却不管后面的人还要不要进去，就把门关上，这是相当不礼貌的。

（7）迟到、早退或太早到。不管上班或开会，请不要迟到、早退。若有事需要迟到早退，一定要提前一天或更早就提出，不能临时才说。此外，太早到也是不礼貌的，因为主人可能还没准备好，或还有别的宾客，此举会造成对方的困扰。万不得已太早到，不妨先打个电话给主人，问是否能将约会时间提早？不然先在外面晃一下，等时间到了再进去。

（8）谈完事情不送客。职场中送客到公司门口是最基本的礼貌。若很熟的朋友知道你忙，也要起身送到办公室门口，或者请秘书或同事帮忙送客，一般客人则要送到电梯口，帮他按电梯，目送客人进入电梯，门完全关上，再转身离开。若是重要客人，更应该帮忙叫出租车，帮客人开车门，关好车门，目送对方离开再走。

（9）看高不看低。只跟老板打招呼。只跟老板或领导打招呼，太过现实啰！别忘了也要跟同事们打招呼。

（10）选择中等价位餐点。老板或别人请客，专挑昂贵的菜品点餐是非常失礼的。价位最好在主人选择的餐饮价位上下。若主人请你先选，选择中等价位就够了，千万别把人家的好意当冤大头。

（11）不喝别人倒的水。主人倒水给你喝，一滴不沾可是不礼貌的举动喔！再怎么不渴或讨厌该饮料，也要举杯轻啜一口再放下。若是主人亲自泡的茶或煮的咖啡，千万别忘了赞美两句。

（12）想穿什么就穿什么。"随性而为"的穿着或许让你看起来青春有个性，不过，上班就要穿着职业装，有助提升工作形象，也是对工作的基本尊重。职场礼仪这些条条框框是要靠我们自己平常日积月累的修炼和自律来养成的。如果一个人没有一个良好的职场礼仪作基础，相信他在职场中也不会取得多大的成功。所以一定要注意这些小细节。

（13）一杯咖啡的时间。有时候，我们认为把自己的工作分摊出去，不免有"支使"他人之嫌，即便把工作交给了别人，但由于个人理解与处理问题的角度不同，他人所做的工作汇总到你这里时，你会遗憾地发现，你们好像说的根本就是两回事。你可能因此而后悔当初不如自己把事情干了算了。

（14）开门见山地陈述观点。在这个竞争激烈的职场上，实际上有很多和你一样具备了相当专业实力的人，在质素相仿的一群人中，抓住机会脱颖而出，才能获得更好的发展空间。拐弯抹角或耐人寻味的提问方式虽然可以使人觉得你含蓄和温和，但它的反面代价也是巨大的。因此，不管你自认为多么谦逊，也不要在会议上说类似"我的想法不成熟，只是提议大家参考一下"的话，那会使公司上下的人在内心里给你打上不信任的分数。一个人的自信是非常有渗透力的，所以在你需要把自己的设想与观点摆在桌面上时，开门见山，少兜圈子会为你赢得主动权，奠定自己在领导和同事心目中的地位。

（15）让桌面永远保持干净。这可以说是最容易做到的一件事，但又是最难坚持下来的一件事。桌面上杂乱的文件、记事本，电脑上厚厚的尘土，乱丢的签字笔，会让一切看上去都毫无头绪，负面的情绪稍一累积，就会勾起惰性的滋生。办公室里总有一类人，把一切都打理得井井有条，办公隔断内生机勃勃，有花有草有小鱼；桌面上永远一尘不染，连鼠标都闪闪发亮。

（16）3分钟之内结束私人电话。谁也不能避免在上班时间接听几个私人电话，但到底有多少人能控制自己在和朋友家人沟通完正事后，不接着开始无边无际的闲聊呢？一天的工作时间就那么长，学学那些为自己制定了规矩的职场先锋吧。

（17）事业成功的人往往耐得住寂寞。在那些看似程式化的进程当中寻找到快乐，他们是善于自我控制的人，可以让时间听从自己的安排。对于我们每一个人来说，每当遇到那些不情愿做又不得不做的事情时，为避免自己拖延完成的最佳办法就是用"按部就班地行动"来完成它：从接到任务的第一时间起，在自己的行事日历上用醒目的符号标注出截止的日期，并把任务均匀地分配在日程之内。

【作业与反馈】

一、行为礼仪训练

活动目标：能够灵活地使用各种体姿语言，提高学生的礼仪修养，激发学生对行为礼仪的正确认识，培养学生较高的礼仪素养。

活动说明：

1. 规范的站姿

标准站姿的基本要求：站立端正、自然、稳重、亲切、精神饱满。

种类：分腿站姿、丁字步站姿、扇形站姿（小八字位）。

2. 优美的蹲姿

具体要求：一脚在前，一脚在后，两腿向下蹲，前脚掌全着地，小腿基本垂直于地面，后脚跟提起，脚掌着地，臀部向下。

种类：高低式（男女适用）、单膝点地式（男子）、交叉式（女子）。

3. 端庄的坐姿

具体要求：坐得端正稳重、自然亲切、文雅自如。

女子八种优美坐姿：标准式、前伸式、前交叉式、屈直式、后点式、侧点式、侧挂式、重叠式。

4. 稳健的行姿

基本要领：上体正直不摆动，两肩相平不晃动，抬头挺胸，微收腹；两臂自然前后摆动，肩部放松；两腿直而不僵，提髋，身体重心落在脚掌的前部；眼平视，嘴微闭，面带微笑；步幅适中均匀，两脚落地呈一线，忌"内八字"和"外八字"。

具体要求：头正、肩平、躯挺、步位直、步速平稳。

二、职场情景模拟训练

不容忽视的职场礼仪　职场情景模拟训练

剧情概要：

方芳、吴丹和李梅是某公司新员工。方芳和吴丹是销售助理，李梅是人事助理。3人业务能力都不错，但在待人接物上确有很大不同。方芳谦虚谨慎；吴丹冲动无礼；李梅话多，喜欢捕风捉影，议论他人事非。工作一段时间后，方芳赢得了同事的普遍认可；吴丹和李梅却得不到大家的喜欢，甚至还得罪了个别同事。

情景扮演：

第一幕　接电话

场景：办公室

道具：办公桌、椅子、电话

人物：吴丹、方芳、客户

内容：吴丹与客户的对话。

电话铃响……

吴丹：喂，你找谁？

客户：请问张经理在吗？

吴丹：哦，不在。

客户：请问他什么时候会在呢？

吴丹：我怎么知道，你换个时间再打来试试吧。

客户：哦，谢谢！

吴丹马上挂掉电话。

方芳与客户的对话：

电话铃响……

方芳：您好！这里是×××公司。

客户：您好！请问张经理在吗？

方芳：抱歉，张经理现在有事走开了。请问有什么可以帮到您吗？

客户：是这样的，我是××公司的采购员李××，上次与张经理联系过，今天想跟他再确认一下采购合同的事。

方芳：哦，那需要我帮您留个言吗？

客户：那就麻烦您转告张经理，采购合同我公司没有意见了，等他确认好后我们就可以签合同了。

方芳：好的，我一定转告张经理。

客户：谢谢您！

方芳：不客气，再见！

第二幕　与上级沟通工作

场景： 经理办公室

道具： 办公桌、椅子

人物： 吴丹、方芳、张经理

内容： 关于不久前开会讨论的活动方案，吴丹和方芳都有些自己的想法和点子。

吴丹的做法：不敲门，兴冲冲地跑进经理办公室。"经理，我希望您能从另一个角度来考虑那个活动方案！"经理有点不悦，"哦，你认为我考虑得不妥吗？"吴丹抓抓头，"也不是，我只是觉得我有个想法更好。"然后，吴丹不顾经理的感受，自说自话地描述了她的想法。方芳的做法：轻轻敲门，征得同意后进门。"经理，关于刚才那个活动方案，我有一个想法，想请您指教，不知您觉得这个意见有没有不成熟之处？"经理有兴趣地说道，"哦，说来听听。"方芳委婉表达了自己的想法。经理："嗯，听起来似乎不错。"方芳谦虚诚恳地说："我的想法还不完善，请经理多多给予指导。我对这个活动挺有兴趣的，希望自己能多出点力！"

第三幕　与同事讨论工作

场景： 会议室

道具： 椅子

人物： 吴丹、方芳、其他同事2人

内容： 吴丹、方芳和另外两个同事在讨论部门近期促销活动的筹备安排。4人首先分别汇报自己负责工作的进展情况，然后再互相讨论和提建议。其他同事汇报工作或发表意见时，吴丹老是打断别人说话，她有疑问或不同意见时，总是等不及别人说完就穿插进去，提问尖锐，反对直接，不仅不礼貌，而且影响其他同事的讲话思路。相反，方芳总是耐心地倾听他人讲话，充分用表情和肢体语言给别人以尊重，当轮到她讲时，她总是会询问对方是否讲完，当发表不同意见时，她总是能委婉地表达，如"不好意思，我有一些不同的想法，不知大家觉得怎么样？"或者"请大家多提意见。"最终，同事对吴丹的汇报及建议反应冷淡，而对方芳的汇报及建议却给予认

同和支持。

第四幕　办公室里的私人电话

场景： 办公室

道具： 办公桌椅、手机、电话

人物： 李梅、同事若干人

内容： 工作时间，李梅接到好久没联系的同学的电话，非常兴奋，聊了很久，声音很大，影响到邻桌同事接听工作电话。同事示意她小声点儿，李梅小声了会儿，渐渐地又大声起来，同事再次严肃提醒，她才草草挂掉电话。午休时间，办公室里大部分同事都在午休，李梅不想休息，就与男友打电话沟通新房装修问题。同事委婉提醒她，大家都在休息，请她到外面打电话。李梅不以为然，认为这是私人时间，她想干吗别人管不着。同事很无奈。

第五幕　散播小道消息

场景： 公司茶水间

道具： 休闲桌椅、水杯

人物： 李梅、吴丹、方芳

内容： 李梅与吴丹、方芳在茶水间碰到。闲聊了几句后，李梅做神秘状，向二人透露了一个消息，即公司即将与其他公司合并，同时将有一批员工会被裁员。这个消息是她在人事部门工作中偶然了解到的，尚未确定。吴丹抓着李梅打听更多内幕，二人在茶水间絮絮叨叨地聊了很久，猜测着哪些人可能会被裁员。方芳没有参与她们的话题，接好水，打了个招呼就离开了。

第六幕　议论他人隐私

场景： 公司员工餐厅。

道具： 餐桌椅、餐具。

人物： 李梅、同事若干、刘经理。

内容： 李梅与同事在员工餐厅吃午饭。她边吃边与同事眉飞色舞地说话。话题之一就是本部门刘经理闹离婚一事。李梅告诉同事，刘经理在工作上是一位女强人，但婚姻生活其实很不幸福，由于她老公有外遇，所以正在闹离婚。结果很不巧，刘经理走过来，正好坐到她后排。同事提醒她，李梅不觉，继续大谈特谈，过了一会儿才感觉不对劲，她回头一看，刘经理正铁青着脸看着她。

就业权益与保障

【课程目标】

1. 掌握大学生就业权益与义务

2. 掌握大学生就业权益的保障

3. 熟悉常见的就业侵权行为与法律保护

4. 了解求职陷阱的防范方法

📖【案例导入】

不得不防的求职陷阱

小王和小赵是同学，即将面临毕业，通过网投简历，两人一起来到一家房地产广告公司应聘市场部助理。面试、笔试各个环节进行得都非常顺利，最后，面试负责人通知小王和小赵被录用了，试用期的主要工作是联系相关写字楼的承租客户，同时，试用期小王和小赵每人必须缴纳 3000 元的押金。交押金的目的是为了保证公司利益不受损失，试用期结束后公司会将押金退还。初试锋芒的成功让小王和小赵兴奋不已，两人并未多想，就从银行取款缴纳了押金，开始着手完成他们试用期的工作任务。接下来一个月的时间，按照公司指定的几座写字楼联络计划，小王和小赵分头忙碌起来，每天从学校到写字楼往返奔波。然而一个月下来，小王和小赵竟然没能联系到一家客户。他们只好如实向公司有关负责人说明了情况。经过一番交涉，公司有关负责人遗憾地表示，由于小王和小赵未能完成公司交办的任务，两人不能被最终录用，并且在这一个月期间，两人因涉及公司业务而发生的部分费用支出，要从当初缴纳的押金中扣除。没能完成公司交办的业务，固然让小王和小赵感到歉疚，但当初缴纳的押金因各种原因被部分扣除，也让小王和小赵感觉难以接受。

点评：

初涉职场的大学生对社会的复杂性往往缺乏必要的认识和了解。一些用人单位，甚至不法之徒也正是利用了大学生这种急于找到工作但又缺乏必要社会经验和知识的弱点，侵害大学生的就业权益，甚至利用大学生进行违法犯罪活动。大学毕业生的就业权益之所以受到不法侵害，原因主要在于3个方面：供需双方信息不对称；相关操作程序不规范，缺乏有效的市场监管；大学生维权意识匮乏，权益救济机制难以发挥有效作用。而信息渠道不畅通，供需双方信息不对称，是最为重要的一个原因。一些招聘单位往往利用信息渠道的不畅通和招聘渠道的种种漏洞制造求职陷阱，常见的求职陷阱有：以实习、试用为名，收取各种形式的"风险抵押金""保证金"；以招聘销售人员、市场营销人员名义招聘大学生上岗工作，使其误入非法传销网络；"小广告"及网上诈骗等。

【理论知识】

第一节　大学生就业的权利与义务

一、大学生就业的基本权利

毕业生作为就业过程中一个重要主体，享有多方面的权益，根据我国在《中华人民共和国宪法》《中华人民共和国劳动法》（以下简称《劳动法》）、《中华人民共和国高等教育法》《普通高等学校毕业生就业工作暂行规定》等法律、法规和政策中的有关规定，毕业生主要享有以下七方面的基本权利：

（一）接受就业指导权

学生有权从学校接受就业指导，学校应成立专门机构，安排专门人员对毕业生进行就业指导，包括向毕业生宣传国家关于毕业生就业的有关方针、政策；对毕业生进行择业技巧的指导；引导毕业生根据国家、社会需要，结合个人实际情况进行择业，使毕业生通过接受就业指导，准确定位、合理择业。

（二）获取信息权

毕业生获取信息权，应包括三方面含义：信息公开，指所有用人单位的需求信息必须向全体毕业生公开，任何单位和个人不得隐瞒、截留需求信息；信息及时，指毕业生获取的信息必须是及时、有效的，而不能将过时无利用价值的信息传递给学生；信息全面，毕业生有权获得准确、全面的就业信息，以便对用人单位有全面的了解和进行筛选，从而作出符合自身要求的选择。

（三）被推荐权

高等学校在就业工作中的一个重要职责就是向用人单位推荐毕业生。历年工作经验证明，学校的推荐往往在很大程度上影响到用人单位对毕业生的取舍。毕业生享有被推荐权，包含三方面内容：①如实推荐，即高校在对毕业生进行推荐时，应实事求是，根据毕业生本人的实际情况向用人单位进行介绍、推荐。②公正推荐，学校对毕业生进行推荐应做到公平、公正，应给每一位毕业生以就业推荐的机会。③择优推荐，学校根据毕业生的在校表现，在公正、公开的基础上，还应择优推荐。

（四）知情权

毕业生在与用人单位签订协议前，有权了解用人单位的基本情况，包括生产经营的情况、工作环境、生活条件和工资待遇的情况，以及用人单位的规模、地点和拟安排工作的岗位等情况。

（五）选择权

根据国家有关规定，实行招生并轨改革的高校毕业生在国家就业方针、政策指导下自主择业。毕业生只要符合国家的就业方针和政策，可以自主地选择用人单位，学校、其他单位和个人均不得干涉。任何将个人意志强加给毕业生，强令毕业生到某单位的行为是侵犯毕业生选择权的行为。毕业生可结合自身情况自主与用人单位协商，要求学校予以推荐，直至签订就业协议。

（六）平等待遇权

用人单位招录毕业生，应坚持公开、公平、公正的原则，任何凭关系、走后门以及性别歧视等都是对毕业生平等待遇权的侵犯。《劳动法》第十二条规定："劳动者就业，不因民族、种族、性别、宗教信仰不同而受歧视。"第十三条规定："妇女享有与男子平等的就业权利。在录用职工时，除国家规定的不适合妇女的工种或者岗位外，不得以性别为由拒绝录用妇女或者提高对妇女的录用标准。"

但在当前，毕业生的公平待遇权受到一定的冲击，也最为毕业生所担忧。由于各项配套措施滞后，完全开放、公平的就业市场尚未真正形成，用人单位录用毕业生还存在不同程度的不公平、不公正的现象，如女生就业难仍然是困扰女性毕业生的一大就业问题。公平受录用权是毕业生最为迫切需要得到维护的权益。

（七）违约及求偿权

毕业生、用人单位签订协议后，任何一方不得擅自毁约。如用人单位无故要求解约，毕业生有权要求对方严格履行就业协议，否则用人单位应对毕业生承担违约责任，支付违约金，毕业生有权利要求用人单位进行补偿。

1. 解除协议权

当履行协议后毕业生的权益或人身自由、人身安全受到用人单位严重侵害时，毕业生可以主动提出解除协议。《劳动法》第三十二条规定：有下列情形之一的，劳动者可以随时通知用人单位解除劳动合同：在试用期内的，用人单位以暴力、威胁或者非法限制人身自由的手段强迫劳动的；用人单位未按照劳动合同约定支付劳动报酬或者提供劳动条件的。

2. 申诉权

《劳动法》第七十七条规定："用人单位与劳动者发生劳动争议，当事人可以依法申请调解、仲裁、提起诉讼，也可以协商解决"。第七十九条规定："劳动争议发生后，当事人可以向本单位劳动争议调解委员会申请调解；调解不成，当事人一方要求仲裁的，可以向劳动争议仲裁委员会申请仲裁。当事人一方也可以直接向劳动争议仲裁委员会申请仲裁。对仲裁裁决不服的，可以向人民法院提起诉讼。"第八十三条规定："劳动争议当事人对仲裁裁决不服的，可以自收到仲裁裁决书之日起 15 日内向人民法院提起诉讼。一方当事人在法定期限内不起诉又不履行仲裁裁决的，另一方当事人可以申请人民法院强制执行。"此外，《中华人民共和国合同法》（以下简称《合同法》）第一百二十八条也规定，"当事人可以通过和解或者调解解决合同争议。当事人不愿和解、调解或者和解、调解不成的，可以根据仲裁协议向仲裁机构申请仲裁"，而"当事人没有订立仲裁协议或者仲裁协议无效的，可以向人民法院起诉。当事人应当履行发生法律效力的判决、仲裁裁决、调解书；拒不履行的，对方可以请求人民法院执行"。

3. 求偿权

求偿权指向违约方要求承担违约责任、获得赔偿的权利。《合同法》第一百一十二条规定："当事人一方不履行合同义务或者履行合同义务不符合约定的，在履行义务或者采取补救措施后，对方还有其他损失的，应当赔偿损失。"第一百二十二条规定："因当事人一方的违约行为，侵害对方人身、财产权益的，受损害方有权选择依照本法要求其承担违约责任或者依照其他法律要求其承担侵权责任。"

二、大学生就业中的基本义务

（一）服从国家需要的义务

虽然毕业生在就业时有了相当大的自主择业的权利，但是并不能排除服从国家需要的义务。当国家重点建设项目或某些行业急需人才的时候，应积极为国家的重点建设工程或项目服务，如西部志愿者、"三支一扶"、服兵役等。

（二）向用人单位实事求是介绍个人情况的义务

毕业生在向用人单位进行自我推荐、自我介绍和接受考察时，有义务全面地、实事求是地反映个人情况，以利于用人单位的遴选，不得夸大其词、弄虚作假。

（三）接受用人单位组织的测试或考核的义务

用人单位为了招聘到符合要求的毕业生，一般都要通过一些测试或考核手段来了解毕业生的情况，通过比较，做出是否录用的决定。因此，毕业生应给予积极配合，充分展现自己的能力，接受用人单位的测试和考核。

（四）严格按照就业协议及其他合法约定履行相应的义务

《合同法》第八条规定："依法成立的合同，对当事人具有法律约束力。当事人应当按照约定履行自己的义务，不得擅自变更或者解除合同。依法成立的合同，受法律保护。"毕业生应认真履行协议或合同，不得无故擅自变更或自行解除。如果单方违约，必须主动承担违约责任。

（五）依照职责完成工作的义务

毕业生签定正式劳动合同后，应按照合同中岗位职责的要求完成相应工作。

（六）不断提高职业技能的义务

毕业生入职后，应尽快适应角色转换，同时学习并提高职业技能，为今后的职业发展打下基础。

第二节　就业协议与劳动合同

一、就业协议书

"全国普通高等学校毕业生就业协议书"（简称"就业协议书"或者"三方协议"）是为明确毕业生、用人单位、毕业生所在学校三方在毕业生就业工作中的权利和义务，经协商签订的协议。协议书也是学校派遣毕业生的依据。在学生毕业离校前，学校将根据协议书的内容开具毕业生就业报到证和户口迁移证，同时转递学生档案。如果毕业生未签订就业协议书，学校将把其关系和档案转递回原籍。每位毕业生各拥有唯一编号协议书（一式三份），实行编号管理。

（一）就业协议书的作用

就业协议书是毕业生与用人单位建立就业关系的正式凭证，也是毕业生毕业后到人事、教育等部门办理就业报到手续的必备材料之一，因此，毕业生必须妥善保管。就业协议书是高校毕业生与用人单位订立的确立劳动关系的协议，实质上是劳动合同的一种特殊表现形式。求职最终签署的合约具有法律效力，因此签约一定要慎重，同时协议书的填写更加不可忽视。协议一旦签署，就意味着大学生第一份工作就确定了，因此，应届毕业生要特别注意签约事项。高校就业办每年都会对毕业生发出提醒：大学生签订三方协议前，要认真查看用人单位的隶属，国家机关、事业单位、国有企业一般都有人事接收权。民营企业、外资企业则需要经过人事局或人才交流中心的审批才能招收职工，协议书上要签署他们的意见才能有效。应届毕业生还要对不同地方人事主管部门的特殊规定有所了解。

（二）就业协议书相关法律问题

1. 试用期内常见的劳动纠纷

在毕业生到用人单位报到后，三方协议即告终止。此时，用人单位会与其签订一份正式的劳动合同，其中约定了劳动者在单位的试用期限、服务期限、工资待遇及其他各项福利等事宜。合同签订之后，双方即正式确定了劳动关系。而在上述提到的各项约定内容中，试用期是最容易出现纠纷的阶段。因此，关于试用期的法律问题，提醒毕业生：一般的顺序是先签订三方协议，然后报道时签订劳动合同，在其中规定相关的事宜及试用期问题。而且，试用期间或结束后如果用人单位拒绝毕业生转为正式员工，则需要列举相关的证据。

2. 试用期时限

试用期是用人单位和劳动者建立劳动关系后为相互了解、选择而约定的不超过 6 个月的考察期。试用期包括在劳动合同期限中。按照《劳动法》的规定，劳动合同可以约定不超过 6 个月的试用期。劳动合同期限在 6 个月以下的，试用期不得超过 15 日；劳动合同期限在 6 个月以上 1 年以下的，试用期不得超过 30 日；劳动合同期限在 1 年以上 2 年以下的，试用期不得超过 60 日；劳动合同期限在两年以上的，试用期也不得超过 6 个月。必须强调的是，试用期适用于初次就业或再次就业时改变工作岗位或工种的劳动者，续签劳动合同不得约定违约金。

国家机关、高校、医药研究所、医疗行政部门采用的见习期为 1 年；试用期用于企业、公司（包括外企、合资、私企），以及与医院建立劳动关系的采用试用期为 15 日至 6 个月。见习期可以延长，试用期不能延长。见习期具有一定强制力，试用期是双方约定。

3. 试用期辞职

试用期之所以称为试用，其含义就在于用人单位和劳动者均可在此期间内考察对方是否符合自己的要求，双方都具有较为自由的解除合同的方式。根据《中华人民共和国劳动合同法》（以下简称《劳动合同法》）第三十七条规定，劳动者在试用期内提前 3 日通知用人单位，可以解除劳动合同。

有些用人单位在劳动合同中约定劳动者在试用期解除合同须承担违约责任，这实际上限制了劳动者的解除权。因此，这种约定是侵害劳动者的合法权利的行为，对于这种约定条款，法律一般确认为无效。

4. 试用期辞退

根据《劳动法》第二十五条规定，劳动者在试用期间被证明不符合录用条件的，用人单位可以解除劳动合同。法律规定得很清楚，用人单位可解除劳动合同的条件是其必须举证证明劳动者在试用期间不符合录用条件。这里毕业生应当明确，用人单位要求解除劳动合同时，举证责任在用人单位，劳动者无须提供自己符合录用条件的证明。

举证责任无疑限制了用人单位解除劳动合同的随意性，用人单位如果没有证据证明劳动者在试用期间不符合录用条件，用人单位就不能解除劳动合同，否则，用人单位须承担因违法解除劳动合同所带来的一切法律后果。

5. 两个试用期是否合法

根据《劳动合同法》第十九条第二款之规定，同一用人单位与同一劳动者只能约定一次试用期。两个试用期是违法的。

6. 只签试用期合同不签劳动合同

劳动者被用人单位录用后，双方可以在劳动合同中约定试用期。试用期应包括在劳动合同期限内，劳动合同是试用期存在的前提条件。不允许只签订试用期合同，而不签订劳动合同。这样签订的试用期合同是无效的。但"试用期"合同的无效，并不导致劳动法对劳动者的保护失效。根据《劳动合同法》第十九条之规定，劳动合同仅约定试用期的，试用期不成立，该期限为劳动合同期限。北京地区的《北京市劳动合同管理规定》第十七条规定，只签订试用期合同，试用期后用人单位不愿意再签订劳动合同，劳动者可以反推（如试用期一月，可反推合同期为一年，反推依据按《劳动法》关于试用期限的相关规定）。另外，《上海劳动合同条例》对此也有特别的规定。

二、劳动合同

劳动合同，是指劳动者与用人单位之间确立劳动关系，明确双方权利和义务的协议。订立和变更劳动合同，应当遵循平等自愿、协商一致的原则，不得违反法律、行政法规的规定。劳动合同依法订立即具有法律约束力，当事人必须履行劳动合同规定的义务。

根据《劳动法》第十六条第一款规定，劳动合同是劳动者与用工单位之间确立劳动关系，明确双方权利和义务的协议。根据这个协议，劳动者加入企业、个体经济组织、事业组织、国家机关、社会团体等用人单位，成为该单位的一员，承担一定的工种、岗位或职务工作，并遵守所在单位的内部劳动规则和其他规章制度；用人单位应及时安排被录用的劳动者工作，按照劳动者提供劳动的数量和质量支付劳动报酬，并且根据劳动法律、法规规定和劳动合同的约定提供必要的劳动条件，保证劳动者享有劳动保护及社会保险、福利等权利和待遇。

（一）劳动合同的必备条款

根据《劳动法》的规定，劳动合同的必备条款有：第一，劳动合同的期限。应届毕业生所遇到的劳动合同绝大多数是有固定期限的，所以大家一定要注意劳动合同中对期限的约定，以及关于期限违约责任的约定。第二，工作内容。即用人单位安排劳动者从事什么工作，是劳动合同中确定的劳动者应当履行的劳动义务的主要内容，包括劳动者从事劳动的岗位、工作性质、工作范围，以及劳动生产任务所要达到的效果、质量指标等。第三，劳动保护和劳动条件。用人单位对劳动者的工作必须提供合适的生产、工作条件和劳动安全卫生保护措施，包括劳动场所和设备、劳动安全卫生设施、劳动防护用品等。第四，劳动报酬。主要是指用人单位根据劳动者劳动岗位、技能及工作数量、质量，支付给劳动者的货币。劳动合同中关于劳动报酬的约定应该包括工资、奖金、津贴等内容。第五，社会保险。包括养老、失业、医疗、工伤、生育等待遇。第六，劳动纪律。指劳动者在劳动过程中必须遵守的劳动规则，包括国家法律、行政法规，以及用人单位内部的厂规、厂纪、对劳动者的个人纪律要求等。第七，劳动合同的终止条件。一般是指劳动者和用人单位在国家法律、行政法规规定的劳动合同终止的条件以外，协商确定的劳动合同终止的条件，即劳动合同终止的事实理由。第八，违反劳动合同的责任。指在劳动合同履行过程中，当事人一方故意或过失违反劳动合同，致使劳动合同不能正常履行，给对方造成经济损失时应承担的法律后果。

（二）劳动合同的履行、变更、解除与终止

1. 履行

劳动合同的履行，是指劳动合同的双方当事人按照合同规定，履行各自义务的行为，依法订立的劳动合同具有法律约束力，当事人必须履行合同约定的义务，任何个人或第三方不得非法干涉劳动合同的履行。

2. 变更

劳动合同的变更，是指双方当事人对尚未履行或尚未完全履行的合同，依照法律规定的条件和程序，对原劳动合同进行修改、补充或删减的法律行

为，劳动合同变更应遵循平等自愿、协商一致的原则，不得违反法律法规的规定。任何一方不得擅自变更劳动合同，否则要承担相应的法律责任。劳动合同的变更一般是协议变更，双方当事人就变更的内容及条件进行协商，达成一致意见，应签订书面协议。我国《劳动法》规定，提出变更劳动合同的一方，给对方造成经济损失的，应当承担赔偿责任。

3. 解除

劳动合同的解除，是指劳动合同当事人在劳动合同期限届满之前依法提前终止劳动合同关系的法律行为。劳动合同的解除可分为协商解除、用人单位单方面解除、劳动者单方面解除，以及自行解除等。根据《劳动合同法》的规定，劳动合同解除分为如下 5 种：

（1）意定解除：只要用人单位与劳动者解除劳动合同的意思表示一致，解除条件成就。

（2）劳动者提前通知单方解除。为了保障劳动者全面自由发展的权利，我国《劳动法》和《劳动合同法》均规定了劳动者的辞职权，即劳动者单方无条件提出辞职的权利。但为了达到用人单位与劳动者的利益平衡，法律规定，此种劳动合同解除条件只有在劳动者履行一定法定程序（应提前30日书面通知）后才能成就。

（3）劳动者随时单方解除。此种劳动合同解除是在用人单位存在严重违反劳动合同的行为或者劳动者的人身受到威胁、迫害的情形下，劳动者有随时通知解除劳动合同的权利。主要包括以下情形：未按照劳动合同约定提供劳动保护或者劳动条件的；未及时足额支付劳动报酬的；未依法为劳动者缴纳社会保险费的；用人单位的规章制度违反法律、法规的规定，损害劳动者权益的；以欺诈、胁迫的手段或者乘人之危，使对方在违背真实意思的情况下订立或者变更劳动合同，致使劳动合同无效的；法律、行政法规规定劳动者可以解除劳动合同的其他情形，而且在用人单位以暴力、威胁或者非法限制人身自由的手段强迫劳动者劳动，或者用人单位违章指挥、强令冒险作业危及劳动者人身安全情形的，劳动者可以立即解除劳动合同，不需事先告知用人单位。

（4）用人单位单方随时通知解除。此种劳动解除主要是指在劳动者存在严重违反用人单位规章制度，或存在其他严重损害用人单位合同利益的情形下，用人单位有权单方随时通知劳动者解除劳动合同，主要包括以下情形：在试用期间被证明不符合录用条件的；严重违反用人单位的规章制度的；严重失职、营私舞弊，给用人单位造成重大损害的；劳动者同时与其他用人单位建立劳动关系，对完成本单位的工作任务造成严重影响，或者经用人单位提出，拒不改正的；以欺诈、胁迫的手段或者乘人之危，使对方在违背真实意思的情况下订立或者变更劳动合同，致使劳动合同无效的；被依法追究刑事责任的。

（5）用人单位提前 30 日通知解除。此种劳动合同解除主要是指存在非因用人单位与劳动者的主观原因，致使劳动合同无法继续履行的，用人单位提前 30 日通知劳动者或支付劳动者一个月工资的代通知金。解除劳动合同的情形主要包括：劳动者患病或者非因工负伤，在规定的医疗期满后不能从事原工作，也不能从事由用人单位另行安排的工作的；劳动者不能胜任工作，经过培训或者调整工作岗位，仍不能胜任工作的；劳动合同订立时所依据的客观情况发生重大变化，致使劳动合同无法履行，经用人单位与劳动者协商，未能就变更劳动合同内容达成协议的。

此外，用人单位在出现经营困难等情形，需要裁减人员，解除与劳动者劳动关系时，也需要提前 30 日通知全体劳动者或工会。

4. 终止

劳动合同的终止，是指符合法律规定或当事人约定情形的，劳动合同的效力即行终止。我国《劳动法》规定："劳动合同期满或者当事人约定的劳动合同终止条件出现，劳动合同即行终止。"根据《劳动合同法》规定，有下列情形之一的，劳动合同终止：劳动合同期满的劳动者开始依法享受基本养老保险待遇的；劳动者死亡，或者被人民法院宣告死亡或者宣告失踪的；用人单位被依法宣告破产的；用人单位被吊销营业执照、责令关闭、撤销，或者用人单位决定提前解散的；法律、行政法规规定的其他情形。

三、就业协议与劳动合同的异同

大学毕业生在与用人单位达成就业意向时，可以与用人单位签订就业协议或劳动合同。但是，毕业生就业协议和劳动合同并不是完全相同的，那么它们的相同之处与区别在哪里呢？

（一）相同之处

就确立劳动关系的作用上来说，两者是一致的。就业协议是高校毕业生与用人单位确立劳动关系，明确双方在毕业生就业工作中权利和义务的协议。劳动合同是劳动者与用人单位确立劳动关系，明确双方权利和义务关系的协议。用人单位对大学毕业生，与面向社会公开招聘的劳动者，在培养、使用、待遇等方面可能有所不同，但从确立劳动关系这一点来说，就业协议与劳动合同是一致的。可以这样认为，就业协议的实质就是准劳动合同，是劳动合同的一种特殊表现形式，在主体的意思表达方面，两者是一致的。签订就业协议的双方在表达主观愿望、意思表达真实、无强制胁迫方面，与劳动者和用人单位之间签订劳动合同时，双方主观意思表达所处的状态完全一致。

（二）不同之处

就业协议和劳动合同有本质上的区别，就业协议是国家教育部统一制式的，由毕业生、用人单位和毕业生所在院校三方签订的协议书；劳动合同则是规定用工单位和劳动者之间权利义务的法律文书，受《劳动合同法》的约束和调整，并且是在学生毕业后凭毕业证、报到证等文件，到用人单位报到以后才签订的。两者在主体、适用范围、性质、内容、签订的时间、适用的法律、发生问题后处理的部门等方面均存在较大的区别。

1. 主体不同

毕业生就业协议主体有三方，毕业生、用人单位、学校。毕业生和用人单位是人才市场上的平等主体，双方经过供需见面、双向选择而达成协议。学校作为一方的主体是很特殊的，它不是一方用工主体，而是负责对就业协议做出见证，并以此为据到主管部门为毕业生办理就业手续。劳动合同的主体双方，则是劳动者和用人单位，用人单位和劳动者之间是管理和被管理的关系，这些劳动者既可以是高校毕业生，也可以是其他人。

2. 性质不同

就业协议实际是一种带有国家政府指导性质的协议，是学校提供就业服务、用人单位申请用人指标、劳动者与用人单位签订劳动合同的依据。用人单位跟大学生签订的就业协议实际上是就业意向协议，它不代表劳动合同。就业协议具有政府在大学生就业指导方面的特殊性质，其主要意义在于将毕业生与用人单位双方相互选择的关系确定下来，一般没有详细规定双方具体的权利和义务，就业协议的法律效力在毕业生到用人单位报到之后即告终止。而劳动合同则指用人单位在与劳动者确定工作关系之后，签订的关于双方权利与义务的协议。

3. 内容不同

劳动合同的内容依据《劳动合同法》的规定，一般比较详细，涉及劳动合同期限工作内容、工作地点、工作时间和休息休假、劳动报酬、社会保险、劳动保护、劳动条件和职业危害防护等方面，内容更为具体，劳动权利和义务更为明确。就业协议的条款比较简单，其主要内容是毕业生如实介绍自己的情况，并表示愿意到用人单位就业，用人单位表示愿意接收毕业生；双方约定实习期、实习工资、何种情况下可以解约、何种情况下属于违约、违约金金额等内容；学校同意毕业生到用人单位工作，并负责将其列入就业计划和派遣等。公司除了按照就业协议的既定格式，约定第一年工资大致金额，并承诺毕业生享有五险一金外，不涉及毕业生到用人单位报到后所享有的权利和义务。

4. 签订的时间不同

一般来说就业协议签订在前，劳动合同订立在后。就业协议的签订可以在学生毕业离校前；而劳动合同是毕业生离开学校、到用人单位报到后订立的。

5. 适用的法律不同

就业协议属于普通的民事协议，因而受《中华人民共和国民法典》的调整，而劳动合同则受《劳动合同法》的调整。

6. 发生纠纷处理的部门不同

如因毕业生就业协议发生纠纷，任何一方均可以向人民法院提起诉讼，不能提请劳动争议仲裁。如因劳动合同发生的纠纷，任何一方均可向当地的劳动争议仲裁委员会申请仲裁，当事人对仲裁裁决不服的，可以向人民法院提请诉讼。仲裁是诉讼的前置程序，如当事人就劳动争议直接向人民法院起诉的，人民法院不予受理。毕业生在就业协议发生问题需要处理时，一般先由毕业生和用人单位进行协商，如果取得一致意见，则报送毕业生所属的学校主管部门，由学校审查认可后，报上级主管部门批准，予以调整。而劳动合同发生争议时，则毕业生和用人单位需要向劳动争议调解委员会或劳动仲裁机构请求调解或仲裁，还可以根据《中华人民共和国劳动法》处理劳动纠纷。

（三）就业协议与劳动合同的效力衔接

大学生在毕业之前不具有以大学毕业生身份签订劳动合同的主体资格，只能以在校大学生身份签订就业协议。大学生毕业后，就可以取得签订劳动合同的主体资格。因此，在大学生报到入职、用人单位接收后，就业协议即因履行完毕而失效，双方应当签订劳动合同，并依照劳动合同的约定履行。

【作业与反馈】

活动一　情景模拟：就业协议和劳动合同中的违约金

案例讨论：就业协议中的违约金需要支付吗？

案例内容：程某是我校毕业研究生，2011年4月，他以应届毕业生的身份与A公司签订了毕业研究生就业协议书，约定：A公司同意录用程某；程某愿意到A公司就业；我校根据国家有关规定负责将程某列入就业建议计划并予派遣，任何一方不得违约，否则将承担违约责任。同年6月2日，程某被A公司派遣至其子公司B公司工作，后双方签订了为期3年的劳动合同。2012年11月9日，程某提出辞职在B公司的要求下，程某在离职时支付了违约金2万元。此后，程某认为，就业协议是自己与A公司签订的，因此，B公司无权按照就业协议的约定收取违约金。为讨回这笔2万元违约金，程某将A公司和B公司都告上了法庭。一审判决支持了程某的诉讼请求。但A公司和B公司认为，自己收取违约金理由充分，拒绝退还。为此，A公司上诉称，程某提前离职违反了就业协议，应当支付相应的违约金，B公司是代自己收取这笔就业协议约定的违约金，故要求驳回程某的诉讼请求。用人单位录用应届大学毕业生时，须与学校共同签订三方就业协议，在就业协议中常有相应的违约金条款。毕业生就业后如签订了劳动合同，一旦提前辞职，这笔违约金究竟应不应当支付？

讨论要点：

1. 正反两方各自陈述理由。

2. 正反两方进行辩论。

3. 老师或评委点评。

4. 活动总结。

活动二　情景模拟：试用期的权利

小冯被一家电子产品公司录用，和他一起进入试用期的还有另外6名新职工。他们被分到不同的部门实习，小冯分到陆家嘴一大型电子商城内该公司的摊位售卖电子产品。经理告诉他，让他站柜台，一是让他熟悉公司的业务，为以后工作打下基础；二是了解市场动态，听取顾客意见，以便于改进产品。3个月试用期过后，小冯销售业绩相当不错。除了第一个月不太熟悉，销售额5000多元外，后两个月都超过了20000元。小冯想，这个业绩证明了自己的才能，公司没有不录用他的理由。经理让他回家等消息，可是快两个月了，也没有动静。他给公司打电话，人事部门经理告诉他落聘了。后来他得知，他们这批新来的 6 个人，一个也没有被录用。半年后，小冯有一次无意中经过这家公司的摊位，发现又一批新来的大学生在那里站柜台。

讨论要点：求职者在试用期内，享有哪些权益？

创业篇

第八章

认识创业

【课程目标】

1. 了解创业与创业精神内涵
2. 掌握创业者创新创业素质能力
3. 明确创业与职业生涯发展的关系

📖【案例导入】

从大学开始积累创业经验的谢杰

2012 年 3 月，谢杰从中南大学毕业，幸运地进入一家颇有名气的公司从事软件销售工作。这在众人眼里是一份好工作。然而，谢杰却放弃了这一工作，回到湖南省望城中兴村，用自己的 35 万元积蓄，承包了 100 余亩（约 6.67 公顷）林地，散养土鸡。两个月后，他又在当地参与成立了合作社。现在，谢杰的合作社有社员 21 户，注册资金 83 万元，主要从事果园养鸡，实现了林禽的生态良性循环。主基地有流转的土地 100 余亩（约 6.67 公顷），现有 40 余亩（约 2.67 公顷）已经种植了果树，散养土鸡 3000 余只，日产土鸡蛋超 1000 枚。主基地全部建设完成后，散养土鸡的规模会超过 1 万只，加上带动社员和其他农户养殖，规模会达到 2 万只，届时日产土鸡蛋将达 1 万枚，真正成为中兴村的主打农产品，年销售额将达 500 万元。

成为一名企业家，是谢杰从小的梦想。在大学前两年里，他每天看两小时财经类的杂志和报纸。"那时候身边几乎没有人知道 GDP、CPI、风险投资、贸易顺差等这些词。任正非 2001 年发表的《华为的冬天》我几乎会背。"就在那时候，他打下了深厚的理论基础，以至于和人闲聊时，常常被误以为是什么高人。有朋友开玩笑说，谢杰没有去搞传销可惜了。

在大学期间，谢杰就开始积累创业经验，他去高桥进货，批发来方便面、饼干等食品和香皂、洗发水等日化用品在学校卖给同学。他说："我觉得自己大学累积的创业认知很重要。"

资料来源：腾讯大湘网. 湖南大学生回乡创业变土豪　发布微信号推销土鸡蛋［N/OL］. (2013 - 12 - 12)［2020 - 5 - 20］. http：//hn. qq. com/a/20131212/013320. htm#p = 1. (有删节和重新编写)

【理论知识】

第一节　创业与创业精神

无论是比尔·盖茨的微软，还是乔布斯的苹果，或是刘庆峰的科大讯飞，这些新型科技公司不仅创造了自身的辉煌，同时也改变了世界。正是创业精神和创新意识，使得他们从不满足现状，不断创新和探索新的生产方式、新的消费模式、新的盈利模式和经营模式，同时也带动了周边行业的转变和区域经济的发展。

"不是人人都能创业，但人人都需要企业家精神。"创业是长期存在的社会现象，随着社会的变迁，人们对企业家及其创业活动的认识也在不断深化。而如今，创业教育的目的不是教你如何开公司，而是为了让你拥有创业精神、创新意识和创业能力，寻求适当的时机，发挥自身优势，体现自身价值。大众创业，教育先行；万众创新，文化先行。创新创业的核心在于激发人的创造力，尤其在于激发青年的创造力。因此，要推动高校普及创业教育，支持各类培训机构开展创业培训，引导更广泛的社会资源支持创新创业，使更多的劳动者敢创业、能创业、创成业。

一、创业内涵

(一) 创业的时代背景及意义

创业，不但可以实现个人理想、达成个人期望价值，更重要的是，这股力量关系到民族财富的创造、国家的富强以及世界的和平与发展。

在美国，每12个人中就有1人尝试创业，每300个成年人中就有1个人创建雇佣员工的新企业。美国所有发明中由中小企业创造的占67%。在1996年的一项调查显示，15%的快速成长企业创造了全美94%的新职位，小企业（雇员少于 500 人的企业）雇佣了 53% 的私营劳动力，占全美私营部门国内生产总值的 51%。闻名于世的美国硅谷，从一个小渔港发展成为全球高科技产业的"首都"，成为全世界人均生产力与平均投资回报率最高的地方，是因为其拥有一股支持创新与创业活动的精神力量。

以色列是仅次于美国的全球第二大创业国，这个只有 700 万人口的小国，其高科技产业实力极其雄厚。目前，共有近 4000 家新兴科技型企业，密度居全球之冠，平均每 2000 名以色列人就拥有一家新兴科技型企业。同时，在纳斯达克上市的公司中，以色列公司的数目超过整个欧洲所有公司的总和。以色列吸收了 20 亿美元的风险基金，人均为美国的 2.5 倍，欧洲的 30 倍，中国的 80 倍和印度的 350 倍。

中国近年来的创业活动也十分活跃，作为亚洲发展中国家，目前已经超过日本、新加坡、印度、泰国而位居前列。2006 年，中国全员创业活动指数（TEA 指数）为 16.2%，排在全球第 6 位，高于 2002 年的 12.3%、2003 年的 11.6% 和 2005 年的 13.7%。在中国的各种创业力量中，青年是最为活跃的，而女性创业比例也不容小觑。中国的创业活动排在效率驱动型国家的首位。

中国的创业活动先后经历了若干不同发展阶段，其间掀起了 4 次创业浪潮，而每一次创业高潮的到来都使中国创业水平登上一个新台阶，从而把创业活动不断推向新的发展阶段。2008 年是发展创业型经济阶段的开端。在国际金融危机的影响下，我国的经济增速明显趋缓，出口量下滑的同时对就业造成了较大影响，主要体现在：一是在一定的就业弹性下，经济增长率的下滑必然导致就业率的下降；二是传统劳动密集型制造行业在出口受阻的情况下必然遭遇困难，相当数量的中小企业接不到订单，经营困难，不少农民工被迫返乡，对就业形成巨大挑战；三是在危机中受冲击较大的行业部门，如房地产、金融证券、进出口行业是整个金融危机中被卷入最深的领域，相当多的企业也放缓了招聘计划，大学生等新增就业人口的就业形势更加严重。2010 年 4 月，教育部下发了《关于大力推进高等学校创新创业教育和大学生自主创业工作的意见》，高校创新创业教育将在全国所有高校推行。

【知识链接 1】

中国的四次创业浪潮

第一次创业浪潮，发生在 1984 年，代表人物有张瑞敏、王石等。那时人们把创业称为"下海"。那个年代，主流的创业者以个体户居多，大多是城镇待业人员被逼无奈自谋生计，可称之为被动创业者。这一轮创业潮是以打破计划经济下的平均主义、解放思想、搞活商品经济为主旨的，也可以说是体制内的创业。

第二次创业浪潮，发生在 1992 年，代表人物有冯仑、潘石屹等。这次的创业潮更像一个社会精英的掘金潮，是以知识分子下海为特征的。据统计，当年全国至少有 10 万名知识分子主动下海经商，这些人原本是政府机构、科研院所、大专院校的知识分子，被称为"92 派"。当年全国房地产开发投资额为 732 亿元，比上年猛增 117%。

第三次创业浪潮，发生在 20 世纪 90 年代中后期，代表人物有李彦宏、张朝阳、邓中翰等。这次创业浪潮是以海归创业为特征的。在全国"春晖计划"的政策大环境下，互联网领域创业的海归留学生引领了新一波创业浪潮，此后在海归群体的示范下，也涌现了一批像创立盛大的陈天桥、创立网易的丁磊等这样的本土创业者。

第四次创业浪潮，发生在 2008 年。这次创业浪潮被称为"全民创业潮"。新一轮海归创业潮和全民创业潮出现了叠加，各级地方政府出台了一系列扶持政策，倡导回乡创业和大学生创业，这一轮全民创业潮是中国经济转型和升级的发动机。第四次创业浪潮面对着四个大趋势：大数据时代、云计算、移动互联网和社交网络，以创新、创意为主题，涵盖新能源、新材料、生物医药、汽车制造、文化创意等多个领域。这次浪潮也使得创业教育再一次成为我国高等教育领域改革的热点和亮点。

2015 年中国有 749 万名高校毕业生就业。目前，面对企业需求相对不足的情况，就业压力却在增大。经济发展新常态下，就业总量压力仍然存在，政府将继续实施未就业高校毕业生就业促进计划，为高校毕业生提供职业培训或者就业见习，以巩固人才红利；同时将继续坚持扩大就业的发展战略，积极推动就业创业的相关政策，即中国积极就业政策的 4.0 版。

就业是民生之本，要坚持实施积极的就业政策，加强政府引导，完善市场就业机制，扩大就业规模，改善就业结构。完善支持自主创业政策，加强就业观念教育，使更多劳动者成为创业者。可见，推动大学生自主创业是时代的要求。而大学生选择创业是实现自身社会价值、经济价值等多重价值的统一。

中国正在向着一种新的经济模式转变，在这种模式下，创业成为推动中国不断迈向现代化的必不可少的动力。创业对于促进就业、创造社会财富、促进科技进步、提升人类生活品质和工作效率有着积极深远的影响。对我们大学生而言，创业不仅对个人的未来有重要意义，对于我国创新精神和自主品牌的发展，对国家的进步和繁荣，也有着十分重要的意义。

（二）创业定义

创业是人类特有的活动，它与人类社会的发展历史一样久远，同社会的发展同步。可以说，自强不息、不断超越自我的创业是人类社会不断前进的永恒动力。

近年来，随着国家颁布一系列鼓励创业的政策，创业越来越成为经济发展的强劲推动力，我国的创新创业事业步入了发展的快车道。创业在推动科技进步、促进经济增长、带动就业等方面的作用日益显著，创业已经成为社会研究和关注的焦点。

创业本身是一个跨越多个学科领域的复杂现象，不同学科都可以从其特有的研究视角对创业现象进行考察。这些学科包括了经济学、心理学、社会学、人类学、管理学等。

目前，关于创业的内涵还没有形成一个统一的界定，学者们分别从不同角度来研究创业，大致可以分为8个学派：

1. "风险"学派

早在1755年，法国经济学家康蒂永（Cantillon）就把创业者、企业家（entrepreneur）一词作为术语引入经济学。他认为创业者要承担以固定价格买入商品并以不确定的价格将其卖出的风险。创业者的报酬就是卖出价与买入价之差。如果创业者准确地洞察、把握了市场机会，就能赚取利润，反之则承担风险。毋庸置疑，创业者需要承担创业可能失败的风险。根据这种观点，创业利润是承担创业风险的回报。

2. "领导"学派

"领导"学派是从创业者在企业组织中的领导职能来研究创业活动和创业者的行为。一个成功的创业者必须具备出色的组织领导能力，能够高效整合、协调和管理各种创业资源和要素，能够领导创业团队进行创业活动。

3. "创新"学派

"创新"学派以熊彼特（Schumpeter）为突出代表。熊彼特赋予创业者以"创新者"的形象，认为创业者的职能就是实现生产要素新的组合。创业是实现创新的过程，而创新是创业的本质和源泉。熊彼特把创新比喻成为

"革命"，创业者是通过利用一种新发明，或者更一般地利用一种未经实验的技术，来生产新产品或者用新方法来生产老产品，通过开辟原料供应的新来源或开辟产品的新销路，通过改组工业结构等手段来改良或彻底改革生产模式。熊彼特强调创业和发明不是一个概念，创业最终需要创新成果在市场上实现。创业者的职能"不在于发明某种东西或创造供企业利用的条件，而在于有办法促使人们去完成这些事情"。他认为，经济体系发展的根源在于创业活动。"创业是经济过程本身的主要推动力。"

4. "认知"学派

"认知"学派强调从创业者的个人心理特性，特别是从认知特性角度来研究创业，并强调创业者的认知、想象等主观因素。柯兹纳（Kirzner）认为，创业者具有一般人所不具有的、敏锐地发现市场机会的"敏感"，也只有具备这种敏感的人才能被称为创业者。

5. "社会"学派

"社会"学派主要从创业的外部环境，特别是宏观环境来研究创业问题，不认为创业成功是创业者个人的特征或心理作用。"社会"学派给我们提供了一个研究创业现象和创业问题的宏观视角，把目光从创业内部转向创业的外部大环境。

6. "管理"学派

著名管理学大师彼得·德鲁克（Peter F. Drucker）认为，创业是一种"可以组织、并且需要组织的系统性工作"，甚至可以成为"日常管理工作的一部分"，反对把创业赋予个人的、神秘的色彩。德鲁克同样强调创新是企业家的标志，是企业家特有的工具。在德鲁克看来，企业家或企业家精神的本质就是有目的、有组织的系统创新。

7. "战略"学派

"战略"学派用战略管理的方法研究创业活动，用战略眼光来审视和考察创业活动，把创业过程视为初创企业或者现有企业成长过程中的战略管理过程。

8. "机会"学派

"机会"学派认为，创业机会的识别和利用是创业者必须认真对待的问题，创业机会是创业能否成功的关键因素。创业意味着对创业机会的识别、评价与开发，进而实现在经济社会层面的价值创造。作为创业活动发生的必要条件，所识别的创业机会特征决定着创业活动的价值创造潜力。

本书认为，创业为不拘泥于当前的资源约束，寻求机会进行价值创造的行为过程。作为一个行为过程，创业的概念可以从以下 3 个方面进行分析和理解。

首先，创业需要面对资源难题，设法突破资源束缚。无数创业案例表明：大多数创业者在创业初期甚至全过程都会经历资源约束和"白手起家"的过程。这是因为，创业活动通常是创业者在资源高度约束情况下所进行的从无到有、从"0"到"1"的财富创造过程。创业者往往需要通过技术创新和商业模式创新等方式对资源进行更为有效的整合，进而实现创业目标。换言之，创业者只有努力创新资源整合手段和资源获取渠道，才能真正摆脱资源约束的困境。正因此，积极探求创造性整合资源的新方法、新模式和新机制，就成为了创业的基本特性。

其次，创业需要寻求有效机会。机会是具有时间性的有利情况，有效机会就是在时间之流中最好的一刹那。创业通常离不开创业者识别机会、把握机会和实现机会的有效活动。创业者从创业起始就需要努力识别商业机会，只有发现了商业机会，才有可能更好地整合资源和创造价值。因此，一般认为寻求有效机会是产生创业活动的前提。

最后，创业必须进行价值创造。创业属于人类的劳动形式之一，劳动需要产生劳动成果，创业也需要创造劳动价值。创业的本质在于创新，因此，与一般劳动相比，创业更强调创造出创新性价值。当今较为典型的创业大多诉求创新带来的新价值，这些新价值通过技术、产品和服务等方式的变革更好地为消费者服务，促进社会的发展和进步。需要特别注意的是，创业通常需要比一般劳动付出更多的时间和努力，需要承担更大的风险，也更需要坚忍不拔、坚持不懈的努力。当然，创业的渐进和成功也会带来分享不尽的成就感。

二、创业的要素与类型

（一）创业要素

迄今为止，人们对创业要素的认知和分析中，最为典型和公认的创业要素模型为蒂蒙斯模型。该模型提炼出了创业的三大关键要素，即创业机会、创业者及其创业团队、创业资源。一般认为，这 3 个核心要素是创业活动中不可或缺的。如果没有机会，创业活动就成了盲目的行动，难以创造真正的价值，应该说机会是普遍存在的，关键要看创业者及其创业团队能否有效识别和开发机会，如果没有创业者及其创业团队，仅凭主观努力，创业活动是不可能发生的。创业者及其创业团队把握住合适的机会后，还需要有相应的资金和设备等资源。如果没有必要的资源，机会也就难以被开发和实现。

蒂蒙斯模型具有动态性的特征，认为创业过程实际上是 3 个因素之间相互作用，由不平衡向平衡方向发展的过程。随着创业过程的展开，其重点也相应发生变化，创业要能对机会、创业者及其创业团队、资源三者做出动态的调整。因此，该模型还要求三要素之间的匹配和平衡。创业现象也被认为是创业者、机会和资源三者之间的有效链接。其中，创业者是创业的核心，是使机会识别利用与资源获取组合得以实现的驱动者。

除此之外，一个好的商业模式对创业也是十分重要的。接下来还要全面考虑 9 点：即目标客层（customer segment）；价值提供（value propositions）；产品通路（channels）；客户关系（customer relationships）；营收来源（revenue streams）；关键资源（key resources）；关键活动（key activity）；关键伙伴（key partnerships）；成本结构（cost structure）。

（二）创业的基本类型

创业可以从创业动机的不同性质、不同主体、新企业建立的不同渠道、创业对市场和个人的不同影响程度等方面加以分类。

1. 按照创业动机的不同性质分类

按照创业动机的不同性质可分为：生存型创业和机会型创业。

全球创业观察（GEM）报告的撰写者雷诺兹等于 2001 年最先提出了机会型创业和生存型创业的概念，并逐年对上述概念进行丰富。一个明显的区别可以帮助加深理解：生存型创业往往是没有其他选择，为了生存被动创业；而机会型创业则是创业者自愿放弃其他选择，对创业机会的主动追求。

（1）生存型创业。即指那些由于没有其他就业选择或者对其他就业选择不满意，而从事的创业经营活动。此类创业者多为下岗工人、失去土地的农民，以及刚刚毕业找不到工作的大学生。常见的个体户大多就是生存型创业者，由于创业初始定位和初始资源所限，他们的创业往往只能是小规模的，难以做强做大。当然，也有少数因为经营得当、把握住难得的机会而成长为大中型企业的，其中较为典型的案例当属浙江温州的很多创业者，他们从最初的生存型创业成功地走上了机会型发展的道路。

在我国，生存型创业所占比重相对较大。根据清华大学的一份调查报告显示，生存型创业者在中国创业者总数的占比曾高达 90% 左右。这主要是因为生存型创业起点较低，此类创业者大部分文化水平不高，创业项目也主要集中在餐饮副食、百货等微利行业，创业目的大多仅仅是为了养家糊口，补贴家用。目前，这个比例有所下降，但调查显示，中国民营企业家的创业类型中，生存型创业占53%。

【案例分享】

（2）机会型创业。指那些为了追求某种商业机会而从事创业的经营活动与行为，是已感知到创业机会的人着眼于市场机会，自愿、主动地组织资源去开发其所预想的商业机会。这种创业者实际上本可以有其他选择，但是他们通过发现或创造新的市场机会，而偏好于走创业这条路，以追求更大的发展空间，自动自发地开创他们的企业。

机会型创业者不以开个小店养家糊口为终点，而是为了寻求更好的发展机会或者寻求更多的财富。从经济角度看，机会型创业要比生存型创业更有价值，由于机会型创业具有创造新产品和新市场的功能，特别是能够开辟大市场、形成新产业，能够带动经济发展，因而被誉为经济发展的引擎。因此，有能力、有条件的大学生，可以利用所学知识成为机会型创业者。

机会型创业的状况往往能反映一个地方的经济活跃度。该类创业的比例越大，说明该地区创业氛围越浓，经济越趋于活跃，发达程度越高。一般来说，发达国家和地区的机会型创业比发展中国家高，我国沿海发达地区机会型创业的比例比内地高。世界级知名企业苹果、甲骨文、谷歌、戴尔等大企业都是成长于机会型创业模式。

2. 按照创业主体的不同分类

按照创业主体的不同可分为：大学生创业、失业者创业和兼职者创业。

（1）大学生创业。大学生创业有在校创业，也有大学毕业后创业；可独立创业，也可合伙创业；可与所学专业相关，也可与所学专业无关。

（2）失业者创业。不少失业者通过自己的努力，成为了创业的佼佼者。这类创业者大多选择服务行业，投资少、回报快、风险低。例如，很多家政服务公司就是失业工人开创的，市场非常巨大，十分适合有生活经验的中年女性。

（3）兼职者创业。如高校教师中有一部分就是兼职创业者，尤其是艺术专业的老师。他们自己建立公司，招揽生意。也有一些研究生、博士生在读期间就为导师打工做项目，当下很多微商也是兼职创业。

3. 按照新企业建立的渠道不同分类

按照新企业建立的渠道不同可分为：自主型创业和企业内创业。

（1）自主型创业。所谓自主创业，即个人独立创业，是指创业者个人或几个创业者共同组成创业团队，白手起家、完全独立地进行创业活动。由于充满了刺激和挑战，自主型创业可使个人的想象力、创造力得到最大限度的发挥，从而更好地表现和实现自我。随着科学技术的飞速发展和技术周期的不断缩短，"理论研究—应用研究—设计开发—创建企业"这种技术创业成果商业化的全过程也更容易成为现实，因此，自主型创业也就成为一种较为普遍的社会现象。

自主性创业具体可以通过创新、从属以及模仿等手段实现。其中创新方式是创业者通过提供有创造性的产品或服务，填补市场空白。从属方式可以通过创办与大型企业进行协作的小型企业（如承揽大企业的外包业务）或加盟连锁、特许经营等手段实现，模仿方式一般是根据自身条件，选择合适的地点并进入壁垒相对较低的行业学习，并开办自己的企业。

（2）企业内创业。企业内创业也称为公司创业或内部创业，一般在进入成熟期的企业内进行。在"为获取持续的增长和竞争优势、促进研发成果商品化"的目标驱动下，由有组织的个体或团队发起推动的在现有企业内部的创造、更新与创新的活动，诸如开发新产品、新服务、新技术、新管理技能、新战略等。每一种产品都有其生命周期，企业在不断变化的环境中，只有把握住周期性的规律，不断创新并将成果推向市场，进而延伸企业的生命周期。

企业内创业活动的主体是企业内部具有创新精神的组织或成员，也称为内企业家或公司企业家。内企业家依托企业现有资源优势在现有企业内部发起并实施创业活动，与自主创业相比具有更高的成功概率。当然，企业内创业和自主创业一样具有很强的风险性，要求内企业家具备一定的冒险精神。

值得注意的是，企业内创业是动态的，正是通过2次、3次乃至连续不断地创业，企业的生命周期才能得以不断延续。

4. 按照创业对市场和个人的影响程度不同分类

按照创业对市场和个人的影响程度不同可分为：复制型创业、模仿型创业、安定型创业和冒险型创业。

（1）复制型创业。复制型创业是指在现有经营模式基础上的简单复制的一种创业模式。复制型创业通过复制原有公司的经营模式展开，创新的成分很低。例如，1998年伊利集团副总裁牛根生离职后，带领手下几名干将启动了一场"复制一个伊利"的计划，创办了蒙牛乳业（集团）股份有限公司。后来，蒙牛通过在我国香港成功上市，募集数10亿港元，打破了由伊利、光明乳业股份有限公司、三元集团在我国乳业市场上三分天下的局面。

复制型创业由于前期生产经营经验的累积而使得新组建公司成功的可能性很高，但在这种类型的创业模式中，创新贡献较低，也缺乏创业精神的内涵，并不是创业管理研究的主流。这种类型的创业基本上只能称为"如何开办新公司"，因此，很少会被列入创业管理课程学习的对象。

（2）模仿型创业。模仿型创业是指创业者了解到他人创业成功的经验后，采取模仿和学习的方式进行的创业活动。模仿型创业具有投资少、见效快、进入市场较为迅速等特点。例如，某外贸公司的经理辞掉工作，自己开设一家当下较为流行的网络咖啡店。

模仿型创业虽无法为市场带来新价值的创造，且创新的成分很低，但与复制型创业不同的是，其创业过程还是具有较高的不确定性。创业者需经历较长的学习过程，犯错机会多，代价也较大，可以说冒险成分较大。然而，模仿型创业者如果本身具有较为适合的创业人格特性，且经过全面系统的创业管理培训，加之具有敏锐的洞察力、掌握进入市场的正确时机，获得成功的可能性将较大。

（3）安定型创业。安定型创业是指创业者依赖现有的经验和资源所进行的创业活动。例如，企业内部的一位工程师在为公司开发完成一项新产品后，在此基础上为自己开发新项目，从而脱离原有企业走上创业之路。这种创业依赖对技术问题的深入理解，以及以往建立起来的关系，来追求个人创业精神最大限度地实现。

这种形式的创业中，创业者虽然为市场创造了新的价值，但其本身改变不大，往往做着较为熟悉的工作。可以看出，安定型创业更强调创业精神的实现。

（4）冒险型创业。冒险型创业的主体包括两部分：一部分是有构想、有能力、有技术、有人才但没有钱的创业者，另一部分是有资金的风险投资家。简而言之，冒险型创业就是创业者提供人才、智慧；风险投资家提供资金，共同创建一个有市场前景的新企业。经济利润往往对创业者而言有着强烈的吸引力和刺激作用，这种创业活动中的创业者在实现商业机会的过程中注重高利润回报，因此将承担较多的风险。

除了对创业者本身带来极大改变，个人前途的不确定性也很高；对新企业的产品创新活动而言，也将面临很高的失败风险。冒险型创业是一种难度很高的创业类型，有较高的失败率，但成功所得的报酬也很惊人。这种类型的创业如果想要获得成功，必须在创业者能力、创业时机、创业精神发挥、创业策略研究拟定、经营模式设计、创业过程管理等各方面都有很好的搭配。

（三）创业的过程与阶段

1. 创业的过程

创业过程是指创业者从产生创业想法到创建新企业或开创新事业并获取回报，其中包括涉及识别机会、组建团队、寻求融资等一系列活动组成的流程。通常分为以下 6 个主要环节：

（1）产生创业动机。创业动机是创业机会识别的前提，是创业的原动力，它推动创业者去发现和识别市场机会。创业活动的主体是创业者，创业活动首先取决于个人是否希望成为创业者。当然，不少人是因为看到了创业机会，由于潜在收益的诱惑，才产生了创业动机，进而成为一名创业者或创业团队人员。一个人能否成为创业者，会受 3 个方面因素的影响：一是个人特质。每个人都可能具有创业精神，但其创业精神的强度不同，强度的大小有自身的因素，更受环境的影响。例如，温州人的创业意愿相对强烈，其中环境起到了很大的作用。二是创业机会。创业机会的增多会形成巨大的利益驱动，促使更多的人尝试创业。社会经济转型、技术进步等多方面的因素在使创业机会增多的同时，也会降低创业门槛，进而促成更大的创业热潮。三是创业的机会成本。人们能从其他工作中获得高收入和满足需求，创业意愿就低。

（2）识别创业机会。识别创业机会是创业过程的核心环节。识别创业机会包括：发现机会来源和评价机会价值。一般应澄清 4 个基本问题：第一，机会从何而来？就是说创业者应该找到创业机会的来源在哪里。第二，受何影响？就是说创业者应该找到影响创业机会的相关因素。第三，有何价值？就是说创业者应该找到创业机会所具有的，并能被评价的价值。第四，如何实现？就是说创业者应该明了能通过什么形式或途径使机会变成实际价值。围绕这些问题，创业者在识别创业机会阶段需要采取行动多交流、多观察、多获取、多思考、多分析，最终抓住创业机会。

（3）整合有效资源。整合资源是创业者开发机会的重要手段。一般情况下，创业者可以直接控制的可用资源往往很少，创业几乎都会经历白手起家、从无到有的过程。对创业者来说，整合资源往往意味着需要借船出海，要善于尝试依靠盘活别人掌握的资源来帮助和实现自己的创业起步。人、财、物都是开展创业活动所必需的基本生产要素。创业者所需要整合的资源，首先，要能组建团队，凝聚志同道合的人；其次，要能进行有效的创业融资；最后，具有创业的基础设施，包括创业活动的场地和平台。创业是在创业者面对资源约束情况下开展的具有创造性的工作，一定会面临很大的不确定性。所以，创业者在创业初期乃至企业成长的很长一段时间里，都要把主要精力放在资源的获取上，以解决公司和企业的现存问题。此外，创业者还需要围绕创业机会设计出清晰的有吸引力的商业模式，还要制订详细的创业计划，以此向潜在的资源提供者陈述或者展示，以获取更多的资源支持。

（4）创建创业企业。新企业的创建是创业者的创业行为最为直接的标志。创建新企业包括公司制度设计、企业注册、经营地址的选择，确定进入市场的途径，即选择完全新建企业还是采取加入或收购现有企业等。值得注意的是，许多创业者在创业初期迫于生存的压力，以及对未来缺乏准确预期，往往容易忽视这部分工作，结果给以后的发展留下了隐患。

（5）提供市场价值。创业者识别机会、整合资源、创建新企业等的目的是实现自己的创业目标。但真正能促成创业目标最终实现的是创业者能否提供市场价值。这是创业过程中的重要环节，关系新企业的生存与成长。因此，创业者必须面对挑战，采取有效措施，使创业的市场价值得到充分利用和实现，不断地为客户产生收益，从而获得企业的长期利润，逐步把企业做活、做好、做大、做强。

（6）收获创业回报。收获回报是创业活动的主要目的，对回报的获取有助于促进创业者的事业发展。回报可能是多种多样的，对回报的满意程度取决于创业者的创业动机。调查发现，创业者的创业动机不同，对收获创业回报的态度和想法也有所不同。对多数年轻创业者来说，获取回报最为理想的途径之一，是把自己创建的企业尽快发展成为一家快速成长企业，并成功上市。

2. 创业的阶段

根据以上创业的过程分析和大量创业实践案例研究，可以归纳出：一个全过程的创业可大致划分为 4 个主要阶段：机会识别、资源整合、创办新企业、新企业生存和成长。创业过程所包含的环节中，产生创业动机、识别创业机会属于机会识别阶段；整合有效融资、创建创业企业等环节属于资源整合阶段；而提供市场价值、收获创业回报则属于创业的生存和成长阶段。

创业的阶段也可以从公司发展的性质，进一步划分为 4 个基本阶段，具体如下：

第一阶段，即生存阶段。以产品、技术和服务来占领市场，重点是要有想法、会销售。

第二阶段，即公司化阶段。以规范管理来增加企业效益，这需要创业者提高思维层次，从基本想法提升到企业战略思考的高度。

第三阶段，即集团化阶段。以产业化的核心竞争力为硬实力，依靠团队的合作，构建子公司和整个集团的系统平台，通过系统平台来完成管理，把销售变成营销、把区域性渠道转变成地区性网络。

第四阶段，即总部阶段。以一种无国界的经营方式构建集团总部，依靠一种可跨越行业边界的无边界核心竞争力，让企业发展到最高层级。

三、创业精神的本质与来源

（一）创业精神的本质

创业精神对创业者的创业活动起到非常重要的作用，这主要包括开创性的思想观念、个性、意志、作风和品质等，主要表现为敢于创新、不惧风险、团结协作、坚持不懈等。

第一，创新是创业精神的核心和灵魂。创业活动中贯穿着各种形式的创新，诸如产品创新、技术创新、市场创新、组织形式创新等，而创业者只有具备了创新精神，才可能创建新颖独特的企业，并保持一个企业的特色和可持续发展。

第二，冒险是创业精神的天性。创业会面临着各种风险，如果没有甘冒风险和承担风险的魄力，就不能成为创业者。创业者遍布世界各地，他们的生长环境、成长背景和创业机缘各不相同，但有一个共同点，他们都是敢为人先、承担风险的实践者。

第三，合作是创业精神的精华。社会发展到今天，行业分工越来越细，没有人能单独完成所有创业需要完成的事情。创业者要善于合作，将团结协作精神传递给企业的每个员工，凝聚力量，共同为创业目标而奋斗。

第四，执着是创业精神的本色。创业的过程必然伴随着各种艰辛和曲折，因此创业者必须坚持不懈，绝不轻言放弃，才能在艰难的竞争中生存下来，最终实现创业梦想。工作中精益求精，执着专注，新时代的工匠精神都是创业精神的体现。

创业精神是创业的动力，也是创业的支柱，没有创业精神就不会有创业行动，也就无从谈起创业成功，因此创业精神对创业至关重要。

（二）创业精神的来源

创业精神的形成与发展，受相应的文化环境、产业环境、生存环境等的影响。

第一，文化环境。文化对人的影响是潜移默化和深远持久的。创业者会受到成长环境的文化熏陶，从其生活区域的文化中汲取精神力量。因此，商业文化氛围浓厚的地方，更容易培养潜在创业行动者的创业精神。如商业文化十分发达的温州就孕育了当今温州商人的创业精神。

第二，产业环境。不同的产业环境，会对创业精神产生不同的影响。对于垄断行业而言，行业缺乏竞争，创业缺乏萌芽的土壤，创业精神的产生就会受到抑制。而在一个完全竞争的市场结构中，由于企业竞争激烈，则更有可能培育创业精神。

第三，生存环境。从生存环境来看，资源贫瘠、条件恶劣的区域，往往更能逼迫人产生斗志，渴望改善生存状况，促使人们不断寻求发展机会，整合外界资源，进而催生创业念头，激发创业精神。

四、创业精神的作用与培养

（一）创业精神的作用

创业精神能够激发人们进行创业实践的欲望，是心理上的一种内在动力机制。它在很大程度上决定着一个人是否敢于投身创业实践活动，支配着人们对创业实践活动的态度和行为，并影响着态度和行为的方向及强度。

创业精神能够渗透到 3 个广阔的领域，并产生作用：一是个人成就的取得，如个人如何成功地创建自己的企业；二是企业的成长，如大企业如何使其整个组织重新焕发创业精神，以具有更强的竞争力和创造力；三是国家的经济发展，如帮助人民变得更富裕。

创业精神的力量能够帮助个人、企业乃至整个国家或地区在 21 世纪的竞争中走向成功和繁荣。当前，世界产业结构正经历着巨大调整，创业精神在我国，对加快转变经济发展方式，促进经济社会又快又好地发展，将发挥更大的作用。

（二）创业精神的培育

创新精神的培育可从以下 3 个方面入手：

第一，培育创业人格。个性特征对于个体的创业来说是非常重要的，尤其是独立、坚持、敢为等特性。人格养成与创业精神、能力的培养相辅相成。我们应有针对性地学习必要的心理健康知识，树立心理健康意识，优化心理素质，增强心理调适能力和社会生活的适应能力，自觉培养坚韧不拔的意志品质和艰苦奋斗的精神，提高承受和应对挫折的能力。此外，还可以运用创业案例，剖析创业者的人格特征，进行心理训练等，掌握形成良好心理素质与优秀人格特征的途径。

第二，培养创新能力。创新是创业精神的核心，创业者必须重视创新能力的培养与提高。社会要尊重创业者个性发展规律，爱护和培养好奇心、求知欲，为充分开发禀赋和潜能创造环境和机会。创业者要勇于突破，有意识地突破前人、突破书本、突破老师。通过学习创新创造力课程、参加主题技能竞赛等去感受、理解创新产生的过程，培养科学精神和创新思维。

第三，强化创业实践。创业精神的培育要做到知行合一，理论与实践紧密结合。要利用课余时间参加一定的创业模拟和社会实践活动，将专业知识应用到实践，形成对创业的感性认知，孕育创业精神，提升解决问题的能力。

第二节　创业者与创新创业素质能力

有这样一类人，他们坚毅果敢，他们有勇有谋，他们渴望成功但同时也不畏惧失败。人们常说，幸运之神眷顾他们，却常常忘了失败之神也是他们的常客，他们，便是创业者。

"创业"一词在《新华字典》中的解释为：开创建立基业、事业。在社会生活中，有各式各样的、不同类型的工作形式，自然也就有种类繁多的创业活动和形形色色的创业者。创业者并非天生，也并非注定只能发生在谁的身上，而是一个人在认清自己的前提下，理性地看待创业问题，认真考虑自身利益与社会利益后，开创和建立适合自己特性、特征的产品与服务，合理有效地分配资源，以此来满足人们的需要。

一、创业者概述

（一）创业者的含义与类别

创业者一词最早起源于法国，因而对"创业者"这一概念最早也是由法国经济学家理查德·坎蒂隆（Richard Cantillon）在 1755 年提出的，他认为，创业者是指这样一类人，对于一项新鲜事业，他们勇于冒险并且敢于承担责任。随后，法国经济学家萨伊（Say）在1800年对创业者的定义有了更明确的说明。在他看来，创业者在一项经济活动过程中同时协调着资源的分配、资金的使用和劳动力的雇佣，他们的身份更像是一个代理人。著名经济学家熊彼特认为，创业者应为创新者，即具有发现和引入新的更好的能赚钱的产品、服务和过程的能力。在今天，我们将创业者更多地理解为创办建立一个新的企业，并维系这个企业的运营与管理，行使决策、承担风险、完善发展，从而获取收益。总之，创业者的内涵随着经济的发展不断丰富。

【知识链接2】

创业者、发明家与职业经理人的区别

发明家是指研究发明前所未有的新事物的人。一个发明家往往在某个方面造诣颇深，并且具备很高的创造性。发明家有与创业者相似的地方，就是两者都要有勇于挑战的精神，对自己充满信心，敢于突破思维上的束缚，热爱冒险但两者也有不同的地方，首先，就创业动机来说，发明家更热衷于发明创造东西，他们仅仅是热爱发明创造本身，而对创业者来说，是要建立自己的事业、企业并进行良好的运作与维系，很多时候是创业者对利益的需求导致创业行为；其次，对发明家来说，更注重技术能力，而创业者不仅注重技术，也同样关注企业的管理、产品的推广和人际关系的处理；最后，两者的衡量标准略有不同，我们通常运用发明数量和专利数量来衡量一个发明家的成就，而运用业绩、利益来衡量一个创业者的水平。

职业经理人是指在企业经营过程中受任经营管理企业的人，通常具备丰富的经验和强烈的责任心与领导力，责任为将企业资源进行适当合理分配以实现增值，收入来自于管理成果；而创业者拥有企业的所有权，掌握着企业的最终命运和人员分配调动最终权。所以说，创业者和职业经理人是雇佣与被雇佣的关系，创业者的收入取决于企业的所有盈利与亏损，而职业经理人只拿走自己应得的那部分。另外，创业者与职业经理人最显著的区别在于创业者是"0"到"1"的突破，而职业经理人是实现"1"到"10"的过程。

创业者作为一种相对独立的社会群体，群体内部按不同的分类标准也划分为不同的类型。

1. 生存型创业者与机会型创业者

2001年，《全球创业观察报告》的作者雷诺兹等最先提出了生存型创业和机会型创业的概念，在此之后，大家也对这两类概念进行了丰富。

生存型创业者是指创业者进行创业活动的动力完全是因为生活所需，为了钱财和物质，不得已而为之。这类人的典型特征是被动。而且学识不是很高，往往从事一些低门槛、低成本、低消费的创业活动，主要集中在餐饮、百货行业，所赚利润用于贴补家用。但同时，由于利润极低，且考虑到生计，这类创业者往往有更强的吃苦耐劳的精神。创业初期，雇用少量甚至不雇用员工，多依靠亲朋好友的协助完成创业活动。这类创业者在我国的创业者中比例最高。

机会型创业者是指那些为了追求某个商机而进行创业活动，是从个人角度出发，为了满足精神需求而非生理需求的一类人。这类人的典型特征是主动，他们根据自己的兴趣爱好，根据自己的独特视野发现在行业中存在的商机，赚取利润。并且，机会型创业者背后往往有较好的团队支持，他们会筛选合适的员工来辅佐企业的顺利运行。

2. 独立创业者与企业内创业者

独立创业者多是在工作、生活中萌生出独立创业的想法，自己出资成立公司，并自己管理。创业的原因多是因为在工作中的不顺，或对所从事的行业感到失望，而产生急切的想要改变的想法。这类创业者需具备一定的投资能力和极强的自立精神，一旦决定成立某个项目，便要投入全部的金钱、时间和精力，不屈不挠地奋斗下去。

企业内创业者是指在已有的公司或单位中，根据现有的资源、项目创新出不同于以往的商业模式或产品服务。一般是由企业内有创业意愿的员工来主持发起的，目的多是为了增加企业竞争力，阻止人才流失，发挥员工潜力。但由于有原公司的扶持，相比独立创业者，风险相对较小，资金也更容易到位。

3. 初始创业者与二次创业者

初始创业是指创业者第一次根据自己的分析与思考，确定自己的创业类型并开始筹备后，一直到招聘员工、建立公司制度、设计研发产品、进行营销并获利的过程。初始创业者特指第一次进行创业活动的人群，他们有着缜密的计划和满满的信心，但由于结果的未知性，他们往往也需要更强大的内心。

二次创业是指创业者在经历过初次创业之后，根据自己的学习经验和心得体会而产生更有助于企业进步与发展的思想。二次创业者往往对公司的运营把控得更加完善，决策更加现实。毕竟创业是一个学习、再学习、不断学习的过程。

（二）创业者的特征

在我们身边有着数不胜数的成功创业的典例，我们常常会剖析他们的创业环境和背景，分析他们身上的性格特质，深入挖掘他们成功的因素，试图找到成功的秘诀。但这也使得很多人陷入一个思想误区，认为创业者是天生的，或许是某些基因决定了这一特性，使得特定的人群能够创业、能够成功，而自己并不在这些人中，因而还未尝试就已经打了退堂鼓。著名管理学家、创业教育创始人之一彼得·德鲁克说过："创业不是魔法，也不神秘，它与基因没有任何关系。创业是一种训练，就像任何一种训练一样，人们可以通过学习掌握它。"成功的人有相似点，但并不是说将这些相似点简单地堆加成一个公式，只要符合这些条条框框的人就一定会成功，而稍有偏差你便与创业无缘。著名创业教育家、美国西北大学教授劳埃德·谢夫斯基说过："婴儿的每一天都是新的一天，他们总是会爬到不该爬的地方，他们总能带给你惊喜，你会知道他们是多么的无所畏惧。这就说明，我们每个人都是天生的创业者。"既然如此，我们又为什么要探究创业者具备的种种特性呢？那是因为很多人面对未知的创业，充满了好奇与恐惧。我们将创业者通常具备的心理、行为、知识、能力等 4 个维度的特征做出归纳总结后，方便人们参照，通俗点说，是让人心里有个"谱"，能够更好地认识自己。那么，就大部分创业者而言，他们具备哪些特征呢？

1. 创业者的心理特征

（1）创业激情。对于一个创业者来说，最先要具备的是对创业这件事情怀揣的热情。类似于现在很多家长对于孩子的教育。一些家长总是困惑为什么上同样的特长班，自己的小孩总是不如其他的孩子优秀，是自己的小孩笨吗？好像也不是。那是什么原因呢？其实问题很好解决，关键取决于是你要求他去学，还是他自己感兴趣。人们都有望子成龙、望女成凤的心情，但却经常忽略，兴趣才是最好的老师。只有保持兴趣，你才会主动地去探索、去求知、去渴望体验一次次的实践。创业也是如此，你对创业饱含兴趣，才会萌生观念与想法，才有继续探索下去的热情，才会展开无限的可能。创业的激情不是一时的，它伴随你整个创业过程。在漫长且艰辛的创业之路上，不是所有人都会一帆风顺，当你困惑迷茫时，回想当初是什么动力促使你创业，你会拨开云雾，重见光明。

（2）敏感好奇。创业者在选择创业项目时，要有新奇点和侧重点。而这两点取决于创业者的好奇心与洞察力，以能适时地寻找机会、抓住机会，对商业机会做出快速反应。机会是留给有准备的人的，但对创业者来说，机会是留给敏感好奇的创业者的。很多时候，商机就摆在眼前，而我们却往往视而不见，将别人眼中的平淡无奇变为自己的无限商机，是一个合格的创业者应具备的特质。

（3）情绪稳定。创业过程相当于一次冒险过程，没人能预料未来会发生什么，也没人能预料未来你的公司会走多远。即使是创立于 1850 年，身为美国第四大投资银行的雷曼兄弟公司，在 2000 年还被《商业周刊》评为全球最佳投资公司，而 2008 年在金融危机中却不得不宣告破产。面对创业路上充满的种种未知，保持良好的心态和稳定的情绪显得尤为重要。古人云，不以物喜，不以己悲，说的便是这个道理。创业需要极大的心理承受能力，如果你天生心理承受能力不足，是不适合创业的。罗永浩认为，创业过程中需要承受的压力和恐惧是超出想象的，它会让大部分抗压能力正常的人崩溃。所以说创业者在心理承受能力方面是要优于常人的。

（4）敢于承担。每个现实生活中的人都扮演着不同的角色，而每个角色又承担着相应的责任。抚养孩童是父母的责任；赡养老人是孩子的责任；遵纪守法是每个公民的责任。同样，对于一个创业者而言，合理合法地创办企业，保障企业和员工的生存，做出合理正确的决策等，这些都是创业者的责任。作为一个勇于冒险、敢于担当的创业者，责任和义务是要时刻铭记于心的，而不能一味地只想索取、获利，权利与义务永远是对等的。同时敢于承担也不仅仅是承担应尽的责任和义务，还包括对于决策后果的承担。无论公司发展如何千变万化，要敢于面对现实，敢于接受现实，不自暴自弃，有勇有谋有担当，才是一位合格的创业者。

2. 创业者的行为特征

（1）诚实守信。古人云："人而无信，不知其可也。"说的是一个人若失去了信用，那么便无立足之地。《吕氏春秋》中写道："君臣不信，则百姓诽谤，社稷不宁；处官不信，则少不畏长，贵贱相轻；赏罚不信，则民易犯法，不可使令；交友不信，则离收郁怨，不能相亲；百工不信，则器械苦伪，丹漆染色不贞"。自古以来，诚信作为最重要的美德之一，一直被后人传承，可以说小到个人、家庭，大至整个社会、国家，诚信都起着至关重要的作用。作为商人，丢失诚信可谓寸步难行。不仅导致顾客利益受损，同时也会丧失客流量，在诚信的同行面前更是毫无竞争力，结局注定是死路一条。因而诚实守信是每一个创业者的第一要义。

（2）勤奋好学。关于踏实勤奋走向成功的典例不胜枚举，关于勤奋的名言警句也是数不胜数。小时候，父母总告诉我们，一分耕耘，一分收获。因为并不是每个人生来就注定会成为天才，生来就一定会成功。就连伟大的发明家爱迪生也是在3800次的失败实验后才发明出了钨丝灯泡。成功的人总是不断学习、不断进步的，他们知道，只有用勤奋的钥匙才能打开进阶的大门，只有不断地与时俱进，才能把握机会、实现价值。

（3）吃苦耐劳。如果一个创业者只将创业挂在嘴边，那么他必定是个失败的创业者，如果他付诸行动，那么他会感受到创业路上的艰辛，万千世界，我们相信唯有适者才能生存。创业也是如此，敢打敢拼敢吃苦，不轻言放弃的人便是竞争中的适者，坚韧不拔的毅力会是助他穿梭于河流中的小舟；反之，丢掉这些，他会很容易迷失沼泽，半途而废。

（4）随机应变。创业是任重道远的，同样创业路上也布满了荆棘，没有人敢说自己的创业不会出现一点点意外，一切都是在预计的轨道上运行的。一个好的创业者，一定要具备灵活应变的能力以应对企业面临的各种变数，要脚踏实地，从实际出发，保持清醒的头脑来面对不同的挑战，切勿一条巷子走到黑。

3. 创业者的知识特征

（1）夯实的基础知识。学习知识是为了让我们更好地认识世界、认识自然、认识美丑、明辨是非。学习基础知识不仅可以加深我们的认知，也会让我们看清精神价值的方向。对于一个创业者来说，学习管理，有助于他经营公司；学习法律，有助于防范法律风险；学习道德，有助于他对为人处世有着更深的理解；学习理财，可使他对财富的管理更完善……总之，夯实的基础知识在人的学习、生活中起着不可替代的重要作用，有了它不一定会成为优秀的创业者，但优秀的创业者一定精通它。

（2）精湛的专业知识。仅具备基础知识对一个创业者来说是远远不够的。如果你想把企业做大做强，那么学习广博精湛的专业知识是必不可少的。如工商管理、人力资源管理、财务管理、公司金融、会计学、审计学、法学、决策论等，这些都是必要的，除此之外，还应学习与创业理论息息相关的经营知识，以及所涉及企业行业的相关专业知识。就像代码与IT行业是永远分不开的，只有掌握核心的代码、核心的技术，才能掌握核心竞争力，才能有市场，从而获取利润。

（3）多彩的实战经历。对创业者而言，除了要具备丰厚的理论知识外，同时也要具备实践精神。老话说，是骡子是马，得拉出来遛遛，一个企业在注册、创办、经营、发展的各个不同阶段，都有核心的问题要处理，如果你对这些过程的方方面面不了解也不去学习，那必定是个失败的创业经历。实践才能出真知，了解到经营企业的艰辛，才会对今后的成果倍加珍惜。

（4）丰富的社会阅历。如果说以上3点侧重考察的是智商，那么社会阅历一定是情商的代言人。我们生活在社会中，终会成为一个"社会人"。尤其对创业者来说，打交道的无非是人和物。物件只要用心，真材实料都是可以搞定的，而人就不同了，社会上的人形形色色，有善有奸，对于创业者来说，其供货商、顾客等，都是打交道的对象，丰富的社会阅历会给创业者在复杂的人际交往中提供帮助。另外，丰富的社会阅历会给创业者带来人脉，试想一下，如果你点子新奇又踏实肯干、待人真诚，那么朋友自然会帮你引荐靠谱的上游链和下游链，助你一臂之力。还有，社会阅历有助于创业者用更高的眼光来分析、判断事物，也会对创业者处理事务的方式方法产生影响，实现一步步的自我提升。

4. 创业者的能力特征

（1）创新力。创新意识和创新能力是一个创业者综合能力的体现，包括发现一个新的问题、产生一个新的思路，建立一套新的机制，发明一项新的技术等。它是以深厚的文化底蕴、夯实的知识为基础，综合心理、智力、人格多方面相互协调配合的一种能力。当今社会，与其说是人才的竞争，不如说是人的创新力的竞争。对创业者而言，好的创新项目不仅是盈利的工具，更是创业者的心血。只有不断地进步，认识创新的重要性与必要性，才能促进个人的发展，才能推动社会的进步。

（2）领导力。一个好的创业项目，靠单打独斗是成不了大气候的，团队的力量永远不容小觑。在一个团队中，卓越的领导人是团队的风向标，委任各部门的员工，各司其职，才能使企业蒸蒸日上。一位好的领导，不仅要管理好自己，更多的是管理员工、激励员工，展现好的人格魅力，设立完善的管理机制，强化团队沟通、提升凝聚力，发挥"1+3"远大于4的效果。

（3）洞察力。在惜时如金的今天，对时间的把控很大程度上就是对公司发展的博弈，可能会让你赚得盆满钵满，也可能让你输得一塌糊涂。这就要求一个创业者必须具备敏锐的洞察力，走在认知与时间的前沿，与时俱进，善于发现别人忽略的发光点，将一个点不断放大，不断向下延伸，发现另一片不为人知的天地。

（4）沟通力。创业是一个交流沟通的过程，无论是你的员工、客户、上游供应链还是投资人，有效的沟通可以达到事半功倍的效果。有效的沟通力往往表现在以下两方面。

首先，有效的口头表达能力。随着社会的进步与发展，路上的行人脚步也是越来越快，工作中的人更是忙忙碌碌，如何在短时间内运用逻辑、抓住重点、直奔主题、言语巧妙不晦涩地抓住你的潜在客户，让他们产生兴趣，成为很多创业者面临的大问题。感兴趣的创业者可以试着模拟"电梯演讲"。

其次，有效的书面表达能力。在向投资者、顾客推荐创意想法或者某种产品时，光利用口头的语言是不够的，必要的时候，我们要做出详尽的计划书和产品推荐书，或以高效简洁的 PPT 向别人展现自己的项目，这都会为创业计划增光添彩。

二、创业者素质与能力

（一）创业者的能力素质概述

创业者的能力素质是指结合创业者的心理素养与文化教育，在特殊环境影响下形成的一种综合素质，包括创业者心理素质、创业者技能素质以及创业者处事素质等。通过这些综合能力素质，使创业者在创业过程中对自己有更清楚的认识，适度地降低创业过程中的风险，对企业的稳健运营提供帮助。可以从以下 4 个方面具体理解。

1. 成功欲望

松下幸之助创立的松下集团，以其过硬的技术设备和独到的技术产品在家用电器领域闻名世界，不得不说松下幸之助是成功的企业家，而其创业经历也值得我们借鉴学习。同很多普通百姓一样，松下出生在一个小山村，5岁之前过着不错的生活，5 岁后父亲做生意失败，全家生活陷入困顿，为了维持生计，9 岁的松下辍学来到大阪做学徒。看到别的孩子上学读书，松下心里很是难过，但父亲总是开导他："历史上每位成功的名人，都是从做学徒、奴仆开始的，保持一颗积极向上的心，总有一天会出人头地的。"于是他开始了白天打工，晚上读夜校的生活。到 24 岁，松下开始认真考虑自己的人生，他急切地想要成功，他有了创业的想法。起初，松下运用多年所学，以电灯插座打开创业大门，其初始创业时四处碰壁，后来通过空调插座生意才勉强维持，而此时，来自同行的排挤又为企业的前行增添路障。1929年经济危机爆发，松下集团面临最大的挑战，而他却又一次化险为夷，重新腾飞。成功后的松下在接受访问时回忆道："日子确实比想象的艰难，每当熬不下去的时候，我都在想，是什么支持我走到今天，父亲的话起到了很大的作用，但我觉得更重要的是我那颗从未变过的、渴望成功的心。"

从松下幸之助的创业历程中不难看出，强烈的成功欲可以拓展思维、爆发活力、推动创新，燃起希望之火，是一个创业者打开创业大门的基础。成功欲是我们内心沉睡的巨人，一旦被唤醒，你会发现身上有无限的潜力。

2. 情绪管理

情绪是个体对外界刺激的主观的有意识的体验和感受，具有心理和生理反应的特征。不同的心境下人会产生不同的反应，也会做出不同的决策。例如，人在接受某种刺激后，可能精神萎靡，可能乐极生悲，可能怨天尤人，也可能心如止水。情绪并无好坏之分，不同的情绪表达都透露着每个人的心境和处世态度，情绪也不会被完完全全地消灭，但可以通过调节与梳理的方式管理情绪。既然无好坏之分，我们又为何要管理情绪以保持稳定呢？那是因为情绪虽无好坏之分，但因不同的情绪而产生的行为后果是有好坏之分的。我们知道，没有人的创业是一路坦荡的、没有一丝一毫曲折的，在面对这些曲折磨难时，好的情绪管理是成功的催化剂。学会稳定自己的情绪，保持清醒的头脑，有助于在大喜大悲时对自我、对公司、对员工负责，这也是每一位创业者必不可少的能力素质之一。

3. 解决问题

心理学中，对解决问题的定义是：由一定的情境引发的，依照某种目标，运用自己的知识、认知和技能，结合思维操作，使面临的问题得以解决的过程。创业过程包括发现问题、分析问题和解决问题 3 个阶段。从我们找到一个好的创业项目，到将这一计划变为现实，再到企业的推广和盈利，都需要不断地发现问题、寻找对策，从而解决问题。所以解决问题的能力是一个创业者所必须的，丢掉它，可能使企业无法起步；而做好它，企业就会一步步做大做强。

4. 为人处事

创业者终日在社会中打拼，为人处事的作风对创业活动具有重要影响。为人处事包括多个方面，良好的作风往往可以减少工作中的矛盾与摩擦，增强客户的信任，有助于办公效率的提高。同时，在工作过程中的友好相处，往往可以为创业者积累大量的人脉和资源，有助于创业者在遇到危机时可以得到帮助，及时化解危机。创业一定要从用户细分开始，比如，性别、年龄、收入、职业、行业等，而且要去评估规模有多大，太大无处着力，太小无法使企业规模做大，投资人也不会太感兴趣。同时，应尽量细分目标客户群，重点列出种子用户，锁定潜在的早期使用者，通过他们获取客户需求痛点、提出解决方案。

（二）创业者的能力素质及培养

创业者的能力素质，有一些是与生俱来的，但更多的是通过后天的学习和培养形成的。创业的过程，不仅是奋斗拼搏的过程，同样也是学习和培养的过程。我们可以从书本中学习理论、可以从失败中反思总结、可以从别人的经历中学习经验，还可以从摸爬滚打的实践中自我总结。随着慢慢的积累，最后由量变引起质变，成长为一个准备充足的创业者。

1. 创业者的健康心理

创业过程可以说是一次充满新奇的大冒险，在这次冒险中，有赢有输，有起有伏，只有调整好心理状态，才有可能完成冒险，登顶夺旗。如何培养一个创业者健康的心理素质，可以尝试从以下 3 个方面入手。

（1）树立良好品德。所谓育才先育人，育人先育德。良好的品德，包括诚实守信、勤俭节约、善良勇敢、有所担当等，都作为优质的意识形态，推动着人类的发展和社会的进步。德与才是相辅相成的，缺一不可。有才而无德的创业者，不可能走向成功。例如，为了自身利益而有损他人利益、做生意过程中偷奸耍滑等，那他一定会亲手毁了自己的企业和人生。

（2）清楚认识自己。古往今来，无数的典故告诉我们，没有人是生来的将才，也没有人是生来的士兵。同样，对创业者而言，没有天生的创业者。每一位成功的创业者都要经历种种磨难和考验，这是他们的必经之路。识时务者为俊杰，不是一定要赚多少钱就是成功，也不是赔掉多少钱就是失败。成功的创业者，能分辨形势，能看清自己，懂得把握分寸。老话说，没有金刚钻，别揽瓷器活。这无关家境、背景，只要清楚地认识自己的能力，在能力范围内尽力而为，就是一个成功的人。

（3）做情绪的主人。在生活中，适时地培养、调度、调控自己的情绪，有助于更好地掌控和把握情绪。若你在经营过程中遇事而无法自持，做出情急之下的错误判断，则既是对自己不负责，也是对员工和客户不负责，同时，也是对竞争对手不负责。

2. 创业者的领导能力

创业者的领导能力是一家企业能否有立足之地的重要考察方面，创业者对自身的管理，以及对员工的领导都是领导能力的体现。培养领导能力应着重从以下 3 个方面入手。

（1）加强学习。学习是不断使人进步的过程。在企业创立过程中，创业者需掌握专业技术、人才培养，以及经营管理等相关知识。这不仅仅是简单的多读几摞书的问题，而是创业者思考与实践的过程。马克思说过，实践是检验真理的唯一标准，通过学习理论，可以在面临选择与困难时为你提供思路，但若不加以实践运用，终是纸上谈兵。

（2）塑造良好的个人形象。创业者的个人形象和品质是创业行为的精神核心。其包括两个大的方面，即对自己的管理和对员工的管理。

于自身而言，创业者的意志、信念、人格都是自我形象的展现。正直诚信、不屈不挠、坚韧执着、敢于担当都是人格魅力的具体表现。这些精神会随着创业者注入企业文化中，为企业的发展带来更多生机。

个人形象是可以传染的，领导者的工作作风与为人处世态度也会影响员工的工作热情及工作信心。好的领导者懂得引导、管理、爱护、尊重员工，与员工并肩作战，让员工感觉温暖，才是一个团队的基本构成。

（3）实行良好的工作机制。一个好的团队，光靠一位品行端正的领导者是远远不够的，企业需要企业文化，团队也需要团队机制，而其中最为重要的是用人机制和赏罚分明的奖惩机制。创业者只有牢牢掌握这两点不动摇，一视同仁，才是真正地掌握了领导权，才是对企业和员工的负责。

3. 创业者把握机遇的能力

机遇就像是肥沃的土壤，只有将能力这棵小树培植于此，小树才能成长为参天大树。对创业而言也是这样，好的创意项目遇到正确的机遇，小企业会成长为具有竞争力的大企业。但机遇有时候往往也代表着挑战，没有把握好分寸，挑战失败，也会使企业走入下坡路。因而，把握机遇的能力素质也是一位合格的创业者应具备的。

（1）产生兴趣。

（2）敏锐的洞察力。

（3）立足实际，解放思想，勇于创新。

（4）出现机遇，审时度势，牢牢把握。

不同的人往往对机遇有着不同的理解，就像硬币的两面，在很多人看来是深渊的机遇，却被一些人认为是天堂；或者某些看起来不错的机遇，背后却是重重陷阱。因此，对待机遇，我们一定要结合自身的能力，善于听取他人意见，保持客观理性的态度，抓住适合自己的机遇，努力奋斗，实现价值。

4. 创业者的交际能力

交际能力是一个创业者综合能力的外在展现，也在日常事务的处理中显得越来越重要。良好的交际能力，不仅可以使自己得到更多的理解，也会使他人增加对你的认识，有助于形成健康的心理，树立正确的世界观、价值观和人生观。创业者交际能力的提升可从下述方法着手。

（1）读书，听讲。读书和学习的过程，对于处在不同阶段、不同领域的人，都会产生帮助，都会使其对问题的判断和处理产生新的理解与认识。尤其对创业者来说，掌握说话的技巧，往往会获得更多的机会。

（2）积极参加活动。创业者应积极主动参加晚宴、交流会等聚会，在这些聚会中，尝试结识各类前辈或朋友，多听取他人的意见和见解，开阔眼界、拓宽思路。从别人的学习、实践经历中吸取精华，择其善者而从之，其不善者而改之。

（3）大胆尝试，主动交流，向别人介绍你的想法。想必很多人对《国王的演讲》中结巴口吃的艾伯特有着深刻的印象。从起初的断断续续，到后来的流利自如，这段演讲鼓舞了士兵，赢得了民众的赞扬，但更多的是他战胜了自己。学习、读书、听讲座、听取他人见解只是提升交际能力的输入过程，但一个人对交际能力的展现最终是要落在输出渠道的。对此，好的办法就是多说。只有不断锻炼，大胆尝试，让别人了解你的想法，才能真正提升自我，完善创业过程。

5. 创业者的信息处理能力

互联网的普及和大数据的广泛运用，早已使我们的社会变为信息化社会。如今信息量之大、信息价值之高也是前所未有的。信息对社会的政治、经济、文化格局都产生了极为深远的影响，同时也与我们每个人的生活息息相关。因而对信息的准确处理也成为创业者的一门必修课。

（1）信息分析，明辨是非。有时，对一则信息的有效识别与分析，可以为公司带来巨额收益。例如，一些电商巨头正是因为正确有效地识别了消费者需求，结合互联网技术，使消费者足不出户就可以体验购物的乐趣。但若对虚假信息没有做出正确判断，很可能导致上当受骗，甚至蒙受损失。所以明辨是非，首先，要求我们树立正确的"三观"，不要贪图蝇头小利，不要相信天上掉馅饼的故事；其次，做出决定前，多咨询或者进行实地考察，多听取他人意见，避免上当受骗。

（2）掌握必要的信息处理工具。在进行信息处理时，需掌握一些必要的信息处理工具。作为创业者，必须要清楚企业的账面信息与实际财务状况，除此之外，要对所从事行业的专业知识信息有一定的判断。例如，从事装修行业，要对各种涂料的好坏、适用情况有所掌握；从事摄影行业，要对不同的相机、镜头，以及图片色彩的处理有所掌握等。

（3）学会独立思考，分析结果。创业者既是公司的创始人，也是企业的领导者。当企业面临决策选择时，一方面，要听取智囊团的意见；另一方面，也要学会独立思考，有自己的见解，不能对员工、顾客完全听之任之，要有自己的判断。这就要求创业者在创业过程中有意识地培养、锻炼自己。一时失误并不可怕，要从中吸取经验教训，久而久之，不仅能提高自己的判断力，也有助于企业的发展。

三、创业者伦理与企业家精神

创业与伦理的关系可以用"功过参半"来形容。一方面，创业者作为创新实践者，通过改进产品，完善服务和为大众提供就业机会，在很大程度上推动了社会的进步，受到人们的广泛赞誉；另一方面，一些创业者又被指责为片面地追求商业利益和成功，有时甚至违背法律规定、社会责任和道德规范。因此，创业者在追求利润最大化的过程中要遵守创业伦理道德，使自己和企业始终不偏离正确的方向，使创业成功。

（一）创业者伦理的定义

创业者首先，要创造财富；其次，要承担相应的社会责任；最后，还要遵循创业伦理，这是对创业者更高层次的素质要求。创业者伦理，是指创业者在从事商业活动中处理各方相互关系的行为规范和准则，或者说是商务活动中所有人都应遵循的行为标准。其实质是涉及相关利益的人与人之间的关系。

创业者伦理是一个企业生存和发展的根基和生命线，没有好的创业伦理，企业是难以为继的，即便企业应势发展，生命力也不会长久，只能昙花一现。很多传承数百年的知名企业，不仅仅是因为其产品和服务符合社会需求，更因为其始终恪守商业伦理，才能在激烈的市场竞争中始终屹立不倒。创业者从一开始就要把创业伦理摆在突出的位置，严守伦理要求，才能为企业初创、成长，以及长远发展打下坚实的基础。

（二）创业者伦理的核心要素

创业者伦理不仅是创业者的基本素质，其作为精神支柱的道德伦理文化对于我们当下的企业家来说，更是至关重要。在中国经济进入"新常态"

的情况下，越来越多的有志青年投身于"大众创业，万众创新"的时代大潮中，在这样的背景下，创业者伦理的核心要素作为基本的商业伦理道德，值得每一个创业者、每一个企业家去学习、去领悟，这样在面对市场全球化和经济全球化的今天，创业者才能在改革的浪潮中不至于迷失自我，才能真正实现创业者社会价值和自我价值的结合与双赢。

1. 自由交换

在经济全球化的市场经济条件下，各种生产要素、产品，以及服务能够在全球市场快速地流动和组合。自由交换是这种时代背景下的产物，也是市场经济能够顺利运行的重要保证。创业者可能既是生产要素等的供给者，又是需求者，无论是何种供求角色，创业者均需按照同质同价的要求进行商业活动。囤货居奇、哄抬物价、强买强卖、垄断经营等行为不仅严重背离了自由交换的原则，也阻碍了商业贸易的有序进行和市场经济的持续健康发展。

2. 恪守诚信

恪守诚信，是保证商贸活动正常进行、生产要素合理流动、经济有序发展的前提和保证。诚信是中华民族优秀道德传统的重要组成部分，很多历史名人和文学著作都把诚信视为个人修身与做事的基本原则，孔子甚至发出了"人而无信，不知其可也"的感慨。在中国发展的现阶段，诚信缺失的问题十分突出，"三聚氰胺毒奶粉""地沟油""黑心棉"等突破道德底线的恶劣事件，一次次刺激着公众的神经。创业者在创业伊始就要牢固树立诚实守信的人生信条，无论遇到何种竞争挑战和利益诱惑都不能动摇自己的信念。

3. 服务至上

服务至上原则的核心是"顾客至上"。顾客是所有最终产品和服务的体验者，每一个消费者的消费满意程度将关系着整个社会的商业满意指数。创业者在面对消费者时要着重注意"慎、勤、亲"的原则。

"慎"指的是创业者在开发新产品和服务时，要认真进行市场调研和分析，要真正了解消费者的实际需求，这样才能有的放矢。

"勤"指的是面对消费者的不解和询问要细致地解答，认真做好消费者的售前售后服务工作，对于消费者对产品和服务的消费评价与改进意见要耐心地倾听。

"亲"是指创业者从一开始就要与顾客建立朋友和伙伴的关系，而不是买卖双方的博弈关系。在可以的情况下，为消费者量身打造适合自身的产品，提供人性化、差异化服务，这样不仅能赢得消费者的信赖，也能提高产品和服务的竞争力及附加值，一举两得。

4. 公平竞争

在市场竞争日趋激烈的现实背景下，各商家为推销自己的产品和服务可谓是"挖空心思，费尽心机"，从打折销售，到"买一送一"，甚至"买一送多"，可谓是五花八门，无奇不有。更有商家为了暂时的销售业绩，不惜折本倾销，真是"杀敌一千，自损八百"，不仅扰乱了市场秩序，而且得不偿失。

5. 依法办事

依法办事是商业伦理最低层次的要求，也是创业者必须遵守的原则。创业者在创业的各个环节都要树立法治思维，从创业项目的审批，营业执照的领取到缴纳税额，都要遵循相关的法律法规，为了做到依法办事，创业者既不能"以身试法"，也不能因为"法盲"而触犯国家的法律。

6. 义利并重

利以义制，名以清修。中国的商人很早就提出了这样的观点，将商业活动和儒家所倡导的修身联系在一起。从古到今，涌现出了一大批值得敬佩的儒商。商业活动是社会发展必不可少的重要环节，但创业也是需要社会条件的，比如，社会的和谐安定、基础设施建设、人才智力的储备、良好的社会信用环境等，这些必要的条件缺一不可。

（三）企业家精神

1. 企业家精神的定义

"企业家精神"是由英文单词 entrepreneurship 翻译而来的，著名的理论经济学家熊彼特认为，企业家精神就是一种首创精神，即不断创新的精神，新古典经济学的代表人物马歇尔认为，企业家精神是一种包括"果断、机智、谨慎和坚定"，以及"自力更生，敏捷富有进取心"的心理特征，管理学大师德鲁克在 1985 年出版的《创新与企业家精神》中指出："企业家精神既不是一门科学也非一门艺术，它是一门实践"。从企业发展的角度来看，除了创新因素外，任何一个充满活力和竞争力的企业背后通常都有一位杰出的企业家，如微软公司的创始人比尔·盖茨、通用公司的杰克·伟尔奇、松下之父松下幸之助等，从一定程度上可以说，企业成长与企业家精神密切相关。

企业家精神是一个非常广泛的概念，随着时代的变迁会有不同的定义，所谓企业家精神，是指企业家在所处的社会人文环境和特定的经济制度下，在企业经营管理和市场竞争中形成的心理素质、价值取向、思维方式和精神状态，企业家精神通过企业家的一个个具体的行为表现出来，体现在企业家日常的商品生产和经营活动中，而且通常是优秀企业家共同的特征，企业家精神是一个企业管理者所具有的竞争"软实力"，是一个企业区别于其他企业的重要标志。企业家精神不仅包括个体层面的企业家精神，而且包括组织层面和社会层面的企业家精神。

个体层面的企业家精神是狭义的企业家精神，是个体企业家所具有的区别于普通人的特质，仅指企业创始人和少数管理者的精神。个体层面的企业家精神是企业家在长期生产实践活动中形成的，既有个人先天的因素，也有社会发展的印记，是自身与企业、社会共同作用的结果；是以企业家自身特有的个人品质为基础，以创新精神为核心，包括冒险精神、敬业精神、合作精神和强烈的社会责任感等在内的一种多元的精神品质。

组织层面的企业家精神主要是指一个企业或一个组织所具有的创新、进取、合作等价值观和经营理念，是个体层面的企业家精神在组织层面的拓延和表现，属于较高层次的企业文化。组织层面的企业家精神是企业的核心竞争力之一，是在企业长期发展实践中形成的，对企业的发展会产生深远的影响。组织层面的企业家精神可以帮助企业形成企业文化，增强员工的向心力和凝聚力，形成"企业性格"，提升企业竞争的软实力。

社会层面的企业家精神是指引导地区、社会乃至整个国家创建具有企业家精神特征的文化。社会层面的企业家精神是最为广义的企业家精神，反映了整个国家和社会对于创业创新的态度，其作用在于最大限度地激发整个社会的创新、创业热情，培育经济增长点，解决就业，加快国家创新能力的形成。

2. 创业者企业家精神的培育

企业家精神和个人修养一样，不是与生俱来的，而是需要后天培育的，毋庸置疑，可能有的人身上的企业家精神品质多一些，有的人则少一些，但无论如何，企业家精神都是可以通过后天的努力培养起来的。

【知识链接3】

企业家誓言

我是不会选择做一个普通人的。

如果我能够做到的话，我有权成为一位不寻常的人。

我寻找机会，但我不寻求安稳，我不希望在国家的照顾下成为一名有保

障的国民，

那将被人瞧不起而使我感到痛苦不堪。

我要做有意义的冒险。

我要梦想，我要创造，我要失败，我也要成功。

我拒绝用刺激来换取施舍。

我宁愿向生活挑战，而不愿过有保证的生活；宁愿要达到目的时的激动，而不愿要乌托邦式毫无生气的平静。

我不会拿我的自由与慈善做交易，也不会拿我的尊严去与发给乞丐的食物做交易。

我决不会在任何一位大师面前发抖，也不会为任何恐吓所屈服，

我的天性是挺胸直立，骄傲而无所畏惧。

我勇敢地面对这个世界，自豪地说：

在上帝的帮助下，我已经做到了。

——美国《企业家》发刊词

彼得·德鲁克在《创新与企业家精神》一书中回答为什么美国的经济可以持续繁荣时说："因为美国社会诞生了一种人，这种人叫'企业家'还因为美国出现了企业家经济，使得美国出现了一个繁荣和令人兴奋的社会现象。"中国的经济可以持续增长 40 年，同样令人兴奋的是，中国也诞生了"企业家群体"，这些企业家之所以能推动世界各国经济繁荣，且持续增长，其核心就是"创新"。企业家精神包含的内容很多，可从以下 7 个方面来着重培育。

1. 创新

在竞争激烈的商业环境中，创业者是否具有创新精神，事关企业的生死存亡。创业者要敏锐地把握市场所需，应用最新的科学技术，不断改进产品以满足消费者的需求。在市场变革中"下先手棋"，领跑行业的发展。

2. 勤奋

古语云："业精于勤，荒于嬉"。卓越的产品品质，人性化的一站式服务，这些都需要从业者辛勤的汗水和艰辛的付出。作为企业家，勤奋是其获得成功不可或缺的关键要素。事业维艰，奋斗以成，企业家必须要有顽强的拼搏精神，去对待各种挑战，为员工带好头、领好路，企业才有可能取得长足的发展。

3. 感恩

企业家所获得的一切成就都是社会给予的认可，没有人可以独自完成复

杂、艰巨的工作。企业家应当从内心感谢社会和他人给予的厚爱，只有懂得感恩的人才能不断地开拓进取，做有益于国家和人民的事，实现自我价值和社会价值的统一。

4. 仁爱

企业家要有"仁爱之心，同情之心"；企业家要爱自己的员工，热爱社会，关心弱势群体。"爱人者，人爱之；敬人者，人敬之"，仁爱是消除企业家与员工隔膜，走进员工内心世界的金钥匙。有仁爱之心的企业家才能缔造出一流的企业，服务于社会，无愧于内心。

5. 慷慨

人的社会性要求在权利与义务、索取与奉献、为人与利己面前要符合国家的、集体的价值取向。财富取之于社会，也要用之于社会，财富只是企业家追求的目标之一，而不应该是唯一的目标。企业家要积极承担起自己应尽的社会责任，做好自己力所能及的贡献。

6. 正直

正直是企业家必须具备的品质之一。唯有正直的企业家才能公正地面对自己的员工和社会，只有正直的企业家才能从容地面对各种诱惑和挑战，在波涛汹涌的商海中扬帆远航。

7. 慎独

所谓"修和无人见，存心有天知"。在没有监管和监管薄弱的区域，慎独是保证企业家不偏离正确方向的法宝。高级管理人员如没有慎独的品质，根本无法授之以权利，委之以重任。

第三节　创业生涯规划

一、狭义创业与广义创业

"创业"无疑是当今时代极具吸引力的一个字眼，因为创业不仅意味着可以创造出更丰富的产品、服务，为创业者自身和社会创造财富，还可以让创业者施展才能，实现自身价值和人生理想，《中华人民共和国就业促进法》规定："国家倡导劳动者树立正确的择业观念，提高就业能力和创业能力；鼓励劳动者自主创业、自谋职业。"创业的本质在于开拓新事业，但创业并不仅仅只是指创办新企业，因为创业有狭义和广义之分。

（一）狭义创业

狭义的创业通常指"创建一个新企业的过程"。新创建一个企业一般需要符合以下 4 个方面的条件：企业的创办必须符合法定的程序；企业能够提供满足市场需求的产品和服务；新创企业需要确定适合于产品或服务的营销模式；新创企业需要一个创业团队，并能根据企业发展的需要进行有效的管理，包括技术管理、财务管理、营销管理、人力资源管理等。

（二）广义创业

广义的创业通常指"创造新事业的过程"，换言之，所有创造新事业的过程都是创业。无论是创建新企业、企业内部创业，还是在工作岗位上创造性地发挥自己的聪明才智，通过发现机会、整合资源实现自己的价值和抱负，都可以称为创业。所以从广义的角度去理解，创业既包括创立营利性组织，也包括创立非营利性组织；既包括运行政府设置的部门和机构，也包括运行非政府组织机构；既包括从事大型的事业，也包括从事小规模的个人或家庭事业。从一定意义上讲，人生就是创业的过程。

当前，我国进入了一个"大众创业，万众创新"的新时代，飞速发展的经济和不断宽松的商业环境，为创业者们提供了前所未有的好机会，不管是继承创业、主动创业抑或是"被创业"，越来越多的人正在积极开办自己的企业。

另外，人们也正在把创业机制引入到企业当中，培育一种鼓励创新、宽容失败的创业文化，从而让企业去寻找新的商业机会，提升企业的创新能力，不断增强企业的竞争优势。再有，创业精神和创业文化可以推动人们更多地应用创业的态度和方法开展工作，有助于新事业开发和促进职业生涯的发展。

二、创新型人才的素质要求

所谓创新型人才，就是具有创新精神和创新能力的人才，通常表现出灵活、开放、好奇的个性，具有精力充沛、坚持不懈、注意力集中、想象力丰富，以及富于冒险精神等特征，知识经济时代对创新型人才有以下素质要求。

（一）可贵的创新品质

创新型人才必须是有理想、有抱负的人，具备良好的献身精神和进取意识、强烈的事业心和历史责任感等可贵的创新品质。只有具备了这种品质的人，才能够有为求真知、求新知而敢闯、敢试、敢冒风险的大无畏勇气，才能构成创新型人才的强大精神动力。

（二）坚韧的创新意志

创新是一个探索未知领域和对已知领域进行破旧立新的过程，充满各种阻力和风险，也可能会遇到重重困难、挫折甚至失败。因此，创新型人才每前进一步都需要非凡的胆识和坚韧不拔的毅力，为了既定的目标必须坚持不懈地进行奋斗，锲而不舍，遇到挫折和挫败不气馁、不退却。只有具备了这样的创新意志，才能不断战胜创新活动中的种种困难，最终实现理想的创新效果。

（三）敏锐的创新观察力

历史上的科学发现和技术突破，无一不是创新的结果。从这个意义上讲，创新就是发现，而且是突破性的发现，要实现突破性的发现，就要求创新型人才必须具有敏锐的观察能力、深刻的洞察能力、见微知著的直觉和一触即发的灵感和顿悟，不断地将观察到的事物与已掌握的知识联系起来，发现事物之间的必然联系，及时地发现别人忽视的东西。

（四）丰富的创新知识

创新是对已有知识的发展，在人类知识越来越丰富和深奥的今天，要求创新型人才的知识结构既有广度，又有深度，因此，创新型人才须具有广博、精深的文化内涵，既要有深厚而扎实的基础知识，了解相邻学科及必要的横向学科知识，又要精通自己专业，并能掌握所从事学科专业的最新科学成就和发展趋势，这是从事创新研究的必要条件。只有通过知识的不断积累才能用更为宽广的眼界进行创新实践。

（五）科学、严谨的创新实践

创新的过程是遵循科学，依据事物的客观规律进行探索的过程，任何一种创新都不能有半点马虎和空想，因此，创新型人才必须具有严谨而求实的工作作风，严格遵循事物的客观规律，从实际出发，以科学的态度进行创新实践。

三、创业能力与职业生涯发展

（一）职业生涯的含义

1. 职业生涯有其基本的含义

第一，职业生涯是个体的行为经历，而非群体或组织的行为经历。职业生涯实质是指一个人一生之中的工作任职经历或历程。第二，职业生涯是一个时间概念，意指职业生涯期。职业生涯期始于工作之前的专门的职业学习和训练，终止于完全结束或退出职业工作。不同个人之间的职业生涯期有长有短，是不完全一样的。第三，职业生涯是一个包含着具体职业内容的发展的、动态的概念。职业生涯纵向表示职业工作时间的长短，横向表示职业发展、变更的经历和过程，包括从事何种职业工作、职业发展的阶段、由一种职业向另一种职业的转换等具体内容，是纵横交错的。

2. 职业生涯也可以从另一个角度将其分为外职业生涯和内职业生涯

（1）外职业生涯是指从事职业时的工作单位、工作地点、工作内容、工作职务、工作环境、工资待遇等因素的组合及其变化过程。例如，职务目标——总经理、教授；经济目标——年薪 30 万元。外职业生涯的构成因素通常是由别人给予的，也容易被别人收回，外职业生涯因素的取得往往与自己的付出不符，尤其是职业生涯初期。有的人一生疲于追求外职业生涯的成功，但内心极为痛苦，因为他们往往不了解，外职业生涯发展是以内职业生涯发展为基础的。

（2）内职业生涯是指从事一项职业时所具备的知识、观念、心理素质、能力、内心感受等因素的组合及其变化过程。比如，工作成果目标——销售经理的工作业绩；心理素质目标——经受得住挫折，能做到临危不惧、宠辱不惊，内职业生涯各项因素的取得，可以通过别人的帮助来实现，但主要还是由自己努力追求而得以实现。与外职业生涯构成因素不同，内职业生涯的各构成因素、内容一旦取得，别人便不能收回或剥夺。

（二）职业生涯规划的概念

职业生涯规划，是指组织或者个人把个人发展与组织发展相结合，对决定个人职业生涯的个人因素、组织因素和社会因素等进行分析，制定有关对个人一生中在事业发展上的战略设想与计划安排。

具体来说，职业生涯规划就是指个体客观认知自己的兴趣、能力、性格和价值观，发展适合自己的、完整的职业自我观念，将个人发展与组织发展相结合，在对个人和外部环境因素进行分析的基础上，深入了解了各种职业的需求趋势，以及能够取得这个职业的关键因素，确定自己的事业发展目标，并具体地选择实现这一事业目标的职业或岗位，编制相应的工作、教育和培训行动计划，制定出基本措施，高效行动，灵活调整，有效提升职业发展所需的执行、决策和应变技能，使自己的事业得到顺利发展，并获取最大程度的事业成功。简言之，职业生涯规划是指一个人对其一生中所承担职务相继历程的预期和计划。对大学生而言，职业生涯规划就是指根据自己的特点，结合社会要求，为自己设计最适合的职业和职业发展道路。

根据定义，职业生涯规划首先要对个人特点进行分析，再对所在组织环境和社会环境进行分析，然后根据分析结果制定一个人的事业奋斗目标，选择实现这一事业目标的职业，编制相应的工作、教育和培训的行动计划，并对每一步骤的时间、顺序和方向作出合理的安排。

在现代社会中，尽早做好职业生涯规划对于一个人的发展至关重要。只有这样，才能认清自我，不断探索开发自身潜能的有效途径或方式，才能准确地把握人生方向，从而塑造成功的人生。职业生涯规划的重要性在个人层面上主要表现为：有助于使个人认清自己发展的进程和事业目标，作为选择职业与承担任务的依据，把相关的工作经验积累起来，准确充分地利用有关的机会与资源，指引自我不断进步与完善。实践证明，在职业生涯中能够有所成就的人，往往是那些有着清晰的职业生涯规划的人。

对于一个立志创业的人来说，职业生涯规划与其创业规划在一定程度上是一致的。要制定一份好的规划，从原则上说，应该把握3个主要内容：自己能够做什么，社会需要什么，自己拥有什么资源。因此，就有必要进行自我分析、环境分析和关键成就因素分析。

首先，自己能够做什么。作为一个创业者来说，只是知道自己想干什么，这是不够的，更重要的是，应该知道自己能够做什么、做得到什么。当然，这也是相对而言的，因为一个人的潜能发挥是一个逐渐展现的过程。但是，一个人对自己的兴趣、潜能有一个基本的认识，仍然是一项具有前提性的工作。

其次，社会需要什么。一个人在明确自己想做什么、能做什么的同时，还应考虑社会的需求是什么这一重要因素。如果一个人所选择的创业领域既符合自己的兴趣又与自己的能力相一致，但却不符合社会的需求，那么，这种创业的前景无疑会变得暗淡。由于分析社会需求及其发展态势并非一件易事，因此，在选择创业目标时，应该进行多方面的探索，以求得出客观而正确的判断。

最后，自己拥有什么资源。要创业，就必然依赖各种各样的资源。创业者应该清楚地审视自己所拥有或能够使用的一切资源的情况，是否足以支持创业的启动和创业成功之后的可持续性发展。这里所说的资源，不仅指经济上的资金来源，还包括社会关系，即通过自己既有人际关系及人际关系的进一步扩展可能带来的各种具有支持性的因素。

总之，一份创业规划也必须将个人理想与社会实际有机地结合，创业规划同样能够帮助一个人真正了解自己，并且进一步评估内外环境的优势、限制，从而设计出既合理又可行的职业、事业发展方向。只有使自身因素和社会条件达到最大程度的契合，才能在现实中发挥优势、避开劣势，使创业规划更具有可操作性。

一份创业规划能够在多大程度上取得实际成功，取决于它在多大程度上对以上 3 个原则进行了准确的把握，以及是否进行了最完美的结合。

【知识链接 4】

职业生涯规划 5 个 "W" 的思考模式

职业生涯规划的制定，可参考采用 5 个 "W" 的思考模式，它构成了制定职业生涯规划的前提性步骤。

第一，Who are you? 要求一个人对自己做一个深刻反思与认识，对自身的优势与弱点都要加以深入细致地剖析。

第二，What do you want? 要求一个人对自己未来职业发展的目标和前景做出一种愿望定位、心理预期和取向审视。

第三，What can you do? 要求一个人对自己的素质尤其是自身的潜能和实力进行全面的测试和把握。

第四，What can support you? 要求一个人对自己所处的环境状况和所拥有的各种资源状况有一个客观、准确的认识和把握。

第五，What you can be in the end? 要求一个人对自己所提出的职业目标以及实现方案做出一个具体明确的说明。

一般而言，清晰全面地回答了以上 5 个问题，就为能够系统地制定出一份个人的职业生涯规划准备了一个重要前提。

【作业与反馈】

1. 课题讨论题

（1）运用头脑风暴法分析创业的要素、创业的功能价值与创新型人才的素质要求。

（2）总结创业者应具备哪些创业精神，这些创业精神对职业生涯发展有哪些促进作用。

（3）创业者的定义从未统一。创业者的特质也众说纷纭，有人说，"成功来自兴趣""成功来自坚持""成功来自尝试"，谈谈你对创业者特质的看法。

2. 简答题

在百度上搜索"创业者心理素质测试题"并完成测试，看看你是否适合创业。

大学生创业前的准备

【课程目标】

1. 了解创业机会识别标准与风险防范。
2. 了解创业团队组建的基本知识。
3. 明确商业模式构成与设计。
4. 了解创业资源的相关内涵和整合手段。

📖【案例导入】

梁伯强的指甲钳

梁伯强，广东中山圣雅伦有限公司董事长，中国"隐形冠军理论"形象代言人。这位被誉为"指甲钳大王"的梁伯强，当初决定生产指甲钳竟是因为时任国家总理的朱镕基的一句话。1998 年底，梁伯强在看报纸时发现了一篇名为《话说指甲钳》的文章，就是这篇文章让梁伯强的命运从此改变。文章中写道，朱镕基总理在会见全国轻工集体企业第五届职工代表大会代表时说："要盯住市场缺口找出路，比如指甲钳子，我没用过好的指甲钳子，我们生产的指甲钳子，剪了两天就剪不动指甲了，使大劲也剪不断。朱总理以小小的指甲钳为例，要求轻工企业努力提高产品质量，开发新产品。梁伯强从这句话中发现了指甲钳的商机。

梁伯强调查发现，全球每年指甲钳的产值达 60 多亿元人民币，其中，20 亿元产值是由韩国的 5 家工厂创造的。但在中国有 500 多家企业，营业额一共才 20 亿元左右。从数量上来对比，韩国的那 5 家主要企业加上十来家配套企业就可以和中国的 500 多家企业打个平手，这种反差令梁伯强非常惊讶。

梁伯强心动了，他兴致勃勃地开始对全国市场进行考察。考察完，梁伯强意外地发现，很多生产指甲钳的工厂都倒闭了。如果中国真有 20 亿元的市场份额，为什么几个大厂会倒闭呢？一方面，零售市场都被外国品牌占据，国内老厂不断倒闭；另一方面，批发市场群雄逐鹿，热火朝天。抱着试试看的态度，梁伯强的公司生产出第一批指甲钳，没想到产品还没正式面世，就有几千万元的订单找上门，这更坚定了他把指甲钳做下去的决心。

梁伯强发现的是创业机会吗？怎样才能发现创业机会？如何评价创业机会的价值？

资料来源：世界经理人. 指甲钳大王——梁伯强［N/OL］.（2006-10-23）［2020-10-5］. http://futures. money. hexun. com/1877516. shtml.

【案例解析】

机会是一种隐含的状态或情形，不同的人认识到的机会价值不同，效果也不同，发现机会需要有足够的搜索能力和辨别能力。梁伯强对指甲钳有兴趣，不仅因为他看到了朱总理说的话，更是因为他通过市场调查发现买方市场巨大，每年多达60多亿元的产值，通过对比现有企业间的竞争，看到韩国的5家工厂与我国的500多家企业产值相平衡，经一系列的权衡后他走上了指甲钳创业之路。

第一节　创业机会与风险

一、选择创业机会

（一）寻找创业机会

1. 创业机会的内涵

创业机会，又称商业机会或市场机会，是指具有吸引力的、较为持久的、有利于创业的商业机会，并最终表现在能够为客户创造价值或增加价值的产品或服务中，可同时使创业者自身获益。创业机会主要包括技术机会、市场机会和政策机会。技术机会是指技术变化带来的创业机会，主要源自新的突破和社会的科技进步；市场机会是市场变化产生的创业机会；政策机会是政府政策变化带来的商业机会。

但是创业者不能简单地将商业机会认为是创业机会。如果这种商机是不可持续的，只是昙花一现，则很可能创业者还没有起步行动，商机就已经消失了。针对特定的商机，创业者如果不能开发出与之匹配的创意，这样的商机就不能视为创业机会，因为没有创意，创业也就无从谈起。

2. 创业机会的特征

有的创业者认为自己有很好的创业想法和点子，对创业充满信心。有想法、有点子固然重要，但并不是每个大胆的想法和新奇的点子都能转化为创业机会。许多创业者就因为仅仅凭想法去创业而失败了。因此，了解创业机会的特征，有助于创业者正确识别创业机会。创业机会具有以下特征：

（1）隐蔽性。生活充满机会，机会每天都在撞击着我们的大门。可惜大多数人都意识不到它的存在，这就是机会的隐蔽性。创业机会更是如此，创业机会的隐蔽性使它在人们心目中变得更加可遇而不可求。

（2）偶然性。创业机会在大多数情况下是偶然造成的，尽管它普遍存在于人们身边的事物中，但人们并不容易捕捉到它。人们越是刻意地寻找创业机会，就越难见其踪影。创业机会虽是偶然现象，却是客观事物内在的、必然性的表现。如果人们没有平时知识的积累、辛勤持久的探索，那么即使创业机会来了，也认为不过是一种偶然现象而已。

（3）易逝性。创业机会最显著的特性是易逝性，"机不可失，时不再来"就是对创业机会易逝性的最好诠释。机会是一个非常态的、不确定的时间表现形式。虽然每天都可能会有创业机会出现，但同样的创业机会是不可能再来的。此外，由于创业机会往往是社会所共有的，人们都在寻找，先下手为强，在激烈的竞争中，只要稍一迟疑，创业机会就会被别人抢走。

（4）时代性。创业机会的时代性是指一定时代对各种创业机会打上的烙印和赋予的社会的、时期的色彩。社会色彩是指不同社会制度对创业机会产生的影响。

【知识链接1】

一美分垒起的大富翁

1989年，默巴克是美国斯坦福大学的一名普通学生，为减轻父母的压力，他利用空闲时间承包打扫学生公寓的工作。第一次打扫学生公寓时，默巴克在墙角、沙发缝、学生床铺下扫出了许多沾满灰尘的硬币，这些硬币有1美分、2美分和5美分的。默巴克将这些硬币还给同学们时，谁都没有表现出丝毫的热情。

此后，默巴克给财政部和央行写信，反映小额硬币被人白白扔掉的事情。财政部很快给默巴克回信说："每年有310亿美元的硬币在全国市场上流通，但其中的 105 亿美元正如你所反映的那样，被人随手扔在墙角和沙发缝中睡大觉。"

看到这样的回信，默巴克震惊了！如果换成一般人也许只会发出一声感叹，之后就不了了之。但是，默巴克的脑子里偏偏冒出这样一个想法：如果能使这些硬币流通起来，利润将多么可观啊！

1991 年，刚毕业的默巴克成立了自己的"硬币之星"公司，推出了自动换币机。顾客只要将手中的硬币倒进机器，机器会自动点数，然后打出收条，显示出硬币的面值总计。顾客凭收条到超市服务台领取现金。而自动换币机收取约 9% 的手续费，这笔费用由默巴克与超市按比例分成。

短短 5 年时间，默巴克的"硬币之星"公司在美国 8900 家主要超市连锁店设立了 10800 台自动换币机，并成为纳斯达克的上市公司。默巴克也从一个穷小子，成了令人瞩目的亿万富翁。

资料来源：李雪峰. 一美分垒起的大富翁［J］. 新闻世界，2008（1）.

3. 创业机会的来源

创业机会受环境的变动、市场的不协调或混乱、信息的滞后、领先或缺口等因素的影响。其根源在于事物（包括产品、服务、市场等方面）的变化，创业者可以通过其本身特有的素质发现创业机会。具体而言，创业机会有如下 5 种来源：

（1）来自问题。创业的根本目的是满足顾客需求，而顾客需求在没有满足前就是问题。寻找创业机会的一个重要途径是善于发现和体会众人在需求方面的问题或生活中的难处。例如，上海有一位大学毕业生发现远在郊区的本校师生往返市区交通十分不便，于是创办了一家客运公司，这就是把问题转化为创业机会的成功案例。

（2）来自变化。创业机会大都产生于不断变化的市场环境，环境变化了，市场需求、市场结构必然发生变化。变化是创业机会的重要来源，人们通过这些变化发现新的创业机会。变化主要包括技术变革、政治和制度变革、社会和人口变革、产业结构变革。例如，居民收入水平提高，私人轿车的拥有量将不断增加，这就会派生出汽车销售、修理、配件、清洁、装饰、二手车交易、陪练等诸多创业机会。

（3）来自创造发明。创造发明提供了新产品、新服务，更好地满足了顾客需求，同时也带来创业机会。在人类发展史上，每次重大的发明创造都引起了产业结构的重大变革，产生了无数的创业机会。例如，随着电脑的诞生，电脑维修、软件开发、电脑技术培训、图文制作、信息服务、网上开店等创业机会随之而来，即使你不发明新东西，你也能成为销售和推广新产品的人，从而给你带来商机。

（4）来自竞争。竞争对手的缺陷和不足也将成为你的创业机会。看看你周围的公司，你能比他们更快、更可靠、更便宜地提供产品或服务吗？你能做得更好吗？若能，你也许就找到了机会。

（5）来自新知识、新技术。新知识可以改变人们的消费观念，新技术可以进一步满足人们的需求，甚至使人们产生新的需求进而引导消费。例如，当生产微型电子计算机的技术形成后，中国的企业也获得了生产计算机的创业机会。

（二）识别创业机会

创业对社会繁荣和国家的经济发展而言意义非凡。创业不仅能促进经济增长、增强国家创新能力，还能加快经济结构调整，缩小地区间的贫富差距，解决就业实际问题。机会的识别、评估和开发是成功创业的三部曲。创业机会识别是创业需要解决的首要问题，是创业行为产生的核心及必要条件，它往往决定了创业行为的成败。

1. 创业机会识别的概念

虽然学者们对于创业机会识别的定义不尽相同，但在一点上基本达成共识，即创业机会识别对于创业决策起着至关重要的作用，创业机会识别是从未发现创业机会到发现创业机会中间的这个过程。

【知识链接2】

创业机会的类型

问题型机会：由现实中存在的未被解决的问题所产生的一类机会。

趋势型机会：在变化中看到未来的发展方向，预测到将来的潜力和机会。

组合型机会：将现有的两项以上的技术、产品、服务等因素组合起来，以实现新的用途和价值而获得的创业机会。

2. 创业机会的识别过程

创业者从繁杂和新奇的创意中选择了他心目中的创业机会，随之而来的是组织资源着力开发这一机会，使之成为真正的企业，直至最终收获成功。这一过程中，机会的潜在预期价值及创业者的自身能力得到反复的权衡，创业者对创业机会的战略定位也越来越明确，这一过程称为机会的识别过程。机会识别的过程是机会的感知、发现、评价和开发的一个过程，是一个不断调整、适应的过程。它可分为3个阶段：机会搜寻阶段、机会识别阶段、机会评价阶段。

（1）机会搜寻阶段。这一阶段的创业者对整个经济系统中可能的创意展开搜索，如果创业者意识到某一创意可能是潜在的商业机会，具有潜在的发展价值，就将进入机会识别的阶段。创业者在这一阶段需要从各种途径搜寻尽可能多的创业点子与想法，先不去急于评价点子的优劣，只需把所有的点子都收集起来写在纸上。

（2）机会识别阶段。这里的机会识别是指从创意中筛选合适的机会。这一过程包括两个步骤：首先，通过对整体市场环境的分析，以及一般的行业分析来判断该机会是否在广泛意义上属于有利的商业机会，即机会的标准化识别阶段；其次，考察对于特定的创业者和投资者来说，这一机会是否与创业者的资源和能力相吻合，是否与投资者的兴趣点和价值期望相一致，也就是个性化的机会识别阶段。

（3）机会评价阶段。实际上这里的机会评价相对比较正式，考察的内容主要是各项财务指标的预测分析、创业团队和资源的酝酿等，通过机会的评价，创业者决定是否正式组建企业和吸引投资。通常机会识别和机会评价是共同存在的，创业者在对创业机会识别时也有意无意地进行评价活动。在机会识别的初始阶段，创业者可以非正式地调查市场的需求、所需的资源，直到断定这个机会值得考虑或进一步深入开发；在机会开发的后期，这种评价变得较为规范，并且主要集中于考察这些资源的特定组合是否能够创造出足够的商业价值。

3. 创业机会识别的方法

创业者并不缺少创业机会，而是缺少识别创业机会的眼光。识别创业机会不是件容易的事情，但也不是无法做到的。创业者应在日常生活中有意识地加强实践，提高自身识别创业机会的能力。创业者可通过以下方法来识别创业机会。

（1）趋势观察法。趋势观察法即观察趋势并利用它创造机会的方法。创业者在创业前要寻找出各种最能反映趋势的要素，观察这些要素的变化，分析这些变化中存在的规律，及时发现变化中出现的各种机会。一般情况下，创业者大多容易从分析产业与市场结构变迁的趋势、分析人口统计资料的变化趋势、分析价值观与认知的变化趋势几个方面来观察分析创业机会。

（2）问题发现法。识别创业机会的另一种方法是寻找问题，从问题中找到解决问题的方法。问题发现法即着眼于问题并以此发现机会的方法。每个问题都是一个被精巧掩饰的机会。寻找机会首先要善于发现问题、解决问题，许多成功的企业都是从解决问题开始的。顾客的需求在没有被满足之前都是问题，而设法满足这一需求就可以抓住市场机会。创业时应着眼于那些令人们苦恼和困扰的事情。正因为是苦恼、困扰，所以人们总是迫切地希望解决它。对于这些问题，创业者如果能提供解决的办法，实际上就是找到了创业机会。

（3）市场研究法。市场研究是经营决策的前提。只有充分认识市场，了解市场需求，对市场做出科学的分析判断，决策才具有针对性。市场研究是指为实现收集、分析信息的目的而进行研究的过程，包括将相应问题所需的信息具体化、设计信息收集的方法、管理并实施数据收集过程、分析研究结果、得出结论并确定其含义等。市场研究可以由创业者进行，也可以由外部供应商或顾问进行。中国市场受政策影响较大，新政策出台往往引发新商机，如果创业者善于研究市场和利用政策，就能抓住商机、站在潮头。

（4）技术创新跟踪法。创造发明产生了新的知识、新的技术，如网络电话、电子邮件等产业的变更或产品的替代，既满足了顾客需求，同时也带来了前所未有的创业机会。任何产品都有其生命周期，产品会不断趋于成熟直至走向衰退，最终被新产品所代替。创业者如果能够跟踪产业发展和产品替代的步伐，就能够通过技术创新不断寻求到新的发展机会。

（三）评估分析创业机会项目

创业者寻找到可能开发的创业机会后，还需要对这些机会进行评估分析，才能从中选择一个最合适的创业项目。对创业机会的评估分析，需要考虑以下因素。

1. 市场

创业者要评估创业项目将拥有多大的市场空间，所选择的项目最好是大规模或成长型的市场，即获得很小的市场份额就可以产生极大的、持续增长的销售量的市场。要明确回答以下问题：我能得到多大的市场份额？可能的营业额有多少？可能获得多少毛利？该项目的市场寿命周期有多长？在新竞争者进入之前有多长时间可以利用？等。

2. 投资额

创业者要考虑有效地开发这个项目需要多少投资，可以采取什么方式来投资。特别要明确的是，需要筹集多少资金才能创业，是否有能力筹集所需的资金。

3. 投资回报率

投资回报率（ROI）是指通过投资而应返回的价值，即企业从一项投资活动中得到的经济回报。投资回报率（ROI）＝年利润或年均利润÷投资总额×100%，企业可以通过降低销售成本提高利润率、提高资产利用效率来提高投资回报率。

创业者需要考虑选择的创业项目需要多长时间才能收回成本，该项目的机会成本是多少。要考虑到创业可能面临的各项风险，一般而言，合理的投资回报率应该在 25% 以上；15% 以下的投资回报率，是不值得考虑的创业项目。

4. 风险

创业者需要评估创业项目可能存在的各种风险。例如，技术是否成熟；是否属于行业领先或国内外领先技术；产品是否能顺利销售出去；是否会遇到竞争者的强烈反击；原材料供应是否有保障等。

5. 退出机制与策略

所有投资的目的都在于回收，因此，退出机制与策略就成为一项评估创业项目的重要指标。企业的价值一般也要由具有客观鉴价能力的交易市场来决定，而这种交易机制的完善程度也会影响新企业退出机制的弹性。由于退出的难度普遍要高于进入，因此，一个具有吸引力的创业项目应该要为所有投资者考虑退出机制，以及退出的策略。

二、防范创业风险

（一）预测创业风险

创业有风险，投资须谨慎。创业是一个充满风险、艰辛与坎坷的过程，也是一个充满激情与喜悦的过程。如何才能预测与应对可能出现的创业风险，使创业过程能够顺利一些，尽快获得第一桶金，是每一个创业者都十分关注的问题。

1. 创业风险的内涵

风险是指在一定条件下和一定时期内，由于各种结果发生的不确定性而导致行为主体遭受损失的大小，以及这种损失发生可能性的大小。风险是一个二维概念，风险以损失发生的大小与损失发生的概率两个指标进行衡量。

创业风险是指在创业过程中存在的风险，是由于创业环境的不确定性、创业机会与创业企业的复杂性，创业者与其他创业相关人员的能力与可控资源的有限性等主客观因素导致创业活动偏离预期目标的可能性及其后果。其主要有两方面含义，一是指风险因素，即创业过程中有可能遇到某些风险因素的干扰；二是指一旦某些风险因素真正发生，创业者即会阶段性遇到很难克服的困难，导致创业活动难以推进，甚至创业失败。

2. 创业风险的特点

无论是企业刚刚创立还是已经稳定，风险都是客观存在的。创业风险有其自身特点，了解创业风险的基本特点，有助于创业者更好地预测、评估和应对创业风险。具体来说，创业风险主要有以下特点。

（1）客观性。在创业过程中，由于创业环境是动态的、不确定的、复杂的，因此创业风险的存在不以人的意志为转移，是任何企业都会遭遇的必然事实，是客观存在的。

（2）相对性。创业风险是相对的，指的是风险因为面临的对象不同，基于时间和空间的差异，不同的对象面临的风险大小也不完全相同。同一风险，不同的创业者所采取的措施或策略不同，所产生的影响和结果也会不同。

（3）不确定性。创业的过程往往是将创业者的某一构想或创新技术变为现实的产品或服务的过程。在这一过程中，创业者会面临各种各样的不确定因素，如进入新市场面临着需求的不确定、新技术难以转化为生产力、后续资金不足等问题，都有可能导致创业失败。换言之，影响创业的各种因素是不断变化且难以预知的，从而造成了创业风险的不确定性。

（4）可测量性。尽管风险具有不确定性，但依然有其规律可循。因为任何事情的发生都是有其因果关系的，并且随着科技的进步和人们素质的提高，风险的规律性可以被更好地认识和应对。企业可以通过定性或定量等方法对风险进行识别和评估，为应对创业风险做好积极准备。

（5）损益双重性。在创业活动中，对创业者来说，风险和潜在的利益是共生的，即风险是利益的代价，利益是风险的报酬。

3. 创业风险的来源

创业环境的不确定性，创业机会与创业企业的复杂性，创业者、创业团队与创业投资者的能力与实力的有限性，是创业风险的根本来源。创业风险主要来源于 5 个方面。

（1）研究缺口。研究缺口主要存在于仅凭个人兴趣所做的研究判断和基于市场潜力的商业判断之间。当一个创业者最初证明一个特定的科学突破或技术突破可能成为商业产品基础时，他仅仅停留在自己满意的论证程度上。然而，这种程度的论证逐渐不可行了，在将预想的产品真正转化为商业化产品（大量生产的产品）的过程中，即具备有效的性能、低廉的成本和高质量的产品，在市场竞争中生存下来的过程中，需要大量复杂而且可能耗资巨大的研究工作（有时需要几年时间），从而形成创业风险。

（2）融资缺口。融资缺口存在于学术支持和商业支持之间，是研究基金和投资基金之间存在的断层。其中，研究基金通常来自个人、政府机构或公司研究机构，它既支持概念或创意的创建，还支持概念或创意可行性的最初证实；投资基金则将概念或创意转化为有市场的产品原型（这种产品原型有令人满意的性能，对其生产成本有足够的了解并且能够识别其是否有足够的市场）。创业者可以证明其构想的可行性，但往往没有足够的资金将其实现商品化，从而给创业带来巨大的风险。

（3）资源缺口。资源与创业者之间的关系就如颜料和画笔与艺术家之间的关系。没有了颜料和画笔，艺术家即使有了构思也无从实现。创业也是如此。没有所需的资源，创业者将一筹莫展，创业也就无从谈起。在大多数情况下，创业者不一定也不可能拥有所需的全部资源，这就形成了资源缺口。

（4）信息和信任缺口。信息和信任缺口存在于技术专家和管理者（投资者）之间。也就是说，在创业中，存在两种不同类型的人：一是技术专家；二是管理者（投资者）。这两种人接受不同的教育，对创业有不同的预期，以及不同的信息来源和表达方式。技术专家知道哪些内容在科学上是有趣的，哪些内容在技术层上是可行的，哪些内容根本就是无法实现的。在失败的案例中，技术专家要承担的风险一般表现在学术上、声誉上受到影响，以及没有金钱上的回报。管理者（投资者）通常比较了解将新产品引进市场的程序，但当涉及具体项目的技术部分时，他们不得不相信技术专家。如果技术专业与投资者不能充分信任对方，或者不能进行有效的沟通，那么这一缺口将会变得更深。

（5）管理缺口。管理缺口是指创业者并不一定是出色的企业家，不一定具备出色的管理才能。进行创业活动主要有两种：一是创业者利用某一新技术进行创业，他可能是技术方面的专业人才，但却不一定具备专业的管理才能，从而形成管理缺口；二是创业者往往有某种"奇思妙想"，可能是新的商业点子，但在战略规划上不具备出色的才能，或不擅长管理具体的事务，从而形成管理缺口。

（二）评估创业风险

创业风险评估是指通过对创业企业运营系统中所存在的各种风险因素进行定性和定量分析，以量化风险发生的概率及其对企业所造成的影响和损失的可能性的工作活动。风险评估的主要任务是：通过有效识别企业所面临的各种风险，评估风险发生的概率及其对企业的影响，结合对企业的风险承受能力的判断，以明确风险消减和控制的优先等级，从而提出可行的风险防范预案。风险评估是创业企业提前判断并确定风险对企业影响程度的重要途径。

1. 创业风险评估的分类

创业风险评估的分类可以依据不同的标准进行划分。

（1）按创业企业所处的不同阶段划分，创业风险可以分为初创期风险评估、成长期风险评估、成熟期风险评估和衰退期风险评估。

初创期风险评估主要指创业企业在项目准备阶段，对企业项目运营的环境条件，项目所必需的要素条件的满足程度，以及企业项目规划的合理性、科学性、投入产出预测等各个方面的风险因素所进行的评估工作。成长期风险评估是指创业企业为确保项目运营过程中的顺利展开而进行的问题研究，及时判断项目目标实现的可能性，以便采取积极有效措施降低风险出现或蔓延的可能性。成熟期风险评估是指企业对创业项目的生产、市场开发潜力、行业内的竞争压力、人员素质，以及管理水平等情况进行系统评估，以便对项目未来目标的调整做出科学判断。衰退期风险评估是指对保持创业项目维持与发展策略调整的必要性评估。

（2）按企业所采用的风险评估方法的特征，创业风险评估可分为定性评估和定量评估。

定性评估是指通过人的主观判断，对创业企业运营过程中所存在的风险进行评估的方法。定性评估通常应用于企业的新项目、新产品或新领域的风险评估。这主要是由于企业缺乏充足的数据，只能借助专业人员的经验对创业风险进行判断。

定量评估是指依靠充分的历史统计数据，运用数学方法构造数学模型来进行风险评估的方法。

（3）按风险评估的内容不同，风险评估可分为政治风险评估、行业风险评估、市场风险评估、技术风险评估、财务风险评估、管理风险评估等。

2. 风险评估指标

风险评估指标是风险对企业影响程度的衡量尺度。一般用风险率和经济损失指标来表示。风险率是风险出现的概率，按对企业的危害程度来分，一般用严重程度和频率来共同衡量。严重程度是指创业风险对企业所造成的经济损失的程度，一般用损失金额来表示。频率是指在企业运营一定的时间范围或生命周期内，创业风险发生的次数。

创业企业进行风险评估的操作流程包括以下几个步骤：制订风险评估战略、选择评估方式进行风险评估、对风险进行测定和排序、准备风险防范预案。其中，选择风险评估方式进行风险评估通常采用的途径包括基线风险评估、详细风险评估和组合风险评估3种方式；对风险进行测定和排序常采用以下操作方法：定性分析法、定量分析法、评分法。风险评估方法的选择需要考虑风险的性质、运行特征、时间、环境等多方面因素。

（三）应对创业风险

较大的企业有能力承受一般意义上的风险损失，而风险损失对处于创业过程中的小企业来说却是致命的。创业企业要在自己的努力下学会预测、评估各种风险，还要具备处理各种风险的能力。因此，如何应对创业风险，消除各种风险可能带来的潜在损失对创业企业而言具有至关重要的意义。

1. 创业风险的应对策略

创业者评估风险后，若认为某种风险会给企业带来较大的损失，就会针对该风险采取相应的防范措施。

（1）财务风险的防范。主要应对措施有：创业者要对创业所需资金进行合理估计，避免筹资不足影响企业的健康成长和后续发展；要学会建立创业企业的信用，提高获得资金的概率；创业者或团队一定要学会在企业的长远发展和眼前利益之间进行权衡，设置合理的财务结构，从恰当的渠道获得资金；管理创业企业的现金流，避免出现现金断流带来财务拮据，甚至破产清算的局面。

（2）竞争风险的防范。主要应对措施有：回归到产品本身，产品或服务才是创业者的护城河；关注竞争对手和用户需求，找到竞争对手的弱点，为用户提供独一无二的产品价值。

（3）技术风险的防范。主要应对措施有：加强对技术创新方案的可行性论证，减少技术开发与技术选择的盲目性，并通过建立灵敏的信息预警系统，及时预防技术风险；通过组建技术联合开发体系或建立创新联盟等方式来减少技术风险发生的可能性；提高创业企业技术系统的活力；高度重视专利申请、技术标准申请等，通过法律手段减少损失出现的可能性。

（4）市场风险的防范。主要应对措施有：时刻关注市场变化，善于抓住机会；以市场及消费者的需求为生产的出发点；摸清竞争对手底细，发现其创业思路与弱点；广泛收集市场信息，并加以分析比较，制订有效的市场营销策略；对各种成本精打细算，杜绝不必要的费用；健全符合自身产品特点的销售渠道网络；以良好诚信的售后服务赢得顾客青睐。

（5）团队风险的防范。主要应对措施有：谨慎选择创业团队成员；制订团队规范和团队纪律，在创业过程中需用良好的规范和纪律来约束团队的成员；形成团队的共同价值观和愿景，让所有团队成员对"创业使命""共同目标"等关键命题达成一个共识，并用这些共识去指导整个团队和每个成员的行为。

2. 大学生创业风险的规避

（1）树立创业风险意识。作为大学生创业者，首先应该树立正确的风险意识，具备未雨绸缪和有备无患的意识。当风险发生时，既不能怨天尤人，也不能骄兵轻敌，关键是要认清风险产生的原因，分析风险所面临的后果，识别各种潜在的风险，及时采取有效措施，减少损失，化解不利因素，甚至将其转化为赢利的机会。

（2）谨慎选择创业项目。选择合适的创业项目能有效地减少投资的不确定性，能很好地增加成功的筹码。大学生选择创业项目可从以下两方面着手：一方面，要有正确、前沿的项目理念。另一方面，要拓宽选择项目的渠道。

（3）增强创业技能。大学生创业应掌握一定的社会经验，熟知企业管理及市场运营知识，在社会上积累足够的社会经验，对行业、企业有初步的了解，对创业进行充分的准备后才能抓住机会进行创业，有效规避因创业技能缺乏带来的风险。

（4）科学管理资金。资金来源是保证大学生创业成功的重要因素。对大学生创业者来说，在预估融资结构、规模、成本、期限、时机等基础上，找寻多元化、合适的融资渠道，同时对资金进行科学管理，健全科学的、合理的、具有可操作性的财务预算编制和预算管理，评估财务管理状况，使得有限的资金用在刀刃上，规避资金风险。

（5）建立有效的营销策略。在大学生创业过程中，建立一套针对性强和多样化的营销模式是十分重要的。大学生创业者要以市场及消费者的需求为出发点，时刻关注市场变化，善于抓住机会，广泛收集市场情报并加以分析比较，制订有效的市场营销策略，健全符合自身产品特点的销售渠道与网络，并根据市场群体的多样性、消费者的多元化等因素，不断更新营销策略，修正产品定位，总结经验，完善服务，壮大自己的创业项目，有效规避因盲目营销决策而产生的风险。

（6）规范企业经营。对于大学生创业企业来说，规模通常不大，在创立初期，一定要规范经营、诚信经营、守法经营，建立健全规章制度，严格按制度和章程行事。同时，还要认真学习与创业相关的法律内容，只有懂法、守法，并依据法律保护自己的合法权益，才能确保创业行为稳健与长久，使创业企业实现从小到大、从弱到强的发展。

（四）打造核心团队

选择合适的创业伙伴，是获取创业成功的必要条件。在创业中，大学生创业者要选择具有良好道德品质，诚信、求实，善于吃苦奋斗的人作为自己的伙伴；同时综合考虑技术能力和合作能力等因素，建立完善雇员选择标准，寻找最能胜任工作的人选；此外，还要建立合理的信息沟通制度，使创业者能充分掌握员工及企业动态，增强内部员工的凝聚力，发挥团队优势。

第二节　组建创业团队

一、创业团队概述

（一）创业团队

创业团队是指在创业初期（包括企业成立前和成立早期），由一群才能互补、责任共担、愿为共同的创业目标而奋斗的人所组成的特殊群体。狭义的创业团队是指有着共同目的、共享创业收益、共担创业风险的一群经营新成立的盈利性组织的人，他们提供一种新的产品或服务，为社会提供新增价值。广义的创业团队不仅包含狭义创业团队，还包括与创业过程有关的各种利益相关者，如风险投资商、供应商、专家咨询群体等。创业团队有以下两种类型：

1. 核心主导创业团队

核心主导创业团队一般是有一个核心主导人物想到了一个商业创意或有了一个商业机会，然后自己充当领军角色，去物色和招募创业伙伴，组成所需的创业团队。

2. 群体性创业团队

群体性创业团队的建立主要来自于因为经验、友谊和共同兴趣的关系而结缘的伙伴。在交往过程中，一起发现某一商机，共同认可某一创业想法，并就创业达成共识后，开始共同进行创业。

（二）大学生组建创业团队的意义

1. 实现资源的共享

包括信息资源、能源资源、市场资源等。队员之间通过制定协议，利用彼此的优势来达到资源共享。

2. 合作可以提升和增强自身的竞争实力

这是对传统的竞争理念和模式的超越，最适应形势发展的必然选择，更有利于激发学生的创造力。能够为学生提供身临其境的企业环境熏陶和必要的实习条件，以及难得的实践锻炼机会。

3. 有利于缓解大学生就业压力

大学生的创业能力有利于解决大学生就业难的问题。创业能力是一个人在创业实践活动中的自我生存、自我发展的能力。一个创业能力很强的大学毕业生不但不会成为社会的就业压力，相反，还能通过自主创业活动来增加就业岗位，以缓解社会的就业压力。

4. 有利于大学生自我价值实现

大学毕业生通过自主创业，可以把自己的兴趣与职业紧密结合，做自己最感兴趣、最愿意做和自己认为最值得做的事情。当前社会鼓励大学生创业，虽然是从化解就业难的角度出发，但从大学生自身来说，其创业的主要原动力则在于谋求自我价值的实现。

5. 有利于大学生自身素质的提高

我国高校扩招以后，伴随着就业压力的增加，大学生素质与我国高等教育水平一直为人所诟病。在提高大学教育管理水平与大学生素质的各类探索实践中，大学生创业无疑是最经济、最有效的办法之一。

6. 有利于培养大学生的创新精神

创新是一个民族的灵魂，是一个国家兴旺发达的不竭动力。大学生的创业活动，有利于培养勇于开拓创新的精神，把就业压力转化为创业动力，培养出越来越多的各行各业的创业者。

二、创业团队组建

（一）创业团队组建的基本原则

1. 目标明确合理原则

目标必须明确，这样才能使团队成员清楚地认识到共同的奋斗方向是什么。与此同时，目标也必须是合理的、切实可行的，这样才能真正达到激励的目的。

2. 互补原则

创业者之所以寻求团队合作，其目的就在于弥补创业目标与自身能力间的差距。只有当团队成员相互间在知识、技能、经验等方面实现互补时，才有可能通过相互协作发挥出"1＋1＞2"的协同效应。

3. 精简高效原则

为了减少创业期的运作成本，最大比例地分享成果，创业团队人员构成应在保证企业能高效运作的前提下尽量精简。

4. 动态开放原则

创业过程是一个充满了不确定性的过程，团队中可能因为能力、观念等多种原因不断有人在离开，同时也有人在要求加入。因此，在组建创业团队时，应注意保持团队的动态性和开放性，使真正完美匹配的人员能被吸纳到创业团队中来。

（二）创业团队组建的主要影响因素

创业团队的组建受多种因素的影响，这些因素相互作用，共同影响着组建过程，并进一步影响着团队建成后的运行效率。

1. 创业者

创业者的能力和思想意识从根本上决定了是否要组建创业团队、团队组建的时间表，以及由哪些人组成团队，创业者只有在意识到组建团队可以弥补自身能力与创业目标之间存在的差距时，才有可能考虑是否需要组建创业团队，以及对什么时候需要引进什么样的人员才能和自己形成互补做出准确判断。

2. 商机

不同类型的商机需要创业团队的类型。创业者应根据创业者与商机间的匹配程度，决定是否要组建团队，以及何时、如何组建团队。

3. 团队目标与价值观

共同的价值观、统一的目标是组建创业团队的前提，团队成员若不认可团队目标，就不可能全心全意为此目标的实现而与其他团队成员相互合作、共同奋斗。而不同的价值观将直接导致团队成员在创业过程中脱离团队，进而削弱创业团队作用的发挥，没有一致的目标和共同的价值观，创业团队即使组建起来，也无法有效发挥协同作用，缺乏战斗力。

4. 团队成员

团队成员的能力总和决定了创业团队的整体能力和发展潜力。创业团队成员的才能互补是组建创业团队的必要条件，而团队成员间的互信是形成团队的基础。互信的缺乏，将直接导致团队成员间协作障碍的出现。

5. 外部环境

创业团队的生存和发展直接受到了制度性环境、基础设施服务、经济环境、社会环境、市场环境、资源环境等多种外部要素的影响。这些外部环境要素从宏观上间接地影响着对创业团队组建类型的需求。

（三）创业团队的组建程序及其主要工作

创业团队的组建是一个相当复杂的过程，不同类型的创业项目所需的团队不一样，创建步骤也不完全相同。企业团队组建的主要工作如下：

1. 明确创业目标

创业团队的总目标就是要通过完成创业阶段的技术、市场、规划、组织、管理等各项工作实现企业从无到有、从起步到成熟，总目标确定之后，为了推动团队最终实现创业目标，再将总目标加以分解，设定成若干个可行的、阶段性的子目标。

2. 制定创业计划

在确定了一个个阶段性子目标及总目标之后，就要研究如何实现这些目标，这就需要制定周密的创业计划，创业计划是在对创业目标进行具体分解的基础上，以团队为整体来考虑的计划，创业计划确定了在不同的创业阶段需要完成的阶段性任务，通过逐步实现这些阶段性目标来最终实现创业目标。

3. 招募合适的人员

招募合适的人员也是创业团队组建最关键的一步。关于创业团队成员的招募，主要应考虑两个方面：一是考虑互补性，即考虑其能否与其他成员在能力或技术上形成互补，这种互补性形成既有助于强化团队成员间彼此的合作，又能保证整个团队的战斗力，更好地发挥团队的作用。一般而言，创业团队至少需要管理、技术和营销 3 个方面的人才。只有这 3 个方面的人才形成良好的沟通协作关系后，创业团队才可能实现稳定高效。二是考虑适度规模，适度的团队规模是保证团队高效运转的重要条件，团队成员太少则无法实现团队的功能和优势，而过多又可能会产生交流的障碍，团队很可能会分裂成许多较小的团体，进而大大削弱团队的凝聚力。一般认为，创业团队的规模控制在 2~12 人之间最佳。

4. 职权划分

为了保证团队成员执行创业计划、顺利开展各项工作，必须预先在团队内部进行职权的划分。创业团队的职权划分就是根据执行创业计划的需要，具体确定每个团队成员所要担负的职责，以及相应所享有的权限。团队成员间职权的划分必须明确，既要避免职权的重叠和交叉，也要避免无人承担造成工作上的疏漏。此外，由于还处于创业过程中，面临的创业环境又是动态复杂的，会不断出现新的问题，团队成员可能不断出现更换，因此，创业团队成员的职权也应根据需要不断地进行调整。

5. 构建创业团队制度体系

创业团队制度体系体现了创业团队对成员的控制和激励能力，主要包括团队的各种约束制度和各种激励制度。一方面，创业团队通过各种约束制度（主要包括：纪律条例、组织条例、财务条例、保密条例等）指导其成员避免做出不利于团队发展的行为，实现对其行为进行有效的约束，保证团队的稳定秩序。另一方面，创业团队要实现高效运作有效的激励机制（主要包括：利益分配方案、奖惩制度、考核标准、激励措施等），才能使团队成员看到随着创业目标的实现，其自身利益将会得到怎样的改变，从而达到充分调动成员的积极性、最大限度地发挥团队成员作用的目的。要实现有效的激励，就必须把成员的收益模式界定清楚，尤其是关于股权、奖惩等与团队成员利益密切相关的事宜。需要注意的是，创业团队的制度体系应以规范化的书面形式确定下来，以免带来不必要的混乱。

6. 团队的调整融合

完美组合的创业团队并非创业一开始就能建立起来的，很多时候是在企业创立一定时间以后随着企业的发展逐步形成的。随着团队的运作，团队组建时在人员匹配、制度设计、职权划分等方面的不合理之处会逐渐暴露出

来，这时就需要对团队进行调整融合。由于问题的暴露需要一个过程，因此
团队调整融合也应是一个动态持续的过程。在完成了前面的工作步骤之后，
团队调整融合工作专门针对运行中出现的问题不断地对前面的步骤进行调
整，直至满足实践需要为止。在进行团队调整融合的过程中，最为重要的是
要保证团队成员间经常进行有效的沟通与协调，培养强化团队精神，提升团
队士气（见图 9-1）。

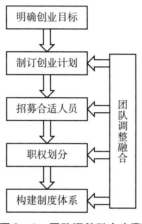

图 9-1　团队调整融合步骤

资料来源：吕云翔，唐思渊．大学生创新创业教程［M］．北京：清华大学出版社，2018.

三、创业团队风险控制

（一）选择合理的团队成员

建立优势互补的创业团队是保持创业团队稳定性的关键，也是规避和降
低团队组建模式风险的有效手段。在团队创建初期，人数不宜过多，能满足
基本的需求即可。在成员选择上，要综合考虑成员在能力和技术上的互补
性，基本保证具备理想团队所需的 9 种角色。而且，成员的能力和技术应该
处于同一等级，不宜差异过大，如果团队成员在对项目的理解能力、表达能
力、执行能力、社会资源能力、思维创新能力等方面存在较大的差异性，就
会产生严重的沟通和执行障碍。

此外，在选择成员时还要考虑情绪对其的影响。在企业初创期，所有成
员每天都需要超负荷工作，如果缺乏创业激情和对事业的信心，不管其专
业水平多高，都可能成为团队中的消极因素，对其他成员产生致命的负面
影响。

"携程网"的成功，除了抓住互联网快速发展的契机，有一个良好的创业团队是关键。携程网的团队成员分别来自美国甲骨文公司、德意志银行和上海旅行社等，是技术、管理、金融运作和旅游的完美组合，大家共同创业，分享各自的知识和经验，绕开了很多创业雷区。

（二）确定清晰的创业目标

创业团队在实践中要不断总结经验和吸取教训，形成一致的创业思路，勾画出共同的目标，以此作为团队努力的目标，鼓励团队成员积极掌握工作内容和职责，竭诚与他人合作交流贡献个人能力。创业团队的目标必须清晰明确，能够集中体现出团队成员的利益，与团队成员的价值取向一致，并保证所有团队成员都能正确理解，这样才能发挥鼓励和激励团队成员的作用。此外，创业团队的目标还必须切实可行，既不应太高，也不应太低，而且要能够随着环境和组织的变化及时更新和调整。

1998 年，成立于北京的交大铭泰，主要从事研究、开发和销售，以及翻译软件为主的 4 大系列软件产品，其在创业初期就确定了 3 年内成为我国最大应用软件和服务提供商的目标，以及具体的发展战略。明确的创业目标保证了团队成员的稳定性，其成员自创业以来基本上没有太大变化，这不仅带来了企业凝聚力的提高，也使交大铭泰在企业创新方面取得了较大突破，交大铭泰很快成为国内第一家通用软件上市公司、亚洲首只"信息本地化概念股"、2004 年中国香港股市第一家上市企业。

（三）制定有效的激励机制

正确判断团队成员的"利益需求"是有效激励的前提，实际上，不同类型的人员对于利益的需求并不完全一样，有些成员将物质追求放在第一位，而有些成员则是希望能够获得荣誉、发展机会、能力提高等其他利益。因此，创业团队的领导者必须加强与团队成员的交流，针对各成员的情况采取合理的激励措施。

创业团队的利润分配体系必须体现出个人贡献价值的差异，要以团队成员在整个创业过程中的表现为依据，而不仅是某一阶段的业绩，其具体分配方式要具有灵活性，也包括诸如股权、工资、奖金等物质利益，也包括个人成长机会和相关技能培训等内容，并且能够根据团队成员的期望进行适时调整。

腾讯公司马化腾的创业团队多年来十分稳定，与其利润分配机制的有效性是分不开的。虽然腾讯公司的股权多次转让，但是它的 5 位创办人一直共同持有公司的大部分股份。公司的上市更是使得创业团队的 5 位成员均成为亿万富翁。

第三节　商业模式设计

一、商业模式概述

利用机会起步创业，创业者必须去构思有效的商业模式。

（一）商业模式的内涵

商业模式，即企业实施相关商业活动的一套逻辑化的方式方法，以将原本做不成的事做成，将原本做不好的事做好。由此，企业才能获得相应的利润。这方面的诸多案例足以告诉我们：有效的商业模式是未来企业盈利的基本前提。

商业模式本质上是企业为客户创造并传递价值，使客户感受并享受到企业为其创造的价值的系统逻辑，反映的是利益相关者之间的交易关系。新创企业如果缺少这套逻辑，或者是构思的商业模式效力不足或效率不高，则新创企业未来既难以为客户创造价值，也难以向客户传递价值，更难以为新创企业自身赢得利润，因为，客户只乐于向能为自己有效创造并传递价值的企业投出自己的"货币选票"。

（二）商业模式的内在结构

既然商业模式本质上是企业为客户创造并传递价值，使客户感受并享受到企业为其创造的有价值的系统逻辑，那就有一个结构问题，即基本要素和要素间的连接关系。基于这一认识，研究商业模式的不少学界同仁基于自身的研究，给出了关于商业模式内在要素的诸多解释。

维西奥（Viscio，1996）认为，商业模式是由核心业务、管制、业务单位、服务、连接五者构成的。

蒂默尔斯（Timmers，1998）认为，商业模式是由产品/服务、信息流结构、参与主体利益、收入来源 4 者及其联系构成的。

马凯斯（Markides，1999）认为，商业模式是由产品、顾客关系、基础设施管理、财务4者及其联系构成的。

多纳斯（Donath，1999）认为，商业模式是由顾客理解、市场战术、公司管理、内部网络化能力、外部网络化能力5者及其联系构成的。

哈默尔（Hamel，2001）认为，商业模式是由核心战略、战略资源、价值网、顾客界面4者及其联系构成的。

切斯布洛（Chesbrough，2000）认为，商业模式是由价值主张、目标市场、内部价值链结构、成本结构和利润模式、价值网络、竞争战略6者及其联系构成的。

戈尔迪恩（Gordijn，2001）认为，商业模式是由参与主体、价值目标、价值端口、价值创造、价值界面、价值交换、目标顾客7者及其联系构成的。

林德（Linder，2001）认为，商业模式是由定价模式、收入模式、渠道模式、商业流程模式、基于互联网的商业关系、组织形式、价值主张7者及其联系构成的。

彼德罗维奇（Petrovic，2001）认为，商业模式是由价值模式、资源模式、生产模式、顾客关系模式、收入模式、资产模式、市场模式7者及其联系构成的。

奥弗尔（Afuah，2001）等认为商业模式是由顾客价值、范围、价格、收入、相关行为、实施能力、持续力7者及其联系构成的。

威尔（Weill，2001）认为，商业模式是由战略目标、价值主张、收入来源、成功因素、渠道、核心能力、目标顾客、IT技术设施8者及其联系构成的。

奥斯特沃德（Osterwalder，2005）认为，商业模式是由价值主张、目标顾客、分销渠道、顾客关系、价值结构、核心能力、伙伴网络、成本结构、收入模式9者及其联系构成的。

但客观地看，商业模式最为基本的是由4者及其联系构成的：一是价值体现，即企业拟为客户创造并传递的价值；二是价值创造方式；三是价值传递方式；四是企业的营利方式。其中，价值体现是基础，新创企业如果不能发现客户所需要的价值，那就不能为客户创造出他们所需要的价值。价值创造和传递方式，是新创企业将自己的价值构想变为现实，并为客户传递价值的"过程性手段"。在为客户创造并传递价值的同时，新创企业也不能忘记"自己的盈利方式是什么"，否则，新创企业很可能难以实现正的现金流。

至于不少同行提到的其他要素，不过是这四个要素的次一级、次二级要素。同时需要注意的是，要素之间的不同联系方式及具体特点不同，即使是相同要素构成的也会是不同的商业模式。

二、商业模式设计特点

（一）商业模式设计的目的是把做不成的事变为可以做成的事

创业本身就是要将他人或自己此前做不成的商业，转变为自己可以做成的商业，这首先要靠商业模式的设计来实现。商业模式设计是创业机会开发的重要环节。在有创业机会的情况下，如果创业者设计、开发不出可行的商业模式，则资源获取及整合就无明确的方向，更谈不上起步创业之后的事情，且多会陷入盲目创业的绝境。基于此，创业者一旦发现了有价值的创业机会，且意在创业，则必须着力设计、开发创业所需的商业模式。

（二）理想的商业模式设计至少有两个特征

创业者之所以创业，最为基本的动因就是要赚取利润。而要赚取利润，可行的商业模式是基础。理想的商业模式设计至少应有两个特征：一是短期地看，理想的商业模式应有助于新创企业尽快实现"正的现金流"；二是长期地看，理想的商业模式应有助于新创企业用尽可能少的资源做成尽可能大的商业，从而使整个创业活动为创业者带来"最大化的利润"。创业是循序渐进的过程，特定的创业活动若能给创业者带来最大化的利润，也将是一个循序渐进的过程。由此，某种商业模式未来若能为新创企业带来最大化的利润，则它首先应能尽快地为新创企业实现"正的现金流"。但需要说明的是，短期内能使新创企业实现正的现金流的商业模式，并不一定就是未来能使新创企业利润最大化的商业模式，这主要是因为利润最大化的实现是由更多因素决定的。

（三）商业模式设计是一个反复试错和修正的过程

商业模式本质上是企业为客户创造并传递价值，使客户感受并享受到企业为其创造的有价值的、系统的商业逻辑。如前所述，商业模式最为基本的是：价值体现、价值创造方式、价值传递方式、企业的盈利方式。故对创业者而言，针对特定的创业活动，要设计出理想的商业模式，并不能一蹴而就，而是需要反复试错和修正。首先，需要分别设计每个要素；其次，需要使 4 种要素处于相互协调匹配的状态。只有当 4 个要素分别是可行的，且 4 者达到协调匹配状态时，这样的商业模式才可能是较为理想的商业模式。

（四）商业模式开发是企业战略设计的基础

创业不但要有理想的商业模式，还要有持续努力的总体战略。商业模式决定创业能否得以启动与实施，战略则决定创业能否持续，决定新创企业未来能否可持续地成长。就二者的关系而言，商业模式通常先于战略，是战略生成的基础，战略则是在商业模式基础上新创企业对于自己长期拟走道路的选择。因此，创业者要为新创企业设计理性的战略，需要开发、设计理想的商业模式。否则，所设计的战略即成为无根之树，自然难以具体实施。

【案例分享】

三、商业模式设计过程与评价

（一）过程：由顶层设计到递阶协调

商业模式最为基本的是由 4 类要素及其联系构成的。但要设计出可以具体付诸实施的商业模式，则有一个由顶层设计到递阶协调的过程。

1. 商业模式的顶层设计

商业模式最为基本的 4 类要素及其联系构成就是商业模式的顶层要素，故商业模式的顶层设计，就是要设计这 4 类要素及其联系。其中，价值体现，即创业者希望通过自己未来的商业活动为目标客户提供什么样的价值；价值创造方式，即创业者准备以怎样的方式方法和途径开发、生产出自己拟给目标客户提供的价值；价值传递方式，即创业者准备以怎样的方式方法和途径将所开发的价值提供给目标客户；企业的营利方式，即创业者在给目标客户创造并传递价值的同时，拟以怎样的方式方法和途径来使自己获得利润。明确了这 4 者及其联系，创业者才可能顺次细化商业模式的次一级要素及其联系。

2. 商业模式四大要素的具体化

通常，价值体现可以具体化为创业者拟为客户提供的功能，以至最终的产品或服务。功能更多是指产品的效用；拟向用户提供的功能，即效用明确了，才可构想具体的产品或服务。基于拟为客户创造的价值，新创企业需要开发和生产价值的方式方法和途径，这通常要结合具体产品或服务的具体特点来开发。例如，如果具体产品为计算机软件产品，那就要从软件开发的相关规律来思考具体的价值创造方式；如果具体产品为计算机硬件产品，那就要从硬件开发的相关规律来思考具体的价值创造方式。至于价值传递方式，更多是指产品营销的方式方法和途径，具体包括产品推广、销售、客户服务等方面的相关手段、措施及渠道等。而企业的营利方式，也需要结合价值创造方式、价值传递方式、企业与客户的交易关系、可能的市场竞争方式及态势（如市场结构）来具体设计。

（二）评价：有效性的评价准则

商业模式设计得是否理想，通常需要从 3 个角度进行评价。实施这一评价的目的，就在于确保实施相应的商业模式后能真正达到期望的效果。

1. 客户价值实现的程度

创业者所设计的商业模式是否合理，需要审视该模式对于创业团队所构想的"价值体现"的实现程度，即该商业模式能够在多大程度上实现创业团队原本拟为客户创造并传递的价值。而要回答这一问题，一是需要创业者评价该商业模式可能为客户创造并传递的价值是不是原本拟创造的价值。例如，创业者原本打算为客户创造"节能"的价值，但通过所设计的商业模式，是不是真的就能帮助客户节能。二是需要评价该商业模式实现拟定价值的程度，如前假设，如果所设计的商业模式能够为客户提供"节能"的价值，则还需要进一步评价该商业模式能够为客户"节能"的程度大小。

2. 客户价值实现的可靠性

多数商业活动都存在风险，这就有了特定商业活动实现其价值的可靠性问题。相应地，创业者借助所设计的商业模式为客户提供价值，也存在可靠性问题。由此，创业者在设计特定商业模式之后，也需要评价其能够为客户提供特定价值的可靠性，即评价该商业模式能够在多大程度上为客户可靠地提供拟定的价值，显然，只有那些能够可靠地为客户创造拟定价值的商业模式，才是可取的。这里不难看出，商业模式的可靠性评价，相当程度上也就是商业模式的风险评价。相应地，既需要搞清特定商业模式的系统风险和非系统风险，还需要搞清各种具体风险的程度大小。只有搞清了各种可能的风险，才能称之为对特定商业模式的可靠性进行了较为充分的评价。

3. 客户价值实现的效率

如果估计特定商业模式能够较为可靠地为客户提供拟定的价值，还需要进一步关注该商业模式为客户创造与传递价值的效率。在商业模式的顶层要素中，价值创造方式和价值传递方式二者共同决定客户价值的实现效率，故创业者评价客户价值的实现效率，一是需要评价特定商业模式为客户创造价值的效率；二是需要评价特定商业模式为客户传递价值的效率。而最终效率的形成，则是价值创造和价值传递两个效率的"乘积"，而不是两个效率的"加和"。换言之，只有特定商业模式的价值创造效率和价值传递效率都很高时，创业者才可能以较高的效率为客户提供价值；反之，如果其中任何一个环节的效率较低，都可能降低创业者为客户提供价值的效率。

第四节 创业资源管理

在当前竞争日趋激烈、国际环境瞬息万变的市场经济中，资源的争夺也愈加激烈，初创企业由于其自身的独特性，很难找到足够的资源来支持自身的发展。现实的观察统计也表明，许多创业者能够识别创业机会，但在创业过程中却很难将创业机会转化为成功的创业企业，这其中有很大的原因就是创业者在创业活动中缺乏充足的创业资源的支持。因此，创业成功的关键不仅要有优秀的创业团队和合适的创业机会，充足的创业资源的支持也是创业成功必要的关键因素之一。

一、创业资源概述

（一）创业资源的概念

资源作为创业活动顺利开展的关键因素之一，学者们从不同的角度对其概念进行了界定。从经济学的角度看，资源是生产过程中所投入的要素；从管理学的角度看，资源是基于信息和知识的各种生产要素的集合，通常将其分为有形资源和无形资源；从组织战略的角度看，资源是为了实现组织目标而使用的所有的有形资源和无形资源的集合。创业资源是创业理论中最基础的概念，学者们根据不同的研究目标，在创业理论发展的过程中，创业研究领域对创业资源的定义也各有不同，其主要定义如表9-1所示。

表9-1   创业资源定义

国内外学者	创业资源定义
沃纳菲尔特（Wemerfelt）	创业过程中投入的全部有形和无形资源
霍尔（Hall）	无形资源可以细化为两种形态，即技能和资产
多林格尔（Dollinger）	所有创业企业在创业活动中投入的要素和要素的组合
林嵩、张巧、林强	能够促进企业生产和稳定发展，企业控制或可支配的所有要素和要素组合：技术、专利、知识、能力、组织属性等
刘霞	企业投入到创业过程中的各类资产、能力、信息与知识的统称
余绍忠	可以促进企业生存和发展、实现组织战略目标与愿景，为企业所拥有或能够控制的各类要素和要素组合
冯碧云	创业者全部的有形资源和无形资源是在有限条件下通过自身差异化能力获得的，这种能力会对整个创业过程产生影响，不断推动企业的发展和战略目标的实现

资料来源：张香兰，等. 大学生创新创业基础［M］. 北京：清华大学出版社，2018.

在创业资源的定义上目前并没有达成共识。但对于创业者而言，只要是对其项目和企业的发展有所帮助的要素，都是创业资源。因此，广义来讲，创业资源是能够支持创业者进行创业活动的一切资源，是涵盖新创企业在创造价值的过程中需要的一切支持性资产，既包括有形资产，也包括无形资产。狭义而言，创业资源是促使创业者启动创业活动的关键优势资源。

（二）创业资源分类

创业资源的分类视角有很多。按照不同的分类标准，国内外学者对创业资源的组成要素做了大量的研究工作。从表9-2创业资源分类可以看出，国内外学者对创业资源划分并没有达成一致公认的分类框架。关于创业资源分类的主要观点如表9-2所示。

表9-2   创业资源分类

国内外学者	分类视角	划分类型
林强、林嵩等	企业战略规划过程中资源要素的参与程度	直接资源和间接资源。直接资源包括财务资源、经营管理资源、市场资源、人才资源，间接资源包括政策资源、信息资源、科技资源
Hittlrelan D，Hoskisson	创业资源的存在方式	有形资源、无形资源

国内外学者	分类视角	划分类型
Barney et al.	创业资源的重要性	人力和技术资源、财务资源和生产经营性资源
Timmons	资源基础	核心资源、基础资源、其他资源
Wilson	资源的来源情况	内部资源和外部资源
Newbert	资源性质	财务资源、物质资源、人力资源、知识资源、组织资源
林强	对企业成长的作用	要素资源和环境资源
余绍忠	对创业绩效的影响	资金资源、人才资源、管理资源、信息资源、科技资源、政策资源

资料来源：张香兰，等. 大学生创新创业基础［M］. 北京：清华大学出版社，2018.

（三）人力、技术及资金在创业中的作用

尽管创业资源的划分目前并没有公认的标准，但创业者获取创业资源的最终目的是为了组织这些资源并以此实现创业机会，提高创业绩效和获得创业成功，这一点是毋庸置疑的。无论哪种资源、无论是否直接参与企业的生产，它们的存在都会对创业绩效产生积极的影响，但其影响程度不同。

1. 人力和技术资源是决定性资源

创业团队自身的人力资源是创业期最为关键的因素。因为，创业者及其团队的洞察力、知识、能力、经验及社会关系影响到整个创业过程的开始与成功，同时，在企业新创时期，专门的知识技能往往掌握在创业者等少数人手中，因而此时的技术资源在事实上和人力资源紧密结合，并且上述两种资源可能成为企业竞争优势的重要来源，拥有技术和人力这两样核心资源，就有办法获得财务资源了。

同时，也有研究者指出，在创业初期，技术资源是最关键的创业资源之一。其主要原因有 3 个方面：一是创业技术决定了创业产品的市场竞争力和获利能力；二是创业技术决定了所需创业资本的大小，对于一些在技术上非根本创新的新创企业来说，创业资本只要保持较小的规模就可以维持企业的正常运营；三是就创业阶段而言，新创企业是否掌握"核心技术"或"根部技术"，是否拥有技术的所有权，决定着创业成本，以及能否在市场中取得成功，技术资源对依托高科技进行创业的企业而言更为关键。

2. 资金是不可缺少的创业条件

有无资金，决定着创业行动能否及时展开。创业资金储备的多少，制约着创业规模的大小与进展速度。资金资源对于任何一个企业都非常重要，充

足的资金将有助于加速新创企业的发展。新创企业无论是进行产品研发还是生产、宣传和销售，都需要大量的资金。而且，新创企业往往由于资产不足而缺乏抵押能力，很难从银行得到足够的贷款，这更使得资金资源成为企业高速发展的瓶颈。因此，如何有效地吸收资金资源是每个创业者都极为关注的问题。

没有资金，显然无法推动创业项目起步。不少创业者受困于缺少创立企业和起步项目所需的资金。即便一些企业已开始起步，也常常受困于创业资金的短缺。因此，资金是创业不可缺少的资源条件。

（四） 创业资源的获取途径

一般来讲，创业之初所需的各项资源，往往只能依靠创业者通过自身努力获取。但随着企业的成长和不断扩张，创业者很快就会发现，通过自身努力获取的资源远远不能支持企业的发展，为了使企业能够继续发展，创业者应通过多种途径获取所需的各种创业资源。当然，创业资源的种类不同，获取的途径也不同。因此，创业资源的获取不能一概而论。这里主要选取创业过程中的影响程度较大的人力、技术及资金资源为代表进行讲述。

1. 获取人力资源的途径

这里的人力资源不仅仅是指企业成立以后招募的员工，更主要的是指创业者及其团队拥有的知识、技能、经验、人际关系、社会网络等。创业者，尤其是对于大学生创业者而言，不仅仅是资金的缺乏，更重要的还有意识、知识，信息与技能的不足与缺乏。因此，创业前应尽可能参加一些相关的社会实践活动，在这个过程中既能增长关于市场的知识，还可以锻炼组织能力。当然，也可以考虑先进入一个企业为别人工作，通过打工的经历学习相关行业知识，了解企业运作的经验，学习开拓市场的方法，认识盈利模式，建立客户资源渠道等。

2. 获取技术资源的途径

创业项目起步时获取所依赖技术的途径有：吸引技术持有者加入创业团队；购买他人的成熟技术，并进行技术市场寿命分析等；购买他人的前景型技术，再通过后续完善开发，使之达到商业化要求；同时购买技术和技术持有者；自己研发，但这种方式需要时间长、耗资大。还应该随时关注各高校实验室、老师或者学生的相关研发成果，定期去国家专利局查阅各种申请专利，养成及时关注科技信息，浏览各种科技报道，留意科技成果，从中发现具有巨大商机的技术的良好习惯。政府机构、同行创业者或同行企业、专业信息机构、图书馆、大学研究机构、新闻媒体、会议及互联网等，都是获取相关技术信息的渠道，可以根据自身的实际情况与以上各种方式的特点，选择一种或多种方式。

3. 获取外部资金资源的途径

获取财力资源，是创业顺利进行的有效保障。对于外部资金的获取，一般可通过以下途径获得：依靠亲朋好友筹集资金；抵押或银行贷款；政府扶持资金；互联网平台融资；所有权融资，包括吸引新的、拥有资金的创业同盟者加入创业团队，吸引现有企业以股东身份向新企业投资、参与创业活动，以及吸引企业孵化器或创业投资者的股权资金投入等。

（五）创业资源的整合

相关统计表明，大部分创业者的失败都与资源的整合和融资环节的不协调相关。因此，从这个角度来看，创业也被认为是创业者感知机会后的资源整合行为，遵循从感知机会到组建创业团队，并获取创业必需资源的逻辑。创业管理大师熊彼特说过，创业者的功能就是实现新组合。因此，创业资源的整合是创业者实现成功创业必须斟酌的问题。在美国，Enterpreneur 一词专指在没有多少资源的情况下，积极进取，锐意创新，发现机会、把握机会并实现机会价值的创业者。也就是说，创业者刚开始创业不可能，也没有必要拥有他所需的全部资源，为克服资源和经验不足等"新创缺陷"，新创企业往往需要从创业网络中汲取和整合各种创业资源。同时，资源管理理论也认为，资源整合能够对新创企业的资源和能力进行补充与丰富，并促使新创企业更好地适应环境的变化，从而能推动新创企业向前发展，提高新创企业绩效。

1. 资源整合的作用

资源整合是指企业获取所需的资源后，将其进行绑定聚合以形成和改变能力的过程。即使创业前资源准备足够充分，也不可能预见到创业中所有的问题。而且，大部分创业者开始创业时都存在资源贫乏、经验不足的状况，任何一个创业者都不可能在想出了所有问题的答案后再创业。因此，从创业视角看，创业不必等到将所有的资源准备齐全，创业需在把握机会的前提下通过整合资源实现。资源整合对企业的发展起到至关重要的作用，是资源开发过程中的关键环节，资源缺乏对新创企业的影响尤为明显。创业者需要做的是发现有价值的外部资源，利用现有资源撬动外部资源，使得新创企业得以生存发展，这就是资源整合的作用。

2. 资源整合的一般过程

创业过程实际上也就是创业者建立、整合和拓展资源的过程。在这个过程中，创业者需要平衡、取舍，需要对创建企业所需的资源进行识别、控制、利用和开拓。

（1）创业资源识别。创业者首先要明白自己的资源整合能力，以及企业所拥有的最初资源。创业资源中也存在假象，即不适合企业发展的方面，这就要求创业者具有辨别真伪的能力，不能对所有资源都是来者不拒。要厘清哪些是战略性资源，哪些是一般性资源；还要对资源的数量、质量、可利用程度进行分析。要做到这些，通常要求创业者具备一定的行业知识和社会关系网络。

资源识别方式分为两种：自下而上和自上而下。自下而上是指创业者拥有的详细、具体的商业计划，依据商业计划对资源进行识别，从而把资源整合在一起创造价值；自上而下是指创业者首先勾勒出组织愿景，以及这一愿景如何实现，而后识别自身所拥有的资源和环境中能提供的所需资源，以此实现组织愿景。

（2）创业资源控制。实际上，所有成功的创业者在新创企业成长的各个阶段，都会做到用尽可能少的资源推进企业向前发展。同时，对他们而言，资源的所有权并不是关键，关键的是对其他人的资源控制，以及影响程度。资源控制的范围通常包括：自有资源和外部资源。自有资源大多存在于创业者和创业团队当中，如教育背景、声誉、行业知识、资金和社会网络等，其中，团队成员中的人脉和技术对企业的成功举足轻重。外部资源通常可以通过购买和并购获得，资源购买主要通过市场购入所需资源；资源并购则是通过股权收购或者资产收购，将企业的外部资源内部化。

为了提高创业绩效，创业者需要尽可能利用手头资源和自身能力去获取并控制那些尚无法得到的资源。如可以通过资源联盟的形式，联合其他组织对一些难以或无法自行开发的资源共同开发。

（3）创业资源利用。在完成了对资源的获取和控制后，创业者需要不断挖掘，利用创业资源。首先，是资源配置，由于资源在未整合之前大多是零碎的、散乱的，要发挥其价值、产生最佳效益，就必须运用科学方法对各种类型的资源进行细化、配置和激活，将有价值的资源有机融合起来，使之具有较强的系统性和价值性。其次，是利用资源优势来赢得市场。创业者需要协调各种资源之间的关系，匹配有用的资源、剥离无用的资源，使资源相互匹配、相互增强、相互补充，使之转化为企业内部的独特优势，从而为企业赢得市场，提高创业绩效。

（4）创业资源开拓。创业资源的开拓是在协调资源的基础上，进一步开发潜在资源为己所用；是将以前没有建立起联系的资源建立联系，不仅整合已有资源，而且还将新获取的资源与已有的资源进行充分整合。因此，对资源的开拓不仅是实现财富的创造，而且是在已有资源的基础上拓展企业资源库，进一步识别企业自有和外部资源，拓展资源的范围和功能，从而为下一步的资源识别、获取、配置和利用奠定基础。这也是企业持续竞争优势的源泉。

总之，创业资源识别、控制、利用和开拓这4个子过程相互依存、相互联系。资源识别是创业资源整合的起始阶段；资源控制是创业者根据原有计划和资源识别结果，尽可能利用手头资源和自身能力去获取并控制那些尚无法得到的资源，从而为资源的配置和利用奠定基础；资源利用要按需分配，将资源放到企业最需要的位置上，使之转化为企业内部的独特优势，同时应避免资源沉淀；而资源开拓则为下一轮的循环奠定了基础。

3. 创业资源整合模式

创业资源整合是通过对不同来源、不同层次、不同结构、不同内容的资源，进行选择、汲取、配置、激活和有机融合，从而形成新的核心资源体系的过程，是一个复杂的动态过程。基于对初创企业资源整合实践的分析和总结，学者们提出了创造性整合、杠杆、拼凑、"步步为营"4种被普遍接受的资源整合模式。

（1）创造性整合。创造性整合，是指在资源束缚条件下，创业者为了解决新问题、实现新机会，发现已有资源的新用途，利用新途径创造出新的独特服务和价值。事实上，创业者可以通过在已有元素中加入一些新元素从而形成在资源利用方面的创新行为，进而取得令人惊奇的成果。

（2）杠杆。杠杆，是指当企业内生资源不足或短期内难以获取，而外部资源存在闲置或浪费时，企业通过核心能力构建资源杠杆，以快速撬动外部资源为己所用的方式。这里的杠杆可以是资金、资产、时间、能力、关系和品牌。对创业者而言，教育背景、相关经验、个性品质、专业技能、信誉、资格等个人的能力和素质最容易产生杠杆效应。杠杆效应能以最小的付出或投入来获取最多的收获效益，而且，杠杆资源效应体现在以下几个方面：比别人更加延长地使用资源；更充分地利用别人没有意识到的资源；利用他人或者其他企业的资源来完成自己创业的目的；将一种资源补足另一种资源，从而产生更高的价值；利用一种资源获得其他资源。

（3）拼凑。拼凑，是指通过对手头有限资源的创造性整合和利用，因陋就简、自力更生进行创业。事实上，潜在创业者并不是真正的"一无所有"，而是因为不敏感或能力不足而对自己手头拥有的东西视而不见。其实，不少成功创业者都是创业资源方面的拼凑高手，他们善于用发现的眼光，洞悉身边各种资源的属性，然后将它们创造性地整合起来。

（4）步步为营。"步步为营"是美国学者杰弗里·康沃尔在其专著《步步为营：白手起家的艺术》中提出的资源利用的重要方式。他指出，"步步为营"经济实用，它不仅适用于小企业，还适用于高成长企业和高潜力企业。具体到创业资源整合实践中，"步步为营"是指创业者分多个阶段投入资源，并在每个阶段投入最有限的资源。这样，一方面，创业者要有能力设法将资源的使用降到最低以使成本降到最低；另一方面，创业者还要能够自主、自立、自强，以便减少对外部环境的依赖。这实质上体现的是一种能力，一旦具备这种能力，创业者也即在向成功步步靠拢。

二、创业融资

资金是企业经济活动的推动力。它如同润滑剂，不足或欠缺终会导致企业"熄火"。创业融资难一直是困扰新创企业的一大难题，作为广泛存在的一个问题，创业者如何获得创业资本、社会资本出路问题也受到学术界的高度关注。同时，创业融资作为资源整合动态过程中的重要环节，有必要从资源整合的视角进行系统考虑。

（一）融资概念

创业融资是指创业者为了生存和发展的需要，筹集资本和运用资本的活动，包括新创企业从创意种子期到创业生产期发生的一系列融资行为。

创业融资的研究对象是创业企业的融资行为。企业初创期由于缺乏盈余能力而需要不断地投入资金以维持其正常的运转。事实也证明，初创企业很难靠自有资金来解决各种突发的困境，这就需要从外部筹措。当企业步入正常发展轨道，为在竞争中立足，又会面临扩大规模、效益、创新等任务，此时的融资又会被提上议事日程。因此，企业从最初建立，到发展、壮大的整个过程中都要经历一个融资、投资、再融资的循环过程，创业融资伴随新创企业发展的整个过程。

（二）融资渠道

据有关数据显示，85%的初次创业者都存在资金不足的问题。但资金不足并不表示就不可以创业，因为创业者可以有很多途径获得资金。创业融资渠道即创业者筹集创业资金的途径，或者称为企业经营所需资金的来源。尽管可供使用的外部经济资源很多，但由于每一次融资行为都有其自身的特征，而且创业融资渠道也存在各自的限制条件，这些都将决定企业在创业融资过程中能够或应该采取什么样的融资渠道。

1. 私人资本融资

（1）自我融资。个人积蓄也称自我融资，这是企业创建初期的一个重要的资金来源。研究者发现，70%的创业者依靠自己的资金为新企业提供融资。即使是具有高成长潜力的企业，在很大程度上都依赖创建者的存款提供最初的资金。如蒙牛的创业资金就是几个创始人卖掉股票筹集的。

对创业者来说，资金永远是稀缺资源，依靠自有资金起步永远是最稳妥的方法。在创业前期，绝大部分企业是自筹资金。贷款人和投资者在投资前会确认自身已投入资金多少。但这样提供的资金毕竟有限，一般情况下积蓄仅能维持初期基本的开销。所以，个人积蓄只是创业融资短效的途径，对创新企业的作用十分有限。

（2）向亲朋好友筹措资金。对于创业者来说，亲友是他们选择的第二个融资渠道，也是常见的启动资金来源。当陷于资金困境时，人们最先想到同时也是最能向自己伸出援助之手的，是家人、亲戚和朋友。世界银行所属的国际金融公司（IFC）对北京市、成都市、顺德市、温州市4个地区的私营企业做过调查，结果显示：我国的私营中小企业在初始创业阶段几乎完全依靠自筹资金，90%以上的初始资金都由主要的创业者、创业团队成员及家庭提供，银行及其他金融机构贷款所占的比重很小。创业者和亲属朋友之间的亲情和友爱关系使他们相互之间易于接触，这样就有助于克服不熟悉的投资者所面临的不确定性，但弊端也是显而易见的，即容易出现纠纷。如往往存在手续不完善的情况，较少有物质抵押而且信誉难保。对此，聪明的创业者在利用这种途径融资时一定会认真考虑一系列潜在问题，达成书面协议，将所有的融资细节如金额、偿还方式、利率、还款日期、抵押品，以及万一企业破产后的偿还方式等都要注明。同时，要向亲朋好友明确传递公司的目标，确保他们明白自己的资金将用于公司的日常经营。而且，要经常与亲朋好友交换对潜在问题的看法，尽早消除彼此之间的顾虑，这样将有助于减少以后产生的问题。

（3）天使投资。天使投资是创业资金的另一来源。天使投资（angel investment）是个人或非正式机构出资协助原创项目或小型初创企业对其进行一次性前期投资的一种投资形式。被投资的原创项目或小型初创企业一般拥有某种专门技术或独特概念,这是其受天使投资青睐的前提。

天使投资具有以下特征:投资金额一般较小,而且是一次性投入,对风险企业的审查也并不严格,更多的是基于投资人的主观判断或者是由个人的好恶所决定;很多天使投资人本身是企业家,了解创业者面对的难处,是起步公司的最佳融资对象;天使投资人不但可以带来资金,同时也可以带来关系网络,如天使投资人往往积极参与被投资企业的战略决策和战略设计,为企业提供咨询服务等。

2. 机构资本融资

(1)风险投资。风险投资(Venture Capital,VC)是典型的股权融资形式,与其他股权融资方式不同,VC更看重企业发展的未来,因而对投资项目的考察是所有投资方式中最为客观和严格的。对中小企业而言,VC为企业长远发展提供了市场化的资金支持,减少了创业者所承担的风险程度。要获得风险资本的支持,创业者需要直接向风险投资机构申请或通过从事此类业务的中介机构来获取,同时,创业项目应当有好的盈利预期和市场前景,以及准备充分的商业计划书、优秀的创业团队。

一般而言,无论选择天使投资还是风险投资的融资方式,比较恰当的股权结构是由创业者和他的团队拥有相对多数的股权比例,然后才是由天使投资人与风险投资人拥有次多的股权比例决定,最后剩余的少部分再邀请策略性企业投资人参与认股。这样的股权结构最有利于创业者与创业精神的发挥,尤其能使创业投入与创业利益最紧密地结合,创业成功的机会也就比较大。

(2)银行贷款。除了以自己或亲友的资本来启动创业项目,银行贷款也是中小企业最普遍尝试的融资渠道,但其成功率非常低,只有少数人得益于传统的银行贷款。相关统计显示中小企业从银行获得的贷款不足银行系统贷款总量的10%。这是因为中小企业经营状况的高风险性与银行业的审慎原则显著冲突,银行在贷款过程中过于注重抵押物,因此中小企业从金融机构贷款数量均受到很大限制,所以对于新创业企业而言,可以选择由政府担保的小额贷款。但当企业发展到一定阶段,具有一定的信誉,资产或其他担保时,银行贷款也成为创业资金的主要来源之一。

(3)信用担保体系融资。新创企业融资难的一个重要问题就是信用不足。从20世纪20年代起,许多国家为了支持本国中小企业的发展,先后成立了为中小企业提供融资担保的信用机构。目前,全世界已有48%的国家或地区建立了中小企业信用担保体系。我国从 1993 年开始设立专业性担保公司，担保公司由此作为一个独立行业出现。信用担保是指由专门的信用担保机构为中小企业向银行提供贷款保证服务，接受担保服务的中小企业向信用担保机构缴付一定担保费用的担保方式。信用担保是一种信誉证明和资产责任保证结合在一起的中介服务活动。它介于商业银行和企业之间，担保人对商业银行做出承诺，为企业提供担保，从而提高企业的资信等级。信用担保机构的建立对缓解我国中小企业融资难问题起到了积极的作用。

3. 政府创业扶持基金融资

近年来，国家大力倡导创新创业，各级政府出台了一系列相应的创业扶持政策，特别是针对大学生创业的扶持政策，如大学生创业税费减免、创业担保贷款和贴息、创业补贴等。各省、直辖市、自治区均有专门成立的大学生创业扶持基金，以及大学生创业大赛项目平台，除了提供奖金、大学生创业服务外，还为大学生提供创业信息、就业创业培训等。企业的注册、财务、税务、管理、运营等问题，均可以从中得到不同程度的解决。

4. 互联网平台融资

（1）互联网金融。利用互联网金融筹资方便快捷，几分钟就能到达账户。比如支付宝、微信和 P2P 借贷等，是目前互联网金融平台上比较火爆的借贷方式，但在 2013 年大量 P2P 公司跑路倒闭，对创业者而言，这些风险也需要考虑。

（2）众筹。是指用"团购＋预购"的形式，向网友募集项目资金的模式。众筹利用互联网传播的特性，让个人可以对公众展示他们的创意，争取大家的关注和支持，进而获得资金援助。

（三）融资方式

资金是企业的血脉，充足的资金能使企业有效地运转。如果说融资途径是创业资金的来路，那么融资方式则是创业者获得资金的具体形式。融资方式体现了资本的属性和期限，而属性则指资本的股权或债权性质。因此，从这个角度来看，企业筹措资金的方式通常分为两种：一种是权益资本筹措；另一种是债权资本筹措。

1. 权益资本筹措

权益资本又叫权益性资本，它是指投资者所投入的资本金。资本金合计包括企业各种投资主体注册的资本金的全部。通俗一点来讲，权益资本是股东对企业的个人投资。权益资本不像银行贷款那样需要支付利息，从而减少了企业的日后开支；从长远角度看，创业者需要让出部分股权将其转移给外部投资人。

权益资本筹措包括三种：吸收直接投资、发行股票和留存收益。吸收直接投资是指企业直接吸收国家、法人、个人和外商等资金的一种筹资方式；发行股票是股份公司向出资人发行用以证明出资人的股本身份和权利的一种有效凭证，从而筹集资本；留存收益，顾名思义是企业存留在内部的盈利，根据《中华人民共和国公司法》和《企业会计制度》，留存收益都来源于企业在生产经营活动中所实现的净利润，包括企业按照国家法律的规定提取盈余公积，以及利润或股利分配后的剩余部分。

2. 债权资本筹措

债权融资是指企业通过借钱的方式进行融资。借款有一定的期限，企业要向债权人偿还本息。这种融资方式适合解决企业营运资金短缺的问题。主要包括以下几种：银行信贷、债券融资、商业信用和融资租赁。银行信贷是债权融资的主要形式，是在一定的条件下取得银行发放的资金并且按期偿还本金的融资方式；债券融资则是企业向债权人支付利息、偿还本金以筹集资金的一种融资方式；商业信用是企业在正常的经营活动和商品交易中由于延期付款或预收账款所形成的企业常见的信贷关系；融资租赁是指出租人出资购买租赁物件，并租给企业使用，企业则分期向出租人支付租金，通过融资租赁的方式，新创企业可以获得出资人提供的机器设备，避免了大规模的一次性投资，缓解了设备改造所产生的资金周转压力。

【作业与反馈】

一、课题讨论题

（一）结合你对创业的理解，谈谈大学生如何结合自身实际选择合适的创业项目。

（二）运用案例分析法分析：海尔集团开发小小神童洗衣机的市场商机。

二、简答题

创业各阶段可能面临哪些风险，如何防范。

三、案例分析

微软公司是如何打败苹果公司的

长期以来，微软公司与苹果公司各自开发的操作系统互不兼容，自成一体。早在20世纪80年代末，苹果公司最早把图形用户界面操作系统应用到个人电脑，并在这种新颖、直观的操作系统技术上领先于其他对手。苹果公司的图形化操作系统依靠其时尚的外形、出众的操作体验，引领了当时相关领域技术发展的潮流。

虽然在一段时间内，苹果公司作为一个技术领先者，拥有竞争对手所不具备的"好技术"，但却没有赢得市场，苹果公司在个人电脑操作系统市场中败给了多年后才步苹果公司后尘推出图形化操作系统的微软公司。当微软公司在 1995 年推出成熟的图形化视窗系统——"Windows 95"之后，在短短两年间，全世界将近 90% 的个人计算机都装上了微软公司的视窗系统，而苹果电脑的技术优势却逐渐消失殆尽。

除了技术之外，微软公司的成功在很大程度上得益于其非凡的商业模式创新，当时微软公司开创了极具创新性的商业模式——"OEM"销售模式，即微软公司不是面向最终个人用户，而是事先向微机厂商销售预装视窗操作系统许可。微机厂商卖出多少台微机，就为微软公司卖出了多少份操作系统。微软公司只要把握最主要的几十家微机厂商，就几乎控制了整个微机操作系统市场。之后，微软公司的拳头产品 Windows 98/NT/2000/XP/Server 2003 等一次又一次地成功占领了从 PC 到商用工作站甚至服务器的广阔市场，为微软公司带来了丰厚的利润，创造了神话般的"微软帝国"，在 IT 软件行业流传着一句话："永远不要去做微软公司想做的事情。"

无疑，现在微软公司已在个人电脑软件王国建立了遥遥领先的技术优势，但除了其技术之外，我们还不得不思考其成功的商业模式，沃伦·巴菲特曾这样评价比尔·盖茨："如果他卖的不是软件而是汉堡，他也会成为世界汉堡大王。"可见，商业模式创新对于像微软这样的技术型公司来说，其重要性一点儿不亚于技术上的创新。

资料来源：雷家啸. 技术创新管理［M］. 北京：机械工业出版社，2011.

请分析案例中商业模式的要素及评价。

第十章

大学生创业实践

【课程目标】

1. 学会商业计划的制定与书写。
2. 了解什么是路演及如何进行路演。
3. 了解企业创办的整体流程。

【案例导入】

四川大学学生创业计划"卖"2200万元

10个四川大学的学生组建了一个创业团队，在"挑战杯"中国大学生创业计划竞赛中获得金奖，并赢得2200万元的风险投资。四川大学2003级本科生刘宗锦是这个10人创业团队——UP创业团队的领头人。当她准备参加第五届挑战杯中国大学生创业计划竞赛时，她怎么也没有想到，几个月后，她带领一支主要由硕士、博士组成的团队参加全国大赛，并最终获得大赛金奖。

刘宗锦成功组建了这支创业团队后，首先要做的是寻找项目，团队队员几乎浏览了所有的科技网站，并一次次前往成都各大科研院所。最后，在一名老师的指引下，他们去了川大的国家大学科技园，并在科技园孵化部经理王黎明的推荐下，选择看一个已进入中试的项目——食用菌废弃物循环利用项目。这是川大公共卫生学院教师宋戈扬的专利项目，川大科技园已经对此项目进行了中度实验，并且有实验基地。刘宗锦等人拿到这个项目后，这些来自医药企业管理专业、市场营销、卫生检验等专业的学生们开始做起第一份创业计划书。

经过两个月精心准备，UP创业团队的"食用菌废弃物循环利用项目"首先获得2006年学生课外学术科技节——挑战杯创业计划竞赛一等奖。接下来，又被川大选送参加全省的创业设计竞赛，获得了银奖。最后，在第五届"挑战杯"中国大学生创业计划竞赛上，UP 创业团队再次获得金奖。

在参赛过程中，队长刘宗锦被认为非常善于利用资源。因为，"食用菌废弃物循环利用项目"是一个环保项目，她就和队员一起找到一名联合国地球奖的获得者为该项目写说明，还请到川大校长谢和平为他们的创业计划写了一封信。

资料来源：瞧这网. 一份 2200 万创业计划的故事 ［EB/OL］. (2008 – 12 – 15)［2020 – 2 – 12］. http://www.795.com.cn/wz/31278.html.

【案例解析】

大学生的努力是能转化成财富的，而且是用科技、用大脑把无形的东西转化成巨额的财富。一些创业者凭借一份创业计划书就能筹得大笔资金的奇闻异事，不断在满怀激情的潜在创业者之间流传。再加上风险投资公司和共风险投资机构的推动，很多人认识到了创业计划书对成功创业的重要战略意义。

第一节　制定商业计划书

一、商业计划书概述

著名教授盖伊·卡伟萨基曾说过："一旦他们将商业计划写到纸上，那些希望改变世界的天真想法就会变得实实在在且冲突不断。因此，文件本身的重要性远不如形成这个文件的过程。即使你并不试图去集资，也应当准备一份计划书。"由此看来，商业计划书是呈现出人们创业构想的载体，也是展现创业者如何实现创业过程的一份资料。

我们在撰写商业计划书之前先了解一下什么是商业计划书。

商业计划书是创业者在成立企业之前，就某一项具有市场前景的新产品或服务，向潜在投资者、风险投资公司、合作伙伴等游说，以取得合作支持或风险投资的可行性。商业报告，是用来描述创办一个新企业时所有的内部和外部要素的一份计划书。

（一）编制商业计划的目的

由商业计划书的定义我们可以看到，在创业过程中所涉及的对象可以分为 3 类：即创业团队内部、潜在的投资者等创业团队外部和其他相关者 3 个群体。也就是说我们的计划书总的来讲是为这 3 类对象服务的。围绕这 3 类对象，我们总结出撰写商业计划的目的如下：

1. 梳理创业者的思路

在编写商业计划书的过程中，整个创业团队会针对公司的未来发展进行思考，最后达成一个共识。综合考虑各种因素，在创业开始之前梳理自己的思路，将自己脑海中的构思变成书面的形式，可以让我们认清现实。这并不是一项简单的工作，它需要创业者花上数日乃至数月才能完成。

一份有明确愿景规划的商业计划对创业团队是十分重要的。它能将创业团队中各个成员有序地串联起来，同时也是创业团队沟通的"语言"和凝聚团队力量的重要工具。商业计划可以在企业内部出现矛盾和问题时成为大家的行动纲领，使大家朝着一致的目标前进。

2. 吸引投资者的目光

在创业团队成立的初期，一份含金量高的商业计划书能够吸引到更多的投资，从而引进更多的资金，而资金是一个企业运行不可或缺的原始动力。一份简洁直观的商业计划可以让投资者清晰地了解企业今后的发展前景，从而让投资者做出正确的判断。因此，一份成功的商业计划书的作用是毋庸置疑的。

作为推销性文本，商业计划还有助于塑造创业团队的可靠性。举个例子，假设有一位投资者，在一次某大学主办的创业比赛中，投资者与多位创业者进行了非正式的接触和商谈，其中有两个项目他想做进一步的了解。联系第一位创业者，要求其提供商业计划书，第一位创业者犹豫了一会儿说，他没有准备正式的商业计划书，如果有时间的话他可以详细谈谈他的创业想法。投资者联系第二位创业者，要求其提供商业计划书，这一次，创业者说道，他非常愿意提交商业计划书，并且可以同时提供计划书的摘要和相应的PPT 展示，对他的商业计划进行一个简要的概览和介绍。几分钟以后，第二位创业者的商业计划书和 PPT 已经发送到了投资者的邮箱，还谦虚地恳请提出宝贵意见，并说明如果有时间的话他非常愿意详细谈谈他的创业想法。投资者快速浏览计划书，内容中肯并切中要害，令人印象深刻。那么，这里要问一下，哪一位创业者更能吸引投资者的关注呢？在其他条件相同的情况下，显而易见是后者。其实，第二位创业者拥有商业计划书，并不只是意味着他提供了关于创业的具体信息，这还表明，他已经对创业的每个要素进行过认真思考，并且他也有足够的责任感，愿意去花时间和精力投入到新创企业之中，以努力实现创业计划。

3. 获得其他相关者的帮助

其他相关者在这里可以是学习借鉴者或者是创业大赛的评委，也可以是一些提供帮助的咨询者。商业计划书务必要做到可以提供整个团队的核心构想和已有的资源，方便在这个前提下能够找到真正的相关者。在这一过程中要注意对核心商业机密的保护。

（二）编制商业计划的用途

1. 增加合作机会

商业计划的主要用途是递交给投资商，以便于他们能对企业或项目做出评判，从而使企业获得融资。商业计划书有相对固定的格式，它几乎包括投资商所有感兴趣的内容。

融资项目要获得投资商的青睐，良好的融资策划和财务包装是融资过程中必不可少的环节，其中，最重要的是应做好符合惯例的、高质量的商业计划书。目前，中国企业在国际上融资成功率不高，不是项目本身不好，也不是项目投资回报不高，而是项目方商业计划书编写的草率与策划能力让投资商感到失望。

2. 降低错误概率

商业计划是整个企业的灵魂，商业计划的好坏，往往决定了投资交易的成败。对初创企业来说，商业计划的作用尤为重要。从企业成长经历、产品服务、组织人事、财务运营到融资方案。只有内容翔实、数据丰富、体系完整、装订精致的商业计划书才能吸引投资商，让他们看懂创业者的商业计划，才能使融资需求成为现实，商业计划的质量对创业者的项目融资至关重要。

虽然商业计划不能鉴别和消除这些不稳定的因素，但可使创业者在事件发生时有所准备，为避免致命的错误提供方向。一份合理的商业计划，可以使创业者少走弯路，节约时间和精力，更有效地实现预期的目标。制订计划本身是一种技能，需要制定者具有管理技能。

3. 精准合理定位

商业计划的起草与商业本身一样是一个复杂的系统工程，不但要对行业、市场进行充分的研究，而且还要有很好的文字功底。对于一个初创或发展中的企业，专业的商业计划书既是寻找投资的必备材料，也是企业对自身现状及未来发展战略全面思索和重新定位的过程。

有了商业计划，创业者就能对项目有更加清晰的认识，做到心中有数。具有战略思考和可操作性的商业计划是创业全过程的纲领性文件，是创业者决策保障的工具，是创业实践的战略设计和现实指导。

4. 有效管理控制

一份完美的商业计划可以增强创业者的自信，使创业者感到对企业更好管理、对经营更有把握。商业计划提供了企业全部的现状和未来发展的信息，商业计划使得创业者在创业实践中有章可循，而且一个好的商业计划书公之于众的时候，就会很容易吸引社会上的高端人才，可以获得很多优秀的人力资源。

5. 融资的重要渠道

资金是企业经营的血液，是创业的核心要素，是获得生存和发展的前提。商业计划的主要用途之一就是筹集资金。创业融资的一个重要途径，就是从审查商业计划开始。当确定了商业目标与商业动机之后，就必须考虑资金、人脉、市场等各种必备的商业条件，所以提出一份富有创意、规范的商业计划，对解决商业融资问题至关重要。

6. 经营的行动指南

创业者要想实现理想、施展抱负，离不开各方面的支持，商业计划就是对企业的各个方面进行筹划和安排，从而取得所需要的帮助。一份合理的商业计划，是对企业未来经营的构想，可以使创业者少走弯路，节约时间和精力，更有效地实现预期的目标。

二、商业计划书的要求和内容

（一）编制商业计划的要求

要编制一份内容真实、有效，并对以后的生产经营活动有帮助的商业计划，需要遵循一些基本的原则和要求。

1. 编制商业计划的基本要求

（1）信息的准确性、可靠性。如果想要编制一份较为全面完善的商业计划，一个很重要的工作就是要进行调研，并对所有的信息进行综合分析，以确定这些信息是否可以用来充实商业计划。所以，商业计划的首要要求就是信息的准确性和可靠性。企业的基本运作与商业计划密不可分，同时，一份好的计划书也是企业管理的重要文件。我们身处在信息时代，创业者可以通过许多方式来收集信息，真实可靠的信息不仅对商业计划的实用性做了保证，还可以让人更加信服。

（2）内容的全面性、条理性。商业计划要尽可能全面地涵盖到各个方面以及创业者的思想。一份内容充实、详尽的计划是企业在真正经营前的一次现实的体验。如果企业想法有很多，商业计划就要对每一个项目做分析，再进行比较，从而得出最优方案。商业计划一般需要按固定的模式，将每个问题以及所需要的东西清晰有条理地展示出来，才不至于让潜在的投资人看计划书时找不到他重点关注的内容，这也是编制商业计划的要求之一。

（3）叙述的简洁性、通俗性。商业计划内容的全面性与简洁性两者并不冲突。简洁性是指在叙述上语言应当平实，并且力求通俗流畅。一份商业计划一般是 25～35 页。商业计划书要简洁，最好开门见山，让投资者真正明白创业者需要的是什么。应尽量避免专业术语的使用，还有商业计划应该尽量做到美观大方，太多艳丽的图表和夸张的文字反而不会起到好的效果。

（4）计划的可接受性、实施性。商业计划其实就是对未来事项的一种预测。这种预测需要经过不断的评估来使其具有对将来行为的指导能力。在计划书中应明确自己身边可以利用的资源有哪些，分析出目前的定位和能够带来的价值。不管在计划书完成之前还是之后，创业者都应该通过市场调查、回访受查群众、调研竞争对手等方法，进行查漏补缺。通过这种经常性的研讨，以及调查之后，计划书可能会出现这样或那样的不足，我们要不断调整计划，通过这个过程可以让计划书的可实施性大大增加，从而构造出可以让人更加信服的蓝图。

2. 编制商业计划的形式要求

商业计划形式上要符合以下 4 个基本要求：

（1）封面页。包括公司名称、地址、主要联系人姓名及联系方式等，如果公司已经设计好 LOGO，则应该在封面显示出来。

（2）目录。包括商业计划的所有内容及对应的页码。

（3）计划摘要及商业计划的主体部分。每个部分都要条理清晰地阐释清楚，这一部分应该是创业团队花时间和精力最多的地方。

（4）附录。这是除了商业计划的主体以外，创业团队认为需要说明的部分。如媒介关于公司产品的报道，公司产品的样品、图片及说明，详细的财务计划，创业团队主要人员的简介和简历等。这一部分在正文之后，通常是单独装订的。

（二）商业计划书的内容

不同人对商业计划的编制有着不同的见解。但尽管如此，大多数人也认为商业计划应该包括一些最基本的内容。

1. 计划摘要

计划摘要是对整个商业计划最高度的概括，用最凝练的语言，浓缩计划书的精华。计划摘要是引路人，一般要在后面所有内容编制完毕后，再把主要结论性内容摘录于此，以求一目了然，在短时间内，给使用者留下深刻的印象。许多时候，投资人都是先浏览企业的计划摘要，认为计划可行时才索要企业的整个商业计划副本。因此，计划摘要如同推销产品的广告，编制人要反复推敲，力求精益求精、形式完美、语句清晰流畅而富有感染力，以引起投资人阅读商业计划全文的兴趣，特别要详细说明自身企业的不同之处，以及企业获取成功的市场因素。

需要注意的有两点：第一，计划摘要虽然是商业计划第一页的内容，但其并非商业计划的引言或前言，而是整个计划的精华和灵魂。在撰写顺序上，是写完整个商业计划，再在其基础上提炼概括。第二，在撰写计划摘要时，要按照整个商业计划的顺序把每个部分都概括，缺一不可，尽量顺序一致。计划摘要一般是 1~2 页即可。

有专家建议，如果撰写商业计划是为了筹集资金，则不妨在计划摘要中明确拟筹集的资金数额、比例及性质，这样会更吸引投资者的关注，显得很有诚意，从而也更容易获得帮助。

2. 企业概况

企业概况是新创企业或者创业团队拟定企业总体情况的介绍。明确阐述创业背景和发展的立足点，是任何领域的商业计划都不可缺少的关键要素，企业概况的主要内容应该包括 5 个方面。

（1）简介。企业描述从简介开始，包括企业的名称，企业拥有的商标、品牌，创业原因和企业的基本信息，如创建者的姓名、企业的地址、联系方式等。

（2）企业愿景、使命和价值观。企业愿景是企业战略家对企业前景和发展方向的一个高度概括的描述，是对企业未来发展方向的一种期望、一种预测、一种定位。企业愿景不只专属于企业负责人所有，企业内部每位成员都应参与构思，由团队讨论并获得一致的共识，来形成大家愿意全力以赴的未来方向，唯有这样，才能使得企业愿景更有价值，让企业更有竞争力。

企业使命是企业在社会经济发展中所应担当的角色和责任，是企业的根本性质和存在的理由，同时，说明企业的经营领域、经营思想，为企业目标的确立与战略的制定提供依据。企业在制定战略之前，必须先确定企业使命。

企业价值观是企业在追求经营成功过程中所推崇的基本信念和奉行的目标。简而言之，企业的价值观就是企业决策者对企业性质、目标、经营方式的取向所做出的选择，是为员工所接受的共同观念。

（3）企业的法律形式。商业计划书中要明确说明企业是有限责任公司、个人独资企业还是合伙企业等其他的法律形式，还要说明企业的所有权分配情况、注册资金等潜在投资人认为重要的情况。

（4）产品和服务。产品和服务应该简要写明产品的技术、特点和服务的种类，公司产品的专利性质，今后公司打算研发的产品情况和打算开拓的服务领域等。

（5）财务状况。要简单介绍一下企业目前的资金状况、来源，需要筹集的资金数额、比例、性质等，还需要介绍一下企业的财务人员和责任。

3. 产品和服务介绍

投资人最关心的问题之一就是企业的产品、技术或服务在多大程度上能解决现实生活中的问题，或者企业的产品（服务）能否帮助顾客节约开支，增加收入，这是市场销售业绩的基础。在这一部分，要对产品（服务）做出详细的说明，说明要准确，也要通俗易懂，使非专业人员的投资者也能明白。这一部分的主要内容就是要回答以下的问题：所研发的新产品或者新服务的基本价值是什么？即这个项目的价值体现在哪里？新产品或服务的受益群体的痛点在哪里？新产品或服务解决了人们怎样的问题？

4. 行业和市场分析

必须要明确的是，在做商业计划时，行业分析在市场分析的前面进行。这是因为行业分析在逻辑上位于目标市场分析和市场营销战略分析之前。对于初创企业来说，在没有进行更广泛的行业分析之前，就谈论企业打算进入某一个目标市场是不切实际的，就好像还没有打好地基，就直接在地面上盖摩天大厦一般。企业的目标市场是行业的一小部分，是企业在特定的时间里追逐和吸引消费者注意的那部分市场。创业者容易犯的错误是，没有把时间和精力关注于整个行业，而是只致力于更好地服务于某一个专门的细分市场。但实际上，区分行业分析和目标市场分析都相当重要，缺一不可。

（1）行业分析。行业分析可以从以下 4 个方面进行：

首先，简要说明企业所涉及的行业，如果企业涉及两个或多个行业，则计划书中都要分别进行说明。

其次，说明该行业的现状如何。这一部分尽可能用数字、图表等数学的方法来展示所要传达的信息，如行业销售额、本行业的企业数目和从业人数、行业增长率、销售百分比等。要尽可能多地提供本地区和当地的信息，还要避免只提供相关产业的积极信息，这样不仅可以提高商业计划的可信度，还可以增加潜在投资者对企业的好感。

再次，该行业的特征有哪些，这包括产业结构和竞争格局。只有认清了本行业的基本特征、竞争状况，才能了解行业的现实情况，找到企业的发展方向，锁定企业的目标市场。

最后，该行业的发展趋势和前景，在预测行业的发展趋势时，不仅要考虑到微观的行业环境变化和本行业的技术发展，还要考虑整各行业乃至整个社会经济的发展状况，并在此基础上对行业的前景做简短的说明和预测。

（2）市场分析。在商业计划中，行业分析之后通常是市场分析。行业分析关注的是企业所涉及的商业领域（如食品市场、女装市场、高科技产业等），而市场分析是将产业细分，并瞄准企业所涉及的具体细分市场，市场分析要从以下4个方面进行：

首先，市场细分和目标市场选择。市场细分和目标市场选择是在商业计划行业分析的基础上，找到企业具体的目标市场，它可以是一个细分市场，有时也可以是两个或者多个，在做商业计划时，要对每一个细分市场都进行分析和说明，在这一部分创业者最好用一目了然的方法，比如图表或者数字，让投资者明白在整个产业中目标市场是哪里，为什么要这样选择。

其次，购买者行为。购买者行为就是专门对目标市场的消费者进行分析，只有对目标市场的消费者越了解，提供的产品和服务才越能满足他们的需求，在商业计划中，这一部分可以用调查问卷的形式对购买者行为进行分析。

再次，做竞争者分析。竞争者分析就是对企业所面临竞争的详细分析，这有助于了解竞争对手所处的位置，掌握企业在一个或多个领域获得竞争优势的机会。在商业计划中，这一部分可以用管理学中的一些方法对竞争者进行识别和分析。

最后，销售额和市场份额预测。商业计划中市场分析的最后是销售额和市场份额的预测。有的商业计划中将这一部分放在了财务计划中进行分析，不管在商业计划的哪一部分进行展示，其核心都是怎样对企业的销售额和市场份额进行预测，可以提供几个办法给大家：第一种是联系行业中的首要行业协会，看他们有没有相关的销售数据；第二种是寻找一个可比企业，参考可比企业的销售数据，当然前提是可比企业愿意分享相关的信息；第三种是通过网络、报纸杂志等找到有关所在行业内企业的文章，并从中找到相关数据。

5. 市场营销策略

商业计划的市场分析部分与市场营销部分的区别是：市场分析的重点在于描述企业的目标市场、顾客、竞争者、潜在销售额和市场份额；而市场营销策略的重点在于介绍有助于企业销售产品的典型营销职能。主要包括以下4项：

（1）总体营销策略。简单介绍企业为销售其产品和服务所采用的总体方法。

（2）定价策略。这里要交代企业如何给产品和服务定价，主要有成本定价法和价值定价法。

（3）渠道与销售策略。渠道与销售策略是要说明企业的产品和服务如何从生产者手中到达消费者手中，也就是由谁来完成销售，是通过中间商还是培育自己的销售力量。

（4）促销策略。促销策略是企业打算具体用什么方法来销售自己的产品和服务。一般来说，促销方式有4种：广告、公共关系、人员推销和营业推广。在实际操作中，以上几种促销方式都是结合使用的，所以又称促销组合策略。

6. 生产情况分析（运营计划）

运营计划旨在使投资者了解产品的生产经营状况。这一部分应尽可能把新产品的生产制造及经营过程展示给投资者。同时，为了增大企业的评估价值，创业者应尽量使生产制造计划更加详细、真实。让投资者明白创业者已经掌握了开办和经营企业的所有细节。

7. 管理团队介绍

这一部分主要介绍企业的管理团队和企业结构。对一些重要材料，如关键人员的简历，应当置于整个商业计划的附录中。

（1）管理团队。投资者非常看重管理团队。这部分主要是向投资者展示管理团队的分工、人事安排和管理团队的所有权及其分配，以增强投资信心。

（2）公司结构。这一部分要介绍公司目前的组织结构，以及公司不断成长发展壮大后，公司的组织结构将会怎样，组织结构图是最有效的展示方法。

8. 财务分析与预测

这部分包括企业目前的财务状况分析和今后的发展预测，以及详细的投资计划，旨在使投资者据此判断企业未来经营的财务状况，进而判断其投资能否获得理想的回报，因而它是决定投资决策的关键因素之一，报表是财务分析最有利的工具，因此，预计的财务报表是商业计划书中财务分析的核心内容。具体有：资金明细表、预计利润表、预计资产负债表、预计现金流量表。

9. 风险分析

向投资者分析企业可能面临的各种风险隐患，风险的大小，以及融资者将采取何种措施来降低或防范风险、增加收益等。

融资者应采取客观的态度，不能因为风险发生的可能性小而忽略不计，也不能为了增大获得投资的机会而故意缩小、隐瞒风险因素，而应该对企业所面临的各种风险都认真地加以分析，并针对每一种可能发生的风险提出相应的防范措施，这样才能取得投资者的信任。

10. 退出策略

任何企业发展到一定阶段，都存在创业者与投资人退出和投资回报的问题。这一部分需要描述创业者如何被取代，以及投资者退出策略，即他们如何收获资助创业企业所带来的利益。例如，出售业务、与其他企业合并、首次公开募股（IPO），或者其他的重新募集资金的事件，使得其所有者和投资人有机会套现先前的投资。

三、商业计划书编制原则与技巧

（一）编制商业计划的原则

一份好的商业计划必须呈现竞争优势与投资者的利益，同时也要具体可行，并提出尽可能多的客观数据来加以佐证。具体编写过程中应把握以下原则：

1. 客观实际原则

要编制一份较为完善的商业计划，需要创业者收集和利用大量的信息，并对所有信息进行综合分析，尤其是财务规划要尽量客观、实际，切勿凭自己的主观意愿进行估计。撰写商业计划之前要做充分的市场调研工作，为撰写提供真实可靠的依据，语言要客观公正，尽量用真实准确的数据说话，以提高商业计划的可信度和说服力。

2. 文字精练原则

一份有效的商业计划，应尽可能地简短明了。商业计划应该避免出现那些与主题无关的内容，要开门见山、直入主题，并清晰明了地把自己的观点亮出来。风险投资家没有时间，也不愿意花过多的时间来阅读一些对他来说毫无意义的东西。文字精练、观点明确，较容易引起投资者的注意和兴趣，提高融资成功的概率。

3. 展示优势原则

编写商业计划的重要目的之一是为投资人或贷款方提供决策依据，借以融资。因此，商业计划中应呈现出具体的竞争优势，显示出经营者创造利润的强烈愿望，并明确指出投资者预期的报酬。但同时，也应该详细地说明在投资过程中可能会遇到的风险或威胁，不能只强调优势和机遇而忽略潜在的不足与风险。

4. 内容完整原则

一份好的商业计划应尽可能地充实完善，为投资者展示一个完整的企业发展蓝图。通常一份完整的商业计划应该包括：计划摘要、公司简介、市场分析、竞争分析、产品服务市场营销、财务计划、风险分析、内部管理、附件资料等内容。

5. 前后一致原则

商业计划要简洁明了、系统完整，包括商业经营的各项策略要领，要尽量提供各项资讯及佐证资料，并使预估与论证相互呼应、前后一致，具有较强的逻辑性。如果商业计划书是几个人分工完成，初稿完成后，必须由一个人负责最后的编辑和定稿，对初稿内容进行整合，避免商业计划整体风格不一致，给投资者留下不好的印象。

（二）编制商业计划的技巧

编制商业计划除了要掌握编制的要求和内容之外，还需要了解一些编制技巧，从而提高商业计划的可读性和吸引力。掌握一些商业计划的编制技巧，不仅可以使商业计划书更具易读性，还可以提高企业融资的概率。

1. 简洁易懂，直切主题

一份完整商业计划的页数最好控制在 25～35 页，语言应简明易懂，同时要避免与主题无关的内容，最好开门见山直接切入主题。

2. 条理清晰、详略得当、重点突出

条理清晰的结构是成功商业计划书最吸引投资者的部分，清楚的结构布局可以使投资者快速找到他们感兴趣的要点，提高其阅读兴趣。另外，不同的阅读对象对商业项目的关注要点不一样，所以撰写商业计划书时不能套用固定模板，而应该根据不同的阅读对象进行动态调整，突出重点，尽可能将投资者想看的内容清晰地呈现在他们眼前。

3. 尽可能将计划摘要做得出色

商业计划的摘要相当于一本书的封面，出色的计划摘要可以提高整份商业计划的吸引力，博得投资者的眼球。

4. 注意格式和细节

在阅读之前，商业计划的装订与外观是给人的第一印象，所以一方面看上去要比较讲究，另一方面又不能给人浮华浪费的印象。不要过度使用文字处理工具，比如粗体字、斜体字、字体大小颜色等，否则会给人不够专业的印象。在商业计划的细节上，则更要体现创业团队的素质，比如，在商业计划的封面和每一页的页眉或页脚上都印刷上设计精美的企业 LOGO，会体现出设计者的用心，同时会给人留下美好的印象。

5. 充分展示团队队伍

对于投资者来说，商业计划最重要的部分之一就是创业团队介绍，所以，应该对其进行详细介绍，首先，可以介绍整个团队成员的构成及其各自的职责；其次，再详细介绍每一位成员特有的才能和他们对公司做出的贡献。

6. 尽量使用第三人称编写

相对于频繁使用"我""我们"来说，使用第三人称"他""他们""他们的"，具有更好的效果，这样会给投资人更专业和更客观的印象。

7. 借助外力完善商业计划

商业计划书草稿完成并获团队全体成员一致通过以后，可以交给专业顾问或咨询师进行修改或润色。因为他们有与投资者、银行或证券所打交道的丰富经验，对商业计划的内容该如何陈述十分清楚，他们的修改建议将使商业计划更加完善。

8. 阅读他人的商业计划

阅读他人商业计划可以在一定程度上帮助创业者提高自己的写作能力，在编制商业计划之前，多阅读他人的商业计划能起到很大的帮助。

9. 不断检查修正

好的商业计划的秘诀在于不断地修改，很少有人能够一气呵成。在修改过程中，应该认真征求创业团队以外人士及专业顾问的意见，以增强计划的可读性和规范性。

📖【案例导入】

艾文君与船掌通

在中央电视台财经频道《创业英雄汇》的节目舞台上，生在长江边、长在三峡畔的艾文君讲演了其创业团队研发的互联网航运综合平台——船掌通。

在讲演开始，艾文君通过对儿时的生活经历、长江河畔的船鸣声、十多年来的工作经验的描述道出了自己创业项目的由来。她把船长、航运公司管理员、船比喻成一家人，将船长比作"爸爸"，将航运公司的管理员比作"妈妈"，将船比作"宝宝"。一个"船宝宝"出生之后，"管理员妈妈"会给它办理好各种各样的健康和资质证书，然后它才可以跟着"船长爸爸"和其他"船员叔叔"们出去闯世界。艾文君讲述了传统航运行业管理船只的弊端，为了解决这些弊端带来的问题，她的创业团队设计了适用于多个端口的移动应用——船掌通。艾文君分析了船掌通的市场前景，每年约 15 万只"船宝宝"，累计市场交易达到数 10 万亿元，却没有一个系统的互联网企业，这是一个巨大的蓝海市场。紧接着，她简述了"船掌通"项目的优势：人员齐备、产品功能全面、在行业内有丰富的渠道资源，在开发测试阶段，已经吸引了30 多家公司的"管理员妈妈"预约登记近 1000 个"船宝宝"。随后，她讲述了该项目的商业模式：通过定制管理费、优质业务自营、平台广告、佣金、数据服务等多种方式来实现盈利。在投资者询问环节，她对投资的疑问进行了解答，点明了船掌通切入行业的方式是通过服务。演讲完毕，她用一首表明自己创业心境的歌曲——《夜空中最亮的星》展示了自己的才艺，给投资者和观众都留下了深刻的印象。在投资谈判阶段，多位投资人表达了对该项目的疑惑，而艾文君因为投资金额低于种子轮投资人的估值拒绝了两位投资人的投资，在《创业英雄汇》的舞台上没有融到资金。

艾文君对自己的创业计划演绎得成功吗？怎样才能成功演绎自己的创业计划？成功的路演能给项目带来哪些积极的效应？

资料来源：中央电视台财经频道的《创业英雄会》栏目。

【案例解析】

路演创业计划，是将自己的创业计划讲演给投资者、消费者，不同人对创业计划的演绎是不同的，达到的效果也就不同。艾文君在整个讲演的过程中，语言生动形象，运用一系列的比喻，使整个讲演过程生动形象，PPT 简洁明了，但是在内容上还有待完善，也没有讲出船掌通对于航运行业的必需性。比如，在讲演的时候没有说出船掌通与其他软件的不同，盈利点不明确，这就给投资者带来了疑问。

第二节　路演创业计划

一、路演创业计划

（一）路演的含义

路演又叫路演推介，是指在公共场所对自己的公司、产品、团队、经营理念等进行演说、展示和推介。

路演发端于美国，最初是股票承销商帮助发行人安排的调研活动，以及向投资者的推介活动。路演是在投资和融资双方充分了解下促成股票发行的重要的宣传手段，提高了投资和融资双方的信息互换与沟通，有利于提升股票的价值。路演通过现场展示，引起投资人和消费者的关注，不但起到了宣传的作用，让投资者和消费者清晰地了解公司和产品，而且有助于提升公司的知名度，提高产品的销量，从而树立品牌，使企业获得更多效益，未来能够平稳快速地发展，从而获得更多融资。

（二）路演的目标

路演成功的关键是创业者及其团队具有足够清晰的目标，明确路演要达到的结果，同时清楚地知道这个结果与投资人的期望是否一致。

一个成功的企业家不但拥有详细的创业计划，能够合理利用资源，发挥自身优势，最重要的是他清楚地知道自己未来的目标。在路演的时候要把这些目标清晰地表达出来。想要达成路演的目标，需着重关注以下3点：

（1）从投资者/消费者的角度出发，了解投资者和消费者的需求。

（2）直入主题，抛出听众想要听的内容。

（3）关注投资者/消费者的利益，创业者的路演要建立在投资者利益的基础上展开，只有先实现投资者的目标，创业者的目标才能实现。

只有明确路演的目标，找准目标，准确出击，才能获得成功。

（三）路演的基本类型

路演主要包括：融资路演、产品路演、众筹路演、财经路演、IT 路演、公关路演等。

1. 融资路演

融资路演是创业者根据创业情况、公司的发展状况、经营模式等，采用科学的方式对所需资金进行预测和预算，采用路演的方式向投资者筹集资金的行为。投资者对一个项目、一个创业者的投资，实际上是对该项目的未来进行投资。因此，融资路演的重点就是要让投资者看到双方可共同拥有的未来，看到项目的发展前景。在进行融资路演的过程中要着重注意：明确强调自身项目优势；选择有利的战略合作伙伴；强调企业愿景；详述企业的经营模式。

2. 产品路演

产品路演是指企业为了提升产品的知名度、提高产品的销量，树立企业品牌，在户内、户外、互联网等举办的产品推广活动。这些推广活动，不但成本低，而且能够和消费者进行面对面的交流和探讨，既推广了产品，又能起到市场调研的作用。新技术和新产品在产品路演中得到有力的推广。产品路演主要包括：现场咨询、有奖问答、以旧换新、产品发布会、产品试用、新品特惠、媒体发布会等。

3. 众筹路演

众筹路演是指创业者向投资方讲解产品特性、发展规划、融资计划等，通过线上众筹路演和线下众筹路演两种方式，向投资方融资，并且回答投资方的问题。线上众筹路演主要通过社交平台，如微信、QQ 等对众筹项目进行在线讲解。线下众筹路演则是通过现场活动使得创业者与投资方进行面对面的交流。众筹路演的优势就是可以使多个投资者了解创业者的投资项目，使得双方有更广阔的交流平台，对创业者和投资者来说都是十分有利的。

4. 财经路演

财经路演能够扩大公司的影响力，增强投资者和公司的联系，增强投资者的信心，避免公司被低估。财经路演可以有效地防范公司股票被恶意控制，使得股票保持真实价值，从而实现上市公司的平稳发展，确立公司在资本市场中的地位。

5. IT 路演

IT 路演顾名思义，是对电脑及互联网技术及其产品的推广。首先，IT

路演可以推广新技术新应用，让消费者了解技术前沿和科技的发展；其次，IT公司通过IT路演扩大了公司的知名度，有利于公司的长远发展；再次，广受发烧友的推崇，成为消费者和公司的共同需求。IT路演需重视以下4点：

（1）形式多样，通过现场咨询、有奖问答、礼品赠送、现场体验等多种形式使消费者体验到新产品的优势。

（2）着重选择场地。IT路演的地点是决定路演成败的重要因素，我们应该尽量选择繁华的商业区进行路演。

（3）客观分析市场，根据市场情况的不同举办不同的活动。

（4）重点宣传品牌，企业只有树立良好的企业品牌形象，才能在消费者中产生广泛的影响。

6. 公关路演

公关路演指公司为了进行品牌宣传、展示新技术、共享新信息、建立良好的社会关系而进行的宣传活动。公关路演为展示公司的整体形象提供了平台，如今已成为公司的一种推广艺术。具体来说，公关路演有以下作用：

（1）吸引消费者，通过公关路演营造的现场气氛激发、吸引消费者的兴趣，并与消费者产生积极互动。

（2）提高公司知名度，在日趋激烈的竞争环境下，公关路演是提高公司品牌、技术、顾客满意度的一个重要途径。

（3）价值体现，公关路演能够为人才推荐、自我价值的展现发挥积极的作用。

路演简单说来就是创业者将自己的创业项目、产品、未来发展计划、发展前景等，向投资者、消费者进行讲演、宣传，从而达到融资、推广产品的目的。成功的路演，是将创业计划付诸实践的一个前提，更是让投资者、消费者了解项目的一个很好的机会。

【案例分享】

成功的路演是获得投资者和消费者青睐的前提，只有了解路演的本质、熟练掌握路演的流程、分清路演的类型，才能在路演来临时，轻松自如地展现团队的项目。

二、路演创业计划实施过程

路演的实施过程主要分为3个阶段：准备阶段、实施阶段和反馈阶段。3个阶段相辅相成、相互影响，是成功路演必不可少的组成部分。

（一）准备阶段

准备阶段，路演者应该从以下几个方面着手准备路演。

第一，明确路演对象。面对不同身份的人，路演内容应该有不同的侧重点。准备进行路演时就要明确路演对象，我们可以通过走访、观看以往案例等方式了解路演对象的身份、性格、偏好等。如果路演对象是投资人，那么路演内容就应该重点讲解投资人关注的项目未来发展、项目优势等；如果路演对象是消费者，那么路演内容则应侧重产品的优势、独特之处。只有明确路演对象，路演内容才能准确，定位才能精准。因此，明确路演对象尤为重要。

第二，明确路演目标。明确路演目标，才能做到知己知彼，才能使自己的准备有方向。路演目标对于整个路演工作来说就像是罗盘之于在大海中航行的帆船。路演所做的所有工作都是为这个目标而努力，因此，明确路演目标是路演成功的关键。明确路演的目标，不但要了解路演对象的特点，更要正确把握自己项目及产品的特性，明确企业及项目未来的发展方向。

第三，制订路演计划。根据路演对象的特点和路演目标，制订详细的路演计划，使自己的路演能够有章可循，包括路演 PPT、路演计划书等。

PPT 的制作是制订路演计划的一个重要环节。制作 PPT 切忌简单地罗列文字，利用视觉元素丰富 PPT 是个非常不错的选择，如使用视觉元素能够引起互动交流，利用图片可以唤起强烈的兴趣，引发读者的思考；利用视觉元素讲故事，用微视频、真实图片讲故事；利用视觉元素制造悬念，利用特殊字符引起读者的疑问。我们在制作 PPT 的时候应学会根据自己的目标，选择视觉元素，使得 PPT 看起来能生动丰富。

【知识链接1】

创业大赛学生路演 PPT

路演中，PPT 不但是路演者进行路演的提纲，更是听众视觉感受的来源。PPT 对路演结果的影响十分重要。二维码素材是创业大赛学生路演 PPT 的优秀案例，能给即将进行路演的同学提供借鉴。

第四，模拟路演现场。为了保证路演能够顺利实施，在正式路演之前，应该组织进行模拟路演。模拟路演尽量选择与真实路演相同的环境，大到路演的每个环节，小到一个细节，都应该在模拟路演中体现出来。许多创业者会计算时间成本，认为花很多时间准备路演是浪费时间，可能会顾此失彼，这样想就错了。一个好的路演，往往能够创造巨大的商业价值，有不可小视的长尾效应。因此，路演要尽可能多地模拟，可以选择不同人群进行模拟，如朋友、家人、同事、消费者等。模拟完成后，要认真听取听众的意见，结合意见修改路演计划，不断完善路演计划。

【案例分享】

乔布斯与苹果

苹果公司每次举办新品发布会，乔布斯都亲自上台，向人们传递信息，介绍产品。世人几乎都是通过乔布斯的演说，才了解苹果产品的。

每次演讲，乔布斯都精心准备，做成摇滚演唱会似的盛会；每次演讲结束后都让大家津津乐道数月；每次演讲，乔布斯都将主题当成一个首要战略来考虑，他会提前数周开始准备，并且安排数十位工作人员精准配合。强大的团队，成为演讲成功的保障。乔布斯每次演讲都会使用PPT，他的PPT简单明了，但是制作过程却花费了大量的精力。他会亲自撰写稿子，只从团队中接受有限的帮助。乔布斯的每段演示都追求精准无误，对每个小环节都烂熟于心，寻找影响最佳的契合点。此外，乔布斯还会利用其他道具，使舞台布置与产品特点相契合。在演讲过程中，他会将自己的个性和魅力，在用户面前发挥到极致。

乔布斯一直以工匠精神打造极致的路演作品，对每一次演讲都精心准备，力求让产品对用户能产生深远的影响。

资料来源：唐逸. 乔布斯和他的苹果王国［M］. 北京：企业管理出版社，2012.

（二）实施阶段

整个路演过程最重要的便是实施阶段，而最难的也是实施阶段。在路演界有这样一种说法：70%的人怕死，90%的人怕上台路演。这并非是危言耸听。无论是普通的路演者还是著名企业家，对现场路演的驾驭能力都是十分重要的素质。再充分的准备也难以做到面面俱到，这就要求路演者要有良好的应急应变能力。

开场阶段，可用一个与人们生活息息相关的小故事开场，引起听众的注意。讲演阶段，用清晰、准确、自信的语言来表达自己的观点。告诉听众，自己的观点将如何被执行，执行之后会有什么结果。收场阶段，根据观众的反应构建结尾。

为了使路演现场能够更具影响力，路演者应遵循以下 4 个基本原则：

1. 互动体验，通过互动体验带动听众的思维，听众思维一旦活跃起来，路演的效果就会翻倍。

2. 利他主义，整个路演过程，听众其实更关心自己能够得到什么。针对这种心理，路演者应从听众的角度出发来满足对方的预期。

3. 内容真实可信，对产品的介绍、企业的发展、未来愿景的介绍应真实。

4. 简练专业，路演应主次分明，语言简练，不要为了追求量而去画蛇添足。

（三）反馈阶段

路演的目的无非是让投资人、消费者了解企业的未来，了解产品的特性，让投资人和消费者看到我们的优势，让企业获得更好的发展。

路演结束并不代表创业者向投资人、消费者介绍自己的这一过程结束，而恰恰是一个良好的开始。这时候，我们要多跟投资人和消费者互动交流，多了解他们对项目的意见和建议。企业的发展离不开投资人更离不开消费者。创业者也应该意识到，我们要不断根据市场的变化调整企业的发展战略，以使企业能够保持良好的发展。

无论路演结果如何，路演结束后，路演者都应总结路演的优缺点，做到心中有数，积极完善。同时，也应多学习成功的路演案例，吸取其中的长处应用到自己的路演中。

在路演过程中，创业者应把握每个环节，使路演效果最大化。在准备阶段，要明确路演对象，了解他们的身份、偏好、性格；确定路演目标，使整个准备工作在路演目标的指导下展开；制订路演计划，做好 PPT，使路演能够有章可循；模拟路演，多次排练，查漏补缺，完善路演计划。在实施阶段，发挥临场应变能力，把企业愿景讲清楚，把产品特性讲明白，通过通俗易懂的语言，使更多的投资人认可项目。在反思阶段，创业者要不断听取意见，审时度势，顺应市场，以使企业能获得长远的发展。

第三节 新企业创办

📖【案例导入】

杭州"多证合一"同步办理

2017 年 8 月 25 日，杭州市率先推出线上"多证合一系统"将原本受理公章刻制、大学生创业企业认定等 17 个事项备案的部门，全部纳入系统，实现后台数据共享，将"最多跑一次"改革向纵深推进。

来自安徽省的钱春阳在注册企业时尝到了甜头。以前，他拿到营业执照后，还要去公安部门进行公章刻制审批，再去住房公积金管理部门办理住房公积金缴存登记。新系统上线后，钱春阳在网上申办营业执照的同时，一并勾选了上述两项备案项目的"多证合一"申请，待营业执照核发后，系统就自动推送相关信息到公安和公积金管理部门完成备案。

"执照拿到当天就能营业，太方便了!"钱先生对"多证合一系统"带来的便捷和快速赞叹不已。

杭州市市场监管局注册处处长傅晓红告诉记者："多证合一系统通过线上流程再造，后台数据共享，真正实现了用'数据跑'代替'百姓跑'营业执照和备案管理同步办理，营业执照办结的同时，备案也一并完成，企业就能正常开展经营了。"这次新系统运行后，大学生创业企业认定等 17 个备案项目可以直接在线上申请"多证合一"，涉及公安、人力社保等 9 个部门的数据都打通了。

杭州市市场监管局借鉴淘宝客服模式，推出"网上咨询应答系统"与"多证合一系统"相配套，昵称"小杭"，能提供可视化的"店小二"式服务。

下一步，杭州市将争取把更多的事项纳入进来，使审批项目在网上能全部走通，注册登记信息数据将在部门、银行之间及时共享，为企业设立和变更创造更加便捷的环境。

企业一般是指以盈利为目的，运用各种生产要素（土地、劳动力、资本、技术和企业家才能等），向市场提供商品或服务，实行自主经营、自负盈亏、独立核算的法人或其他社会经济组织。

资料来源：叶临风. 杭州"多证合一"同步办理［N/OL］.（2017 - 8 - 25）［2020 - 1 - 10］. http://news. eastday. com/s/20170825/u1ai10808341. html.

【案例分析】

浙江省在全国率先实行营业执照、组织机构代码证、税务登记证、社会保险登记证和统计登记证"五证合一"登记制度（以下简称"五证合一"），并从 2015 年 7 月 1 日起实行。2016 年 6 月 30 日，国务院办公厅发布了《关于加快推进"五证合一，一照一码"登记制度改革的通知》，从 2016 年 10 月 1 日起正式实施"五证合一，一照一码"，在更大范围、更深层次实现信息共享和业务协同，巩固和扩大"三证合一"登记制度改革成果，进一步为企业开办和成长提供便利化服务，降低创业准入的制度性成本，优化营商环境，激发企业活力，推进"大众创业，万众创新"，促进就业增加和经济社会持续健康发展。结合国务院对推进"三证合一"的要求，企业换照将设置两年过渡期，2017 年 12 月 31 日前须完成新营业执照换发。在过渡期内，新老证照将并行使用一段时间，2018 年 1 月 1 日起，旧营业执照一律作废，全国企业信用信息公示平台将停止公示原企业注册号，一律改为公示企业统一社会信用代码。

一、企业的组织形式

根据市场经济的要求，现代企业的组织形式按照财产的组织形式和所承担的法律责任划分。国际上通常分类为：独资企业、合伙企业和公司企业。

（一）独资企业

1. 个体工商户

个体工商户是指有经营能力并依照《个体工商户条例》的规定经工商行政管理部门登记，从事工商业经营的公民。《个体工商户条例》第二条第 1 款规定："有经营能力的公民，依照本条例规定经工商行政管理部门登记，从事工商业经营的，为个体工商户。"设立个体工商户，一般要经过以下步骤。

第一步：个体坐商或需要名称的个体摊商，应先办理名称预先登记。

（1）咨询后领取并填写"名称（变更）预先核准申请书"，同时准备相关材料；中国香港、中国澳门永久性居民中的中国公民设立个体工商户的，应提交身份证件及身份核证文件。其中，中国香港居民应当提交：中国香港永久性居民身份证复印件；港澳同胞回乡证、港澳居民来往内地通行证或者中华人民共和国香港特别行政区护照复印件；由中国香港律师（中国委托公证人）出具的，并由司法部派驻的"中国法律服务（香港）有限公司"加盖专用章确认的身份证明书（身份核证文件）。中国澳门居民应当提交：中国澳门永久性居民身份证或者澳门居民身份证复印件；中华人民共和国澳门特别行政区护照复印件或澳门特别行政区政府身份证明局出具的身份证明书。

（2）递交"名称（变更）预先核准申请书"，等待名称核准结果。

根据《个体工商户名称登记管理办法》的规定，个体工商户名称应由行政区划、字号、行业、组织形式依次组成，例如：行政区（如××区）+商号（如××）+行业性质（如商务服务）+组织形式（如中心）。名称中的行政区划是指个体工商户所在县（市）和市辖区名称。行政区划之后可以个体工商户经营场所所在地的乡镇、街道，或者行政村、社区市场名称、经营者姓名作为个体工商户名称中的字号使用。个体工商户名称中的行业应当反映其主要经营活动内容或者经营特点，个体工商户名称组织形式可以选用"店""馆""部""行"中心"等字样，但不得使用"企业""公司"和"农民专业合作社"字样。成都市注册的个体工商户名称中将不能再有"成都市"这一行政区划名称，而只能用所在区（市）县的行政区划名称。

（3）领取"企业名称预先核准通知书"，同时领取"个体工商户开业登记申请书"；经营范围涉及前置许可的（具体项目参见北京市工商行政管理局印制的《北京市企业登记前置许可项目目录》），办理相关审批手续。

第二步：递交申请材料，材料齐全，符合法定形式的，等候领取"准予设立登记通知书"。

第三步：领取"准予设立登记通知书"后，按照"准予设立登记通知书"确定的日期到工商局交费并领取营业执照。提请注意：

中国香港、中国澳门永久性居民中的中国公民设立个体工商户的，请在申请设立个体工商户登记之前，详细阅读《个体工商户条例》《个体工商户登记管理办法》《企业名称登记管理办法》及本告知单，并请到各区县分局办理登记注册手续。

中国香港、中国澳门永久性居民中的中国公民设立个体工商户的，营业范围为零售业（不包括烟草零售）、餐饮业、居民服务和其他服务业中的理发及美容服务、洗浴服务、家用电器及其他日用品修理，但不包括特许经营。其组成形式仅限于个人经营，从业人员不超过 8 人，营业面积不超过300 平方米。

2. 个人独资企业

独资企业，即为个人出资经营、归个人所有和控制、由个人承担经营风险和享有全部经营收益的企业。以独资经营方式经营的独资企业有无限的经济责任，破产时借方可以扣留业主的个人财产。独资企业的特点如下：

（1）企业的建立与解散程序简单。

（2）经营管理灵活自由。企业主可以完全根据个人的意志确定经营策略，进行管理决策。

（3）业主对企业的债务负无限责任。当企业的资产不足以清偿其债务时，业主以其个人财产偿付企业债务。这样有利于保护债权人利益，但独资企业不适宜风险过大的行业。

（4）企业的规模有限。独资企业有限的经营所得、企业主有限的个人财产、企业主一人有限的工作精力和管理水平等都制约着企业经营规模的扩大。

（5）企业的存在缺乏可靠性。独资企业的存续完全取决于企业主个人的得失安危，企业的寿命有限。在现代经济社会中，独资企业发挥着重要作用，独资企业设立条件如下：投资人为一个自然人；有合法的企业名称；有投资人申报的出资；有固定的生产经营场所和必要的生产经营条件；有必要的从业人员。

3. 个体工商户和独资企业的异同点

（1）个人独资企业与个体工商户的相同点如下：

第一，两者的投资主体基本相同。两者的投资主体只能是自然人（公民），而不能是法人或其他组织。

第二，个人独资企业与个体工商户对投资人的资产都实行申报制，不需要经过法定的验资机构验资。由于两者都承担无限责任，因此，也不强调对作为出资的实物、工业产权、非专利技术和土地使用权的实际缴付。

第三，两者承担法律责任的形式相同，都必须以个人或家庭财产承担无限责任。如果以出资方式分，个体工商户可分为个人经营和家庭经营两种形式；而个人独资企业也可以分为以个人财产出资的个人独资企业和以家庭财产出资的个人独资企业。在责任承担上，以个人财产出资的个人独资企业或个体工商户都以个人财产承担无限责任。以家庭财产出资的个人独资企业或个体工商户都以家庭财产承担无限责任。

第四，作为一种经济组织，个人独资企业与个体工商户均须有必要的资金、场所、从业人员及生产经营条件。这也是个体工商户与个人独资企业作为市场主体进入市场的必要条件。

此外，个人独资企业与个体工商户在商标使用主体及广告宣传策略等方面也具有很多的相同点。

（2）个人独资企业与个体工商户的区别如下：

第一，个人独资企业必须要有固定的生产经营场所和合法的企业名称，而个体工商户可以不起字号名称，也可以没有固定的生产经营场所而流动经营。换句话说，合法的企业名称和固定的生产经营场所是个人独资企业的成立要件，但不是个体工商户的成立要件。

第二，个体工商户的投资者与经营者是同一人，都必须是投资设立个体工商户的自然人。而个人独资企业的投资者与经营者可以是不同的人，投资人可以委托或聘用他人管理个人独资企业事务。也就是说，个人独资企业的所有权与经营权是可以分离的，这就决定了个人独资企业更符合现代企业制度的特征。而个体工商户的所有权与经营权是集于投资者一身的，已不能适应于现代企业制度发展的要求，所以它只能适用于小规模的经营主体。

第三，个人独资企业可以设立分支机构，也可以委派他人作为个人独资企业分支机构负责人。这一规定，说明了个人独资企业不但可以在登记管理机关辖区内设立分支机构，也可以在异地设立分支机构，由设立该分支机构的个人独资企业承担责任。而个体工商户根据规定不能设立分支机构。另外，个体工商户虽然可以异地经营，但随着各地近几年相继简化了外来人员的登记手续，从而使个体工商户的异地经营这一规定逐渐淡化。由此可以看出，个人独资企业的总体规模一般大于个体工商户。

第四，个人独资企业与个体工商户的法律地位不尽相同。在民事、行政、经济法律制度中个人独资企业是其他组织或其他经济组织的一种形式，能以企业自身的名义进行法律活动。而个体工商户是否能够作为其他组织或其他经济组织的一种形式，一直是国内民法学家的争论对象。在日常法律活动中，个体工商户的法律行为能力往往受到一定的限制，更多的时候，个体工商户是以公民个人名义进行法律活动的。事实上，国内就有许多法律专家提出个体工商户不是法律意义上的企业。另外，个人独资企业与个体工商户作为市场主体参与市场经济其他活动的能力不同，如个人独资企业可以成为公司的股东，从而以企业名义享有公司股东的权利和义务，而个体工商户一般不能以企业名义作为公司股东，只能以个人投资者（自然人）身份成为公司股东。

第五，个人独资企业与个体工商户在财务制度和税收政策上的要求也不尽相同。事实上，这也是投资者较关心的问题。根据《中华人民共和国个人独资企业法》的规定，个人独资企业必须建立财务制度，以进行会计核算。值得一提的是，个人独资企业的财务制度是个人独资企业的必备条件，不以任何部门的要求而改变。而个体工商户由于情况复杂，是否要建立会计制度争论较多，在《中华人民共和国会计法（1999 年修订）》中也只做了原则规定。按照执法情况看，个体工商户可以按照税务机关的要求建立账簿，如税务部门不做要求的，也可以不进行会计核算。另外，在税收政策方面，由于我国的税收法律制度是一个相对独立的体系，它与市场主体法律制度之间没有统一的联系。税务部门认定一般纳税人和小规模纳税人的标准并不是以企业的市场主体地位不同而划分的。一般来说，个体工商户较难认定为一般纳税人，而个人独资企业如符合条件则可以认定为一般纳税人。如何把市场主体立法与税收立法有机地结合起来，是今后完善社会主义市场经济法律制度值得探讨的问题。

（二）合伙经营

合伙企业是由两个或两个以上的自然人通过订立合伙协议，共同出资经营、共负盈亏、共担风险的企业组织形式。我国合伙组织形式仅限于私营企业。合伙企业一般无法人资格，不缴纳所得税。

1. 合伙企业设立条件

合伙企业可以由部分合伙人经营，其他合伙人仅出资并共负盈亏，也可以由所有合伙人共同经营。其设立条件为：

（1）有两人或两人以上合伙人，并且都是依法承担无限责任者；

（2）有书面合伙协议；

（3）有各合伙人实际缴付的出资；

（4）有合伙企业的名称；

（5）有经营场所和从事合伙经营的必要条件。

2. 合伙企业的特征

（1）生命有限。合伙企业比较容易设立和解散。合伙人签订了合伙协议，就可宣告合伙企业的成立。新合伙人的加入，旧合伙人的退伙、死亡、自愿清算、破产清算等均可造成原合伙企业的解散，以及新合伙企业的成立。

（2）责任无限。合伙组织作为一个整体对债权人承担无限责任。按照合伙人对合伙企业的责任，合伙企业可分为普通合伙和有限合伙。普通合伙的合伙人均为普通合伙人，对合伙企业的债务承担无限连带责任。例如，甲、乙、丙3人成立的合伙企业破产时，当甲、乙已无个人资产抵偿企业所欠债务时，虽然丙已依约还清应分摊的债务，但仍有义务用其个人财产为甲、乙两人付清所欠的应分摊的合伙债务，当然此时丙对甲、乙拥有财产追索权。有限责任合伙企业由一个或几个普通合伙人和一个或几个责任有限的合伙人组成，即合伙人中至少有一个人要对企业的经营活动负无限责任，而其他合伙人只能以其出资额为限对债务承担偿债责任，因而，这类合伙人一般不直接参与企业经营管理活动。

（3）相互代理。合伙企业的经营活动，由合伙人共同决定，合伙人有执行和监督的权利。合伙人可以推举负责人。合伙负责人和其他人员的经营活动，由全体合伙人承担民事责任。换言之，每个合伙人代表合伙企业所发生的经济行为对所有合伙人均有约束力。因此，合伙人之间较易发生纠纷。

（4）财产共有。合伙人投入的财产，由合伙人统一管理和使用，不经其他合伙人同意，任何一位合伙人不得将合伙财产移为他用。只提供劳务，不提供资本的合伙人仅分享一部分利润，而无权分享合伙财产。

（5）利益共享。合伙企业在生产经营活动中所取得、积累的财产，归合伙人共有。如有亏损则也由合伙人共同承担。损益分配的比例，应在合伙协议中明确规定；未经规定的可按合伙人出资比例分摊，或平均分摊。以劳务抵作资本的合伙人，除另有规定者外，一般不分摊损失。

3. 合伙企业成立程序

为了避免经济纠纷，在合伙企业成立时，合伙人应首先订立合伙协议（又叫合伙契约，或叫合伙章程），其性质与公司章程相同，对所有合伙人均有法律效力，一般包括以下内容：

（1）合伙企业的名称（或字号）和所在地及地址；

（2）合伙人姓名及其家庭地址；

（3）合伙企业的经营及设定的存续期限；

（4）合伙企业的设立日期；

（5）合伙人的权利和义务；

（6）合伙人的投资形式及其计价方法；

（7）合伙人的退伙和入伙的规定；

（8）损益分配的原则和比率；

（9）付给合伙人贷款的利息；

（10）付给合伙人的工资；

（11）每个合伙人可以抽回的资本；

（12）合伙人死亡的处理以及继承人权益的确定；

（13）合伙企业结账日和利润分配日；

（14）合伙企业终止以及合伙财产的分配方法；

（15）其他需经全体合伙人同意的事项。

4. 合伙企业的优劣势

（1）优势。与个人独资企业相比较，合伙企业可以从众多的合伙人处筹集资本，合伙人共同偿还债务，减少了银行贷款的风险，使企业的筹资能力有所提高；与个人独资企业相比较，合伙企业能够让更多投资者发挥优势互补的作用，例如，技术、知识产权、土地和资本的合作，并且投资者更多，事关自己切身利益，大家共同出力谋划，集思广益，提升企业综合竞争力；与一般公司相比较，由于合伙企业中至少有一个负无限责任，使债权人的利益受到更大保护，理论上来讲，在这种无限责任的压力下，更能提升企业信誉；与一般公司相比较，理论上来讲，合伙企业营利更多，因为合伙企业缴纳的是个税而不是企业所得税，这也是其高风险成本的收益。

（2）劣势。由于合伙企业的无限连带责任，对合伙人不是十分了解的人一般不敢入伙；就算以有限责任人的身份入伙，由于有限责任人不能参与事务管理，这就产生有限责任人对无限责任人的担心，怕他不全心全意地干，而无限责任人在分红时，觉得所有经营都是自己在做，有限责任人就凭一点儿资本投入就坐收盈利，又会感到委屈。因此，合伙企业是很难做大做强的；虽说连带责任在理论上来讲有利于保护债权人，但在现实生活中操作起来往往不然。如果一个合伙人有能力还清整个企业的债务，而其他合伙人连还清自己那份的能力都没有时，按连带责任来讲，这个有能力的合伙人应该还清企业所欠所有债务。但是，他如果这样做了，再去找其他合伙人要回自己垫付的债款就很困难了，因此，他不会这样独立承担所有债款，还有可能连自己的那一份都等大家一起还。

（三）公司模式

1. 有限责任公司

有限责任公司又称有限公司，指股东仅以自己的出资额为限对公司债务负责。同股份有限公司相比，有限公司的股东较少，许多国家公司法对有限公司的股东人数都有严格规定。如英国、法国等规定，有限责任公司的股东人数应在 2～50 人之间，如果超过 50 人，必须向法院申请特许或转为股份有限公司。同时，有限公司的资本并不必分为等额股份，也不公开发行股票，股东持有的公司股票可以在公司内部股东之间自由转让，若向公司以外的人转让，须经过公司股东的同意。由于股东少，公司设立手续非常简便，而且公司也无须向社会公开公司营业状况，增强了公司的竞争能力。公司不能公开募集股份，不能发行股票。公司生产经营过程中所需资金只能由其他合法方式融资取得。有限责任公司相对股份有限公司而言，设立条件和程序较为简单、灵活。有限责任公司有以下特点：

（1）人资两合性。有限责任公司的性质介于股份有限公司与合伙企业之间，兼具资合性和人合性。资金的联合和股东间的信任是有限责任公司两个不可或缺的信用基础。

（2）封闭性。有限责任公司的封闭性主要表现如下：公司设立时，出资总额全部由发起人认购；发起人数一般不得超过 50 人。公司不向社会公开募集股份、发行股票；出资人在公司成立后领取出资证明书。出资不能像股份那样自由转让；股东相对稳定。出资证明不能像股票那样上市交易。正因为公司不公开发行股票，股东的出资证明也不能上市交易，公司的财务会计等信息资料就无须向社会公开。

（3）规模可大可小，适应性强。就有限责任公司的股东人数而言，有各种不同的限制。有限责任公司的最低资本限额通常低于股份有限公司。有限责任公司规模的可塑性，适应了现实经济活动开办各种规模不等的企业，尤其是小型企业的需要。

（4）设立程序简单。责任公司基本上实行准则登记制，除从事特殊行业的经营外，只要符合法律规定的条件，政府均给予注册，而没有烦琐的审查批准程序。

（5）组织设置灵活。因有限责任公司多数属于中小型企业，股东会、董事会等组织机构的设置往往根据需要选择。股东会不是必设机构；设置了股东会，可不设董事会；监事会是任意机构。

（6）股东参加管理。

2. 有限责任公司的分类

按不同的标准，可对有限责任公司做出不同法律分类。

（1）多人投资的有限责任公司和独资公司。这种分类的依据是投资者的人数。多人投资的有限责任公司。《中华人民共和国公司法》（以下简称《公司法》）第二十四条所指的"由五十个以下股东出资设立"的有限责任公司即属此类。独资公司，即是仅有一个股东出资设立的有限责任公司。我国《公司法》允许设立独资公司，即一人公司，但不是任何人均可投资设立。这里的"一人"仅限于国家授权机构或者国家授权的部门。

（2）国有的有限责任公司和非国有的有限责任公司。这种分类的依据是资本的所有制性质。国有的有限责任公司，即国有的独资公司或者两个以上的国有企业，或者其他两个以上的国有投资主体投资设立的有限责任公司。非国有的有限责任公司，即除国有的有限责任公司外，其余有限责任公司均是非国有的有限责任公司。

（3）公司法上的有限责任公司和特别法上的有限责任公司。这种分类的依据是调整公司的法律依据。仅仅受《公司法》调整的有限责任公司是《公司法》中的有限责任公司；除受《公司法》调整外，还受其他特别法调整的有限责任公司是特别法上的有限责任公司。

有限责任公司设立的程序：①发起人发起。有限责任公司只能由发起人设立。当发起人为数人时，应签订发起人协议或作成发起人会议决议。协议或决议是明确发起人各自在公司设立过程中权利义务的书面文件。②草拟章程。起草章程必须严格按照法律、法规的规定进行。按我国法律要求，章程须经全体股东同意并签名盖章，报登记主管机关批准后，才能正式生效。③必要的行政审批。我国《公司法》第八条第二款规定："法律、行政法规对设立公司规定必须报经审批的，在公司登记前依法办理审批手续。"④缴纳出资。发起人在签署发起人协议或章程时，认缴出资。发起人以货币出资的，应当将货币出资足额存入准备设立的有限责任公司在银行开设的临时账户；以实物、工业产权、非专利技术或者土地使用权出资的，应当依法办理其财产的转移手续。⑤验资。发起人（公司成立后是公司的股东）全部缴纳出资后，必须经法定的验资机构验资并出具证明。⑥申请设立登记。发起人的全部出资经法定的验资机构验资后，由全体发起人指定的代表或者共同委托的代理人向公司登记机关申请设立登记，提交公司登记申请书、公司章程、验资证明等文件。法律、行政法规规定需要经有关部门审批的，应当在申请设立登记时提交批准文件。⑦登记发照。公司登记机关对设立登记申请进行审查，对符合法律、法规规定条件的，予以核准登记，发给公司营业执照；对不符合法律、法规规定条件的，不予登记。

2. 股份有限公司

股份公司（Stock Corporation）是指公司资本为股份所组成的公司，股东以其认购的股份为限对公司承担责任的企业法人。设立股份有限公司，应当有2人以上200人以下为发起人，注册资本的最低限额为人民币500万元。由于所有股份公司均须是负担有限责任的有限公司（但并非所有有限公司都是股份公司），所以一般合称"股份有限公司"。

其设立方式如下：

（1）发起设立。即所有股份均由发起人认购，不得向社会公开招募。

（2）募集设立。即发起人只认购股份的一部分，其余部分向社会公开招募。在不同的国家，股份有限公司的设立规定有所不同。有的国家规定，只有在全部股份均被认足时，公司才得以成立。有的国家规定，股份有限公司实行法定资本制的，以认足全部股份为成立的条件；股份有限公司实行授权资本制的，可以不认足全部股份。

其注册流程为：

（1）申请名称预先核准登记。全体股东（发起人）指定代表或共同委托的代理人向工商局提交申请名称预先核准，需提交：全体股东（发起人）签署的公司名称预先核准申请书；全体股东指定代表人或共同委托代理人证明；工商局规定的其他材料。

（2）工商登记。由董事会向工商局申请设立登记。需提交材料：董事会指定代表或者共同委托人证明；公司章程；依法设立的验资机构出具的验资证明；发起人首次出资是非货币财产的，提交已办理其财产转移手续的证明文件；发起人主体资格证明或者自然人身份证明；公司董事、监事、经理姓名、住所等文件，以及有关委派、选举、聘用的证明；公司法定代表人任职文件和身份证明；企业名称预先核准通知书；公司住所证明；工商局规定的其他材料。

以募集方式注册股份公司的，还应当提交公司设立大会的会议记录；公开发行股票的，还应当提交国务院证券监督管理机构的核准文件。法律、行政法规或国务院决定规定的注册股份有限公司必须报经审批的，还需提交批准文件。

3. 有限责任公司和股份有限公司的区别

（1）概念区别。股份有限公司从本质上讲只是一种特殊的有限责任公司而已。由于法律规定，有限责任公司的股东只能在50人以下，这就限制了公司筹集资金的能力。而股份有限公司则克服了这种弊端，将整个公司的注册资本分解为小面值的股票（一般是人民币一元，当然也有例外，例如，2000年，李嘉诚曾经购买过一个不知名公司发行的一股股票，总价是1500万港币，从而将持有的该公司的股票总数提到了5股），可以吸引数目众多的投资者，特别是小型投资者。

由于股份有限公司的特点，使得它在组织管理上有很多不同于有限责任公司的地方。

首先，是注册资本。二者同样指登记的实收资本，最低限额为人民币 500 万元。

其次，是组织机构。二者的组织结构区别分别有：股东大会及其选出的董事会是公司的决策机构；总经理及其助手组成公司的执行机构；监事会是公司的监督机构，股东的每一股份有一表决权。

值得注意的是《公司法》规定，股东大会做出决议，必须经"出席会议"的股东所持表决权的半数或者 1/2 以上通过——在中国这种情况下，大量以投机为目的的股民根本不关心企业具体经营情况，更不要说自己出钱去参加股东大会，这样就为大股东操纵表决创造了条件。

再次，是股份有限公司的股东可以自由转让股份，不需要经过其他人同意。

最后，是董事会和经理。股份有限公司的这点和有限责任公司基本相同，即董事长是公司的法人代表，负责公司的经营管理工作。同时，董事应当对董事会的决议承担责任。

董事会的决议违反法律、行政法规或者公司章程，致使公司遭受严重损失的，参与决议的董事对公司负赔偿责任。对于上市企业而言，还需要聘请独立的外部董事。

（2）条件区别。相对于有限责任公司，设立股份公司条件更加严格，主要体现在法律特征和可上市性。

股份有限公司的法律特征如下：股份有限公司是典型的资合公司，公司的信用完全建立在资本的基础上；股份有限公司的设立条件比有限责任公司更为严格；股份有限公司具有严密的内部组织机构；股份有限公司的股份是等额的；股份有限公司的股份体现为股票形式。股票是一种有价证券，可以在证券市场流通，任何人购买股票都可以成为公司的股东，股票持有者可以在市场上自由转让股票；股份有限公司是企业法人，依法独立承担民事责任。

股份有公司的上市条件如下：股票经国务院证券管理部门批准已向社会公开发行；公司股本总额不少于人民币 5000 万元；开业时间在 3 年以上，最近 3 年连续营利；原国有企业依法改建而设立的，或者《公司法》实施后新组建成立，其主要发起人为国有大中型企业的，可连续计算；持有股票面值达到人民币 1000 元以上的，股东人数不少于 1000 人；向社会公开发行的股份达到公司股份总数的 25% 以上；公司股本总额超过人民币 4 亿元的，其向社会公开发行股份的比例为 15% 以上；公司在最近 3 年内无重大违法行为，财务会计报告无虚假记载；国务院规定的其他条件。

（3）具体表现。有限责任公司与股份有限公司都是公司，具有公司的一些共性特征，两者的区别主要表现在是人合还是资合。有限责任公司是在对无限公司和股份有限公司两者的优点兼收并续的基础上产生的，它将人合性和资合性统一起来，一方面，它的股东以出资为限，享受权利，承担责任，具有资合的性质，与无限公司不同；另一方面，因其不公开招股，股东之间关系较密切，具有一定的人合性质，因而与股份有限公司又有区别。

股份有限公司是彻底的资合公司。其本身的组成和信用基础是公司的资本，与股东的个人人身性（信誉、地位、声望）没有联系，股东个人也不得以个人信用和劳务投资，这种完全的资合性与无限公司和有限责任公司均不同。两者的区别还表现在股份是否为等额、股东数额、募股集资、股份转让的自由度、设立的宽严不同等方面。

二、企业注册流程

（一）大概流程

1. 准备材料

（1）公司名称（5 个以上公司备选名称）。

（2）公司注册地址的房产证及房主身份证复印件（单位房产需在房产证复印件及房屋租赁合同上加盖产权单位的公章，高新区、经济开发区、新站区居民住宅房需要提供房产证原件给工商局进行核对）。

（3）全体股东身份证原件（如果注册资金是客户自己提供的，只需要提供身份证复印件；如果法人是外地户口在新站区、经济开发区、高新区注册，需要提供暂住证原件）。

（4）全体股东出资比例（股东占公司股份的安排）。

（5）公司经营范围（公司主要经营什么，有的范围可能涉及办理资质或许可证）。

2. 注册流程

第一步：准备 5 个以上公司名称到工商局核名。

第二步：到刻章厂刻章一套。分别为公章、财务章、法人章、合同专用章、发票专用章。同时到银行开立验资户并存入投资款。

第三步：整理资料到工商局办理营业执照。

第四步：整理资料到质量技术监督局办理公司组织机构代码证。

第五步：整理资料到国税局办证处办理国税证。

第六步：整理资料到地税局办证处办理地税证。

第七步：到开立验资户的银行或其他银行开设公司基本账户。

第八步：公司会计整理资料到国地税务分局办理公司备案及报税事宜。

3. 公司名称的法律规定

名称由 4 部分组成：行政区划 + 字号 + 行业特点 + 组织形式。

公司名称组成举例：

北京（北京市）+ 太平洋 + 科技 + 有限公司

太平洋 + 北京（北京市）+ 科技 + 有限公司

太平洋 + 科技 + 北京（北京市）+ 有限公司

北京（北京市）为行政区划；太平洋为字号，为减少重名，建议使用 3 个以上的汉字作为字号；科技是行业特点，应与申请经营范围中的主营行业相对应；有限公司是组织形式。

分支机构的名称应冠以主办单位的全称，如北京太平洋商贸有限公司方庄分店。

4. 注册资金法规

《企业法人登记管理条例》第十二条规定："注册资金是国家授予企业法人经营管理的财产或者企业法人自有财产的数额体现。企业法人办理开业登记，申请注册的资金数额与实有资金不一致的，按照国家专项规定办理。"《企业法人登记管理条例施行细则》第三十一条规定："注册资金数额是企业法人经营管理的财产或者企业法人所有的财产的货币表现。除国家另有规定外，企业的注册资金应当与实有资金相一致。"公司的注册资本是指公司在登记机关登记注册的资本额，也叫法定资本。注册资金是国家授予企业法人经营管理的财产或者企业法人自有财产的数额体现。注册资本与注册资金的概念有很大差异。注册资金所反映的是企业经营管理权；注册资金是企业实有资产的总和，注册资本是出资人实缴的出资额的总和。注册资金随实有资金的增减而增减。

5. 公司形式

（1）国有独资公司。是指国家单独出资、由国务院或者地方人民政府授权本级人民政府国有资产监督管理机构履行出资人职责的有限责任公司。

（2）有限责任公司，最低注册资本 3 万元；一人有限责任公司，最低注册资本 10 万元。

（3）股份有限公司，最低注册资本 500 万元。公司全体发起人的首次出资额不得低于注册资本的 20%，其余部分由发起人自公司成立之日起两年内缴足；其中，投资公司可以在 5 年内缴足。在缴足前，不得向他人募集股份。

股份有限责任公司采取募集方式设立的，注册资本为在公司登记机关登记的实收股本总额。股份有限责任公司成立后，发起人未按照公司章程的规定缴足出资的，应当补缴；其他发起人承担连带责任。

（4）个体工商户。对注册资金实行申报制，没有最低限额基本要求。有经营能力的城镇待业人员、农村村民以及国家政策允许的其他人员，可以申请从事个体工商业经营；申请人必须具备与经营项目相应的资金、经营场地、经营能力及业务技术。

（5）个人独资企业。对注册资金实行申报制，没有最低限额基本要求。投资人为一个自然人；有合法的企业名称；有投资人申报的出资；有固定的生产经营场所和必要的生产经营条件；有必要的从业人员。

（6）私营合伙企业。对注册资金实行申报制，没有最低限额基本要求。合伙企业，是指自然人、法人和其他组织依照本法在中国境内设立的普通合伙企业和有限合伙企业。普通合伙企业由普通合伙人组成，合伙人对合伙企业债务承担无限连带责任。有限合伙企业由普通合伙人和有限合伙人组成，普通合伙人对合伙企业债务承担无限连带责任，有限合伙人以其认缴的出资额为限对合伙企业债务承担责任。

（7）普通合伙企业。合伙人可以用货币、实物、土地使用权、知识产权或者其他财产权利出资；出资应当是合伙人的合法财产及财产权利。对货币以外的出资需要评估作价的，可以由全体合伙人协商确定，也可以由全体合伙人委托法定评估机构进行评估。经全体合伙人协商一致，合伙人也可以用劳务出资，其评估办法由全体合伙人协商确定。

（8）其他。非公司企业：具有投资资格的法人、其他经济组织。外资企业：外方为公司、法人、其他经济组织和自然人，中方为公司、法人及其他经济组织。

（二）注册步骤

1. 办理企业名称核准

第一步：咨询后领取并填写《名称（变更）预先核准申请书》《投资人

授权委托意见》，同时准备相关材料。

第二步：递交《名称（变更）预先核准申请书》、投资人身份证、备用名称若干及相关材料，等待名称核准结果。

第三步：领取《企业名称预先核准通知书》。

2. 确定公司住所

租房后要签订租房合同，并且一般要求必须用工商局的统一制式租房协议，并让房东提供房产证的复印件，房东身份证复印件。房屋提供者应根据房屋权属情况，分别出具以下证明。

（1）房屋提供者如有房产证，应另附房产证复印件，并在复印件上加盖产权单位公章或由产权人签字。

（2）无产权证的，由产权单位的上级或房产证发放单位在"需要证明情况"栏内说明情况，并盖章确认；地处农村地区的也可由当地政府在"需要证明情况"栏内签署同意在该地点从事经营的意见，并加盖公章。

（3）产权为军队房产，应提交加盖中国人民解放军房地产管理局专用章的"军队房地产租赁许可证"复印件。

（4）房屋为新购置的商品房又未办理产权登记的，应提交由购房人签字或购房单位盖章的购房合同复印件及加盖房地产开发商公章的预售房许可证、房屋竣工验收证明的复印件。

（5）房屋提供者为经工商行政管理机关核准具有出租经营权的企业，可直接在"房屋提供者证明"栏内加盖公章，同时应出具加盖本企业公章的营业执照复印件，不再要求提供产权证。

（6）将住宅改变为经营性用房的，属城镇房屋的，还应提交"登记附表一住所（经营场所）登记表"及所在地居民委员会（或业主委员会）出具的有利害关系的业主同意将住宅改变为经营性用房的证明文件；属非城镇房屋的，提交当地政府规定的相关证明。

3. 形成公司章程

可以在工商局网站下载"公司章程"的样本，修改一下就可以了。章程的最后由所有股东签名，并署名日期。

4. 申请公司营业执照

时限：受理后 5 个工作日可领取执照。

有限责任公司设立登记应提交的文件、证件如下：

（1）企业设立登记申请书（内含"企业设立登记申请表""单位投资者（单位股东、发起人）名录""自然人股东（发起人）、个人独资企业投资人、合伙企业合伙人名录""投资者注册资本（注册资金、出资额）缴付情况""法定代表人登记表""董事会成员、经理、监事任职证明""企业住所证明"等表格）；

（2）公司章程（提交打印件一份，请全体股东亲笔签字；有法人股东的，要加盖该法人单位公章）；

（3）法定验资机构出具的验资报告；

（4）"企业名称预先核准通知书"及"预核准名称投资人名录表"；

（5）股东资格证明；

（6）指定（委托）书；

（7）经营范围涉及前置许可项目的，应提交有关审批部门的批准文件。

5. 刻公章

凭营业执照，到公安局指定的刻章社，去刻公章、合同章、财务章等。后面步骤中，均需要用到公章或财务章。

6. 办理代码证

企业法人代码登记办事机构：质量技术监督局窗口办理。

时限：受理后 4 个工作日。

提供如下材料。

（1）营业执照副本原件及复印件；

（2）单位公章；

（3）法人代表身份证原件及复印件（非法人单位提交负责人身份证原件及复印件）；

（4）集体、全民所有制单位和非法人单位提交上级主管部门代码证书复印件；

（5）单位邮编、电话、正式职工人数；

（6）经办人身份证原件及复印件。

7. 办理税务登记证书

办理事项：税务登记（自领取营业执照之日起 30 日内办理）。

办理地点：税务登记机关窗口。

提供如下材料："个体经济"可不报送以下的（2）、（4）、（5）项材料。

（1）营业执照副本原件及复印件；

（2）企业法人组织机构代码证书原件及复印件；

（3）法人代表身份证原件及复印件；

（4）财务人员身份证复印；

（5）公司或企业章程原件及复印件；

（6）房产证明或租赁协议复印件；

（7）印章；

（8）从外区转入的企业，必须提供原登记机关完税证明（纳税清算表）；

（9）税务机关要求提供的其他有关材料。

8. 开设企业基本账户

凭营业执照正本、税务登记证正本、组织机构代码证正本及法人身份证、公章、财务专用章、法人章去银行开立基本账户，开好基本账户去原验资银行办理验资户销户。

【作业与反馈】

一、根据自己内心的想法，按照商业计划书内容要求书写一篇项目商业计划书

二、简述新公司开办的流程

三、实训活动

路演创业计划

1. 活动参与人数

以班级展开，人数控制在60人左右。邀请合作企业项目管理人员、项目实训教师参加。

2. 活动场地和道具

多媒体教室，打分牌。

3. 活动组织

学生以4~5人为一团队，以团队合作形式完成路演准备工作，并推选1名成员上台进行路演。

4. 活动步骤

流程1　路演创业计划

由项目组成员对创业计划进行讲演，对项目团队、项目经营模式、项目营利点等进行详细而全面的讲演。

流程2　团队成员助力

主讲人讲演完毕，由团队内其他成员进行补充，进一步完善对该项目的讲解。

流程3　项目诊断

企业项目管理人员、项目实训教师，对项目进行诊断，提出自己存在的疑问点，与创业人员进行进一步的探讨和深入的了解。

流程4　选出优秀项目

通过上述 3 个流程对项目的了解，企业项目管理人员、项目实训教师、学生共同推选出优秀的创业项目，进行大力的扶植帮助。

5. 活动交流与讨论

（1）团队在准备创业计划路演时遇到哪些问题？是如何解决的？

（2）你认为路演创业计划的重点问题有哪些？

（3）路演创业计划的难点有哪些？

6. 活动体验

7. 活动点评

路演创业计划是项目落地生根的前提，是投资者、消费者对项目的初步了解。好的路演能够吸引更多的投资者，给项目带来好机会。那么什么是路演创业计划？怎样完成一个好的路演？好的路演能够给创业者带来什么积极效应呢？通过本次实训活动可以使学生对路演创业计划有一个全面的了解，使学生知道怎样路演，怎样成功地路演。

参 考 文 献

[1] 李家华. 创业基础 [M]. 北京：北京师范大学出版社，2013.

[2] 王艳茹. 创业基础课堂操作示范 [M]. 北京：北京师范大学出版社，2014.

[3] 徐俊祥，大学生创业基础知识训练教程 [M]. 北京：现代教育出版社，2014.

[4] 董青春，董志霞. 大学生创业基础 [M]. 北京：经济管理出版社，2012.

[5] [美] 布鲁斯·R. 巴林杰. 创业计划书：从创意到方案 [M]. 陈忠卫，等译. 北京：机械工业出版社，2010.

[6] [澳] 史小龙. 邵原，陈忠卫，等译. 最后一堂执行课 [M]. 上海：上海远东出版社，2004.

[7] 孔祥毅. 晋商的商业伦理 [J]. 山西社会主义学院学报，2006 (4)：41-44.

[8] 张玉利，薛红志，陈寒松，等. 创业管理 [M]. 北京：机械工业出版社，2016.

[9] 刘志阳，李斌，任荣伟，等. 创业管理 [M]. 上海：上海财经大学出版社，2016.

[10] 彼得·德鲁克. 创新与企业家精神 [M]. 北京：机械工业出版社，2009.

[11] 姚祖军，蔡根女. 论企业家精神的内涵与中国企业家精神的缺失 [J]. 经济师，2004 (8)：267.

[12] 李秀华，刘武，赵德奎. 大学生创新与创业 [M]. 长春：吉林大学出版社，2015.

[13] 何予平. 企业家精神与中国经济增长——基于 C-D 生产函数的实证研究 [J]. 当代财经，2006 (7)：95-100.

[14] 何建湘. 创业者实战手册 [M]. 北京：中国人民大学出版社，2015.

［15］罗国锋，张超卓，吴兴海．创新创业融资：天使、风投与众筹［M］．北京：经济管理出版社，2016.

［16］赵淑敏，陈哲，胡金星．创业融资［M］．北京：清华大学出版社，2009.

［17］国务税．国务院关于创新重点领域投融资机制鼓励社会投资的指导意见［DB/OL］．（2014－11－26）［2020－5－7］．http：//www. gov. cn/zhengce/content/2014－11/26/content_9260. htm.

［18］国务税．国务院关于积极推进"互联网＋"行动的指导意见［DB/OL］．（2015－7－4）［2020－5－7］．http：//www. gov. cn/zhengce/content/2015－07/04/content_10002. htm.

［19］国务税．国务院关于大力推进大众创业万众创新若干政策措施的意见［DB/OL］．（2015－6－16）［2020－5－7］．http：//www. gov. cn/zhengce/content/2015－06/16/content_9855. htm.

［20］国务税．国务院关于进一步做好新形势下就业创业工作的意见［DB/OL］．（2015－5－1）［2020－5－7］．http：//www. gov. cn/xinwen/2015－05/01/content_2856034. htm.

［21］倪克垒，胡庄方．大学生创业资源及获取途径分析．吉林省教育学院学报旬刊，2015（9）：140－141.

［22］全国人民代表大会常务委员会．中华人民共和国公司法［DB/OL］．（2014－3－21）［2020－5－7］．http：//www. npc. gov. cn/wxzl/gongbao/2014－03/21/content_1867695. htm.

［23］最高人民法院．关于适用《中华人民共和国公司法》若干问题的规定（四）［EB/OL］．（2017－8－28）［2020－5－7］．http：//www. court. gov. cn/zixun－xiangqing－57402. html.

［24］陈震红，董俊武．成功创业的关键：如何获取创业资源［J］．科技创业月刊，2003（9）：48－49.

［25］龙丹，田新．资源束缚下的成功之道：创造性拼凑［J］．企业管理，2009（5）：4－6.

［26］胡海波．创业计划［M］．厦门：厦门大学出版社，2011.

［27］石冬喜，宋晓玲，吴高潮．创新创业指导［M］．西安：西安交通大学出版社，2016.

［28］蔡剑，吴戈，王陈慧子．创业基础与创新实践［M］．北京：北京大学出版社，2015.

［29］张玉华，王周伟．创业基础［M］．北京：清华大学出版社，2014．

［30］阿玛尔·毕海德．创业精神［M］．北京新华信商业风险管理有限责任公司，译校．北京：中国人民大学出版社，2000．

［31］张香兰，程培岩，史成安，等．大学生创新创业基础［M］．北京：清华大学出版社，2018．

［32］王振杰，刘彩琴，刘莲花，等．大学生创新创业基础［M］．北京：高等教育出版社，2018．

［33］吕云翔，唐思渊．大学生创新创业教程［M］．北京：清华大学出版社，2018．

［34］张前．ERP沙盘模拟对抗中的市场博弈［J］．实验室研究与探索，2014，33（8）：258－261．

［35］郑述招，范路桥，周文琼，等．ERP沙盘模拟平台缺陷分析与二次开发［J］．财会月刊，2014（5）：124－126．

［36］谷力群．论大学生创业精神的培养［D］．沈阳：辽宁大学，2013．

［37］朱文胜，吕中国．大学生创业法律风险防控体系研究——以高校创业法律教育的完善为视角［J］．思想理论教育，2013（5）：66－70．

［38］黄兆信，黄丽君，宋兆辉．大学生创业法律教育：必要性、问题及其建议［J］．中国高教研究，2012（11）：76－78．

［39］黄娇丹．ERP沙盘企业模拟经营实训课程教学实践探索［A］//中国会计学会会计信息化专业委员会．第九届全国会计信息化年会论文集（下）［C］．中国会计学会会计信息化专业委员会，2010：5．

［40］郭丽君，刘强，卢向阳．中外大学生创业教育政策的比较分析［J］．高教探索，2008（1）：132－135．

［41］木志荣．我国大学生创业教育模式探讨［J］．高等教育研究，2006（11）：79－84．

［42］张晓鹏．美国大学创新人才培养模式探析［J］．中国大学教学，2006（3）：7－11．

［43］王巍．大学生创业模式研究［D］．长春：吉林大学，2004．

［44］张彦军，杜峰．大学生就业指导与实战［M］．北京：北京工业大学出版社，2011．

［45］王伯庆．2011年中国大学生就业报告［M］．北京：社会科学文献

出版社，2011.

[46] 钟永强，雷蕾. 大学生职业生涯规划与就业指导研究 [J]. 科技信息，2010 (5)：157－158.

[47] 汤福球，等. 大学生职业生涯规划与就业指导 [M]. 北京：北京邮电大学出版社，2010.

[48] 刘婧莉. 浅谈大学生职业生涯规划与就业指导 [J]. 科教文汇（中旬刊），2008 (11)：38.

[49] 李富军. 大学生职业生涯规划与就业指导 [M]. 西安：西北工业大学出版社，2010.

[50] 韩丽霞，毕京铭，蔡玉生. 大学生就业创业指导 [M]. 北京：人民邮电出版社，2018.

[51] 钟谷兰，杨开. 大学生职业生涯发展与规划 [M]. 上海：华东师范大学出版社，2018.

[52] 彭贤，马恩. 大学生职业生涯规划活动教材 [M]. 北京：北京交通大学出版社，2010.

[53] 冯丽萍. 职业生涯规划活动指引 [M]. 北京：中国人民大学出版社，2016.

[54] 张玉波，楼稚明. 大学生职业规划与就业创业指导 [M]. 上海：上海交通大学出版社，2017.

[55] 塞缪尔·H. 奥西普，路易丝·F. 菲茨杰拉德. 生涯发展理论 [M]. 上海：上海教育出版社，2010.

[56] 顾雪英，等. 当代大学生职业生涯规划 [M]. 北京：高等教育出版社，2011.

后　记

　　《大学生就业与创业指导教程》依据教育部《大学生职业发展与就业指导课程教学要求》的有关要求编写，同时本书也是校企合作开发的教程，由从事职业生涯规划实践导师与企业家合作进行案例制定、实践内容指导。内容选择以理论知识框架完整性为原则，加大能力训练内容，每个单元将通过自学导读、案例剖析、精要讲解、课堂讨论、实训模拟等环节增强与学生的互动，有助于教师全面指导、有助于学生系统训练。设计案例分析与拓展阅读版块，是在结合大学生实际的基础上，通过对具体案例的呈现与解读来达到启发和教育的目的，使教学内容生动而有针对性。

　　本教材是由高校和企业中长期从事大学生就业创业指导的一线教师及资深专家参与编写的，在此表示衷心感谢！

　　本教材参阅了国内外学者有关就业创业指导的研究成果，在此致以最诚挚的谢意。尽管编者竭尽全力，精心编撰，但由于水平及时间所限，书中有不足之处，恳请有关专家、广大读者批评指正，以便我们再版时予以完善。

编者

2021 年 12 月